HÉBRAÏCA
série dirigée par Emmanuel Moses

£4
96

1839.

LES CAMONDO
OU
L'ÉCLIPSE D'UNE FORTUNE

Remerciements

A l'Union Centrale des Arts Décoratifs.
A Marie-Noëlle de Gary, conservateur en chef du musée Nissim-de-Camondo
et à Nadine Gasc, ancien conservateur en chef du musée des Arts décoratifs
et du musée Nissim-de-Camondo.
A France Dubonnet et Nadine Gaisenband pour leurs précieux témoignages.
A Marie-Pierre d'Aigneaux.

NORA ŞENI
SOPHIE LE TARNEC

LES CAMONDO

OU

L'ÉCLIPSE D'UNE FORTUNE

HÉBRAÏCA

ACTES SUD

Phonétique des lettres en turc :

c : ds ; *ç* : tch ; *ö* : eu ; *ş* : ch ; *u* : ou ; *ü* : u.

à Alexia, Benjamin, Daphné, Guillaume et Victoire

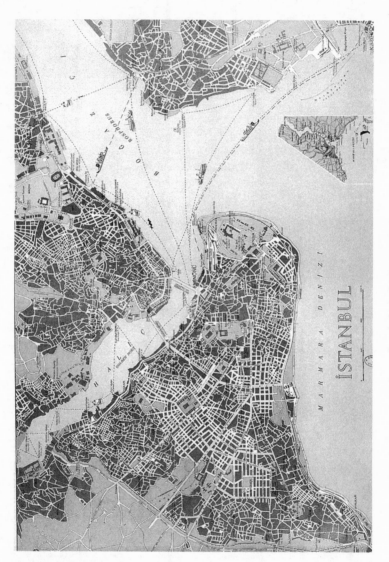

Istanbul à la fin du XIXe siècle.

I

CONSTANTINOPLE

La mer rougeoie encore, violette et argentée. Embrasée. Le soleil vient de disparaître derrière les coupoles. Constantinople est prête à s'enfoncer dans la nuit. Juste avant que les eaux ne s'assombrissent et ne se laissent avaler par l'obscurité, des ombres ont surgi et se pressent maintenant sur les quais de Galata, en face du Topkapi, de l'autre côté de la Corne d'Or. Incongrues sur les docks malfamés, des silhouettes de toutes tailles, sans doute une dizaine, glissent, recroquevillées sous des manteaux de drap souple et soyeux. Elles s'arrêtent devant un bâtiment vénitien en provenance de Marseille : le *Madonna del Rosario*[1]*. Sur la passerelle, des *hammal*** se bousculent portant sur leur dos nus les balles de café. Ayant accosté deux jours plus tôt, le capitaine Mickaël Antonio Francovich n'a pas fini de débarquer sa cargaison. Or, il lui faut repartir cette nuit. Aujourd'hui un homme est venu. Tendu, déterminé. Ils ont fait affaire pour 6 567 piastres[2]. Francovich s'est engagé à embarquer toute une famille, des fugitifs, à la conduire à Trieste. La somme est coquette, la mer lisse comme un drap et le temps clément. Il faut que les portefaix finissent de vider les cales et fassent de la place pour les douze membres de la famille Camondo.

Cet épisode ne déparerait pas dans un roman sur les mystères de l'Orient. Il n'en décrit pas moins une authentique scène originelle. Se trouvent rassemblées ici les informations qui permettent de remonter au plus loin dans le passé des Camondo. La rupture qu'induit ce brutal exil fait bifurquer la

* Les numéros renvoient aux notes en fin de volume.
** Portefaix.

trajectoire de la famille, inaugure un nouveau destin et fonde un récit singulier. Ici commence l'histoire des Camondo. Par un cataclysme.

Cette journée du 6 octobre 1782 avait mal commencé pour Haïm. Il avait reçu, de la part du raïs effendi[3] en personne, l'ordre de quitter le sol ottoman dans les vingt-quatre heures. Il avait dévalé les rues de Péra pour chercher secours auprès des seules personnes qui puissent, en pareilles circonstances, lui venir en aide. La terre s'était dérobée sous ses pas. Inutile de solliciter l'intervention de ses amis de la Sublime Porte[4]. Ils ne se compromettaient pas dans un cas aussi grave. Restaient les légations étrangères. "Barataire" de la Grande-Bretagne, de la France et de l'Autriche, Haïm bénéficie d'autorisations spéciales, les barats, qui le reconnaissent comme négociant de ces pays et le mettent sous la toute relative protection de leur ambassade à Constantinople. Robert Ainslie, l'ambassadeur anglais, était finalement intervenu en sa faveur, pour tenter de le tirer d'affaire[5]. Peine perdue. La réponse de la Porte ottomane était sans appel : "Même si le géniteur du Grand Seigneur venait à sortir de sa tombe, il ne saurait obtenir la grâce du juif."

Quel avait donc été le crime de Haïm Camondo, financier connu de la place de Constantinople ? D'ordinaire, il s'occupait de commerce de drap avec la France, d'épices et de pierres précieuses avec l'Inde. Une partie de ces étoffes était destinée à vêtir les janissaires, armée turbulente et en pleine décadence. Une intrigue liée à cette fonction avait-elle mal tourné pour que Haïm embarque ce soir avec toute sa famille sur le *Madonna del Rosario* ? Il y a là son épouse, Signorou, leur fille Rebecca, leur fils Isaac avec sa femme Anna et le bébé "à la mamelle", Ursula. Abram, son second fils, est également touché par l'acte d'expulsion mais lorsque l'ordre du raïs effendi parvint à la maison Camondo, il se trouvait à Jassi[6]. Il n'est donc pas sur la passerelle du *Madonna* ce soir. Rachel, sa femme, et leurs quatre enfants partent sans lui. Salomon est un autre absent de cette équipée nocturne. Frère et associé de Haïm, il demeure à Constantinople et la légende veut qu'il ait succombé, quelque temps après, au drame de l'expulsion. Il sera le seul que la foudre du bannissement aura brûlé.

Loin de prolonger la nuit de cauchemar qui inaugura leur séjour en Italie, l'installation des Camondo à Trieste s'effectue sous le signe de la prospérité. Si bien qu'avant la fin du siècle on les voit occuper une place des plus honorables dans la vie économique de la cité. Dès 1784, par une lettre datée du 21 octobre, le baron Pittoni, directeur de la police à Trieste, parle d'un riche Camondo installé depuis peu dans sa ville, après avoir fui Constantinople[7]. En 1798, on trouve la trace d'un certain Isaac Camondo qui occupe la fonction de "directeur de l'Union des assurances[8]". Leur présence est également attestée dans les listes communales où trois foyers sont mentionnés : celui de Vita Camondo et ceux de ses deux fils, Abraham et Isaac.

Pendant ce temps à Constantinople et contrairement à l'usage, les biens des fugitifs échappent à la confiscation. Est-ce vraiment à l'internonce d'Autriche, le baron Herbert Rathkeal, que la famille doit d'avoir été préservée comme le suggèrent les chroniqueurs de l'époque ? Ou bien, la fureur de la Porte se serait-elle apaisée à l'aune des services rendus dans le passé par le financier exilé ? Toujours est-il que les magasins Camondo sont scellés par les soins de l'ambassadeur de Hollande. Haïm fait régler la succession de son frère Salomon par l'entremise d'un Autrichien nommé Ahrens. Celui-ci se charge de liquider les affaires de la famille. Certes, la récupération du patrimoine ne se fait pas sans pertes importantes. Achetée 70 000 piastres, leur maison sur les rives de la Corne d'Or, dans le quartier du *Phanar*, est difficilement vendue pour 20 000 piastres. Si les débiteurs acceptent d'honorer leurs dettes, ce n'est qu'après avoir obtenu de substantielles déductions pouvant réduire de moitié le montant initialement dû[9]. L'ensemble des biens n'en reste pas moins estimé à quelque 40 000 livres sterling.

En 1784, grâce aux efforts du même baron Rathkeal, Abram, fils de Haïm, obtiendra l'autorisation de retourner à Istanbul pour reprendre en main les affaires de la famille.

Les pièces manquent pour établir la continuité de la lignée Camondo et rattacher les maillons de Trieste à ceux d'Istanbul, au tout début du XIXe siècle. Le document le plus ancien que conserve le musée Camondo est le passeport de Salomon-Jacob daté du 21 mars 1806[10]. Signé Ignazio Lorenzo Stürmer, ministre plénipotentiaire auprès de la Porte ottomane, il est établi à Constantinople, rédigé en italien et certifie la nationalité… autrichienne du possesseur. Comment cet Isaac-là se rattache-t-il aux fugitifs du *Madonna del Rosario* ? Cela reste obscur. Est-il possible que Salomon-Jacob soit issu d'une autre région, également sous domination autrichienne, la Vénétie[11] ?

Un fait demeure : l'Italie restera une référence permanente dans l'histoire et l'identité des Camondo, une qualité qu'ils aimeront à mettre en exergue. De lieu de refuge réel, elle deviendra berceau mythique, terre d'origine élective. L'attachement à ce pays résistera à l'installation en France où, presque un siècle et quatre générations plus tard, le mécène parisien Isaac est encore italien à sa mort. Evoquer des origines italiennes, ou mieux, vénitiennes, est une façon élégante de porter alors l'identité de juif séfarade. Après tout, Disraeli avait déjà pratiqué cet artifice et s'était inventé un glorieux passé, de brillants ascendants ancrés à Venise[12]. Mais la fidélité des Camondo ne se réduit pas à exhiber des peintures de Guardi sur les murs de leurs hôtels particuliers. Bien plus qu'un motif dans la mise en scène de leur identité, l'Italie ne manque pas d'offrir, lors de moments décisifs de leur existence, la possibilité d'un recours d'une infinie bienveillance.

LE DÉCLIN

"Devait-il manquer d'intelligence ce souverain pour enrichir mon royaume de gens aussi industrieux !" La légende attribue cette exclamation à Beyazid II (1481-1512) qui accorda l'hospitalité aux juifs expulsés d'Espagne par la très catholique reine Isabelle. Voilà des propos qui ont fréquemment circulé pour comparer la "tolérance" ottomane avec les persécutions des juifs en Europe chrétienne. Sans être aussi tranchées, les deux façons de traiter "l'autre" méritent d'être mises en perspective. "Ville étrange que Constantinople ! s'exclame Gérard de Nerval en 1843. Splendeur et misère, larmes et joies ; l'arbitraire plus qu'ailleurs, et aussi plus de liberté – quatre peuples différents qui vivent ensemble sans trop se haïr : Turcs, Arméniens, Grecs et juifs, enfants du même sol et se supportant beaucoup mieux les uns les autres que ne le font, chez nous, les gens de diverses provinces et de divers partis[13]." Toujours est-il qu'au XVIIIe siècle, la communauté juive d'Istanbul compte parmi les plus importantes dans le monde, et que les séfarades y sont largement majoritaires. Jusqu'à cette époque, à Salonique ou à Constantinople, ils vivent dans une relative quiétude et dans une tout aussi relative prospérité…

Après l'échec du siège de Vienne, en 1683, commence pour l'Empire ottoman un long déclin[14]. Une des plus grandes puissances du monde se métamorphose lentement en "homme malade" de l'Europe. Sur fond de régression de l'Empire, les rivalités professionnelles entre les communautés ethniques et religieuses s'amplifient. Les équilibres se modifient dans les corps de métiers entre Grecs et Arméniens, juifs et musulmans[15]. Jusqu'au XVIIIᵉ siècle, les juifs occupent une place prépondérante parmi les *sarraf*, ces banquiers qui consentent des avances au Trésor de la Porte ottomane et effectuent des opérations de change. On peut comparer leur statut aux juifs de cour qui acquièrent le privilège de s'occuper des affaires d'un prince et le fournissent en tout, du drap militaire pour ses troupes aux pièces de monnaie pour ses paiements. Ces banquiers jouent un rôle social et s'acquittent de leur devoir de solidarité envers leur communauté d'origine en intercédant en sa faveur auprès des gouverneurs. Ils assurent, pour elle, la liaison avec le monde extérieur et l'Etat. Or, durant tout le XVIIᵉ siècle, les prêteurs arméniens évincent progressivement les juifs de cette corporation. Cette évolution atteint un point de non-retour lorsqu'en 1758, les juifs sont dessaisis de la ferme de l'hôtel des monnaies de Constantinople qu'ils dirigeaient depuis des temps immémoriaux. Le dernier fermier général, Jaco Bonfil, est destitué par un firman spécial du sultan Mustafa III (1755-1774). "L'hôtel des monnaies est alors confié à une famille de financiers arméniens qui détient déjà le titre de premier joaillier de la Couronne : les Düzyan[16]." Ils conserveront le contrôle de cette institution pendant plus d'un siècle. Si bien que parmi les banquiers au service des vingt-quatre vizirs ayant régné entre 1718 et 1852, on ne compte plus qu'un seul juif, Jesova Soncino. Tous les autres sont des *sarraf* arméniens. Ainsi commence pour les communautés juives de Constantinople une ère de pénurie de notables.

Décidément, ce XVIIIᵉ siècle n'est pas propice aux juifs de l'Empire qui sont également évincés de la gestion des douanes. Ils en perdent la direction en Egypte, en 1769, et sont dessaisis de celle du tabac à la décennie suivante. Néanmoins, leur élimination de ces responsabilités s'opère moins brutalement que leur éradication du corps des *sarraf*. Les "estimateurs de marchandises" à la douane des francs[17] de Galata sont encore des juifs en 1794. Ils restent les interlocuteurs privilégiés des négociants européens au Levant. "Ainsi, en 1801, ce sont deux négociants juifs, dont le financier Fua, qui fixent, avec le grand douanier de Constantinople, les clauses du tarif concernant les sujets de l'empereur[18]." Les Fua ont certainement mis à profit cette avantageuse position pour leur commerce de pierres précieuses en provenance de Vienne et de Venise. Ils s'élèvent au rang de notables grâce à ces fonctions et leur ascension est couronnée par un mariage avec un membre de la famille Camondo[19].

Les choses ne s'arrangent guère au siècle suivant. Bien qu'éliminés de la corporation des banquiers, les *sarraf* juifs avaient gardé le monopole absolu dans les fournitures aux janissaires… jusqu'en 1826. Au mois de juin de cette année-là, le sultan Mahmut II fait canonner les casernes de cette armée insolente, devenue rétrograde et désobéissante. Les annales turques qualifient cette extermination radicale d'"événement heureux" *(vak-i hayriye)*. Tel un séisme, ledit événement entraîne dans son sillage la destruction, la persécution de quiconque touchait de près ou de loin aux troupes anéanties. Bohor Carmona est alors le financier juif chargé des fournitures aux janissaires. Il est étranglé et ses biens confisqués au profit du Trésor. Quant aux Zonana qui avaient exercé la même fonction, tout au long de la seconde moitié du XVIIIᵉ, ils sont bannis. Ainsi, au début du XIXᵉ siècle, les juifs de Constantinople se retrouvent sans notables, sans intercesseurs pour assurer leurs liaisons avec l'Etat. Isolée, la communauté achève de se replier, de s'appauvrir et sa culture se fane.

Lorsque vers la moitié du XIXᵉ siècle, la famille Camondo émerge de l'anonymat et que l'envergure de sa fortune, l'étendue de son influence confirment ses membres comme personnages d'exception, il ne subsiste plus grand-chose dans la société juive de l'aisance passée. Quiétude et bien-être ont été chassés par la misère et le malheur. Dans les faubourgs juifs, l'obscurité s'est épaissie. Les récits de voyageurs, avides de pittoresque, décrivent complaisamment des rues dont l'étroitesse se ligue à la poussière et à la saleté pour interdire qu'un rayon de soleil ne perce et vienne jouer avec des enfants en haillons[20].

Ces faubourgs ne sont pas des ghettos. La collectivité urbaine à Istanbul s'organise sur une base communautaire. Les *mahalle* sont ces quartiers où vit une population qui partage la même religion et les mêmes origines ethniques. Ses habitants peuvent être riches ou pauvres, relever de statuts sociaux fort différents, ils cohabitent dans des voisinages où l'on pratique la même confession, psalmodie selon la même liturgie et communique par la même langue : le turc, l'arménien, le grec et l'espagnol font de Constantinople une ville polyphonique. Aucune muraille, cependant, n'encercle le *mahalle*, aucune porte n'en limite l'accès. Contrairement aux ghettos de Rome ou de Francfort qui séparent une communauté jugée abjecte afin d'éviter toute "contamination", la ségrégation ici a pour but de rendre immédiatement lisible aux yeux de la Sublime Porte une certaine hiérarchie sociale distribuée selon les appartenances communautaires. Les musulmans occupent le haut de l'échelle. Les chrétiens et les juifs ont un statut inférieur. Ils paient un impôt de capitation[21], le *cizyé*. La population juive étant la moins nombreuse parmi les non-musulmans, son rang se situe derrière celui des Grecs et des Arméniens. Les règles vestimentaires que rappellent fréquemment les firmans émis par la Porte attachent à chacune des minorités une couleur distincte de turban et de chausses. Ainsi, la couleur des Arméniens est le pourpre foncé. Le noir distingue les Grecs et le bleu, les juifs. Cette réglementation chromatique et d'autres spécifications drapières donnent à l'espace urbain une transparence immédiate et permettent de lire d'emblée sur les corps l'appartenance religieuse[22]. La place de chacune des communautés une fois exhibée, le dispositif n'est pas doublé d'une rhétorique systématique qui conteste à "l'autre" son droit à l'existence.

Au XIXᵉ siècle, la grande majorité des non-musulmans ne porte plus que du noir et le caractère communautaire des *mahalle* commence à se dissoudre au profit de valeurs marchandes. Les quartiers juifs de la Corne d'Or, Hasköy et Balat, ceux des rives du Bosphore, Ortaköy et Kuzguncuk se vident de leurs élites. La désertion des "riches" touche également le *Phanar** grec et les districts arméniens. Tout ce beau monde quitte son environnement traditionnel pour rejoindre, à Péra et à Galata, autour des légations étrangères, une population cosmopolite dont l'envergure financière et la prééminence culturelle s'accroissent de jour en jour. Colonie génoise au XIIIᵉ siècle, la Porte s'était longtemps servi de cette échelle[23] pour y reléguer les émissaires et consuls, ambassadeurs et autres drogmans[24] de l'Europe chrétienne. Elle devenait, au XIXᵉ siècle, le quartier

* Quartier grec sur la Corne d'Or.

où l'on se doit de résider pour tenir son rang. Si bien que le sultan lui-même délaissait son ancien palais de Topkapi dans Stamboul musulman, traversait la Corne d'Or et s'installait dans sa nouvelle demeure à Besiktas, à quelques encablures des quais de Galata.

Une bonne partie de la population juive résidait depuis tout temps dans ce quartier de "mécréants", aux côtés des légations étrangères. Vers la fin du XIXᵉ siècle et après l'afflux des élites communautaires, Galata abrite désormais la moitié des juifs d'Istanbul[25]. Dans ce district, tout près des quais, sont également installés la plupart des *sarraf*. C'est là qu'Isaac Camondo, fils de Salomon-Jacob crée, vers 1802, une maison de banque à laquelle il donne son nom. Sa banque prend très vite un vertigineux essor. Lorsqu'en 1832 Isaac meurt de la peste, il laisse à son frère Abraham-Salomon une fortune évaluée à 25 millions de dollars[26].

La renommée des Camondo va alors s'établir.

ABRAHAM-SALOMON

On ne connaît pas la date de naissance exacte d'Abraham-Salomon. Elle doit se situer vers 1780-1785. On sait, en revanche, que le 25 mai 1804, il épousait Clara Lévy, fille de Haïm Chabbetaï Juda Lévy. La *ketuba*, le contrat de mariage, consigne les engagements pris, selon les rites du judaïsme, par les époux. Exhumée, elle restitue quelques effluves, et permet d'imaginer les dragées d'amandes recouvertes de sucre de couleur qui chatoient, mosaïques pastel, dans des vases en verre disposés pour la cérémonie. Celle-ci a lieu *"ici à Peri-Pacha, près de Constantinople, sise au bord de la Grande Mer"*. Abraham-Salomon déclare : *"Sois mon épouse selon la loi de Moïse et d'Israël ; et moi, avec l'aide de Dieu, je travaillerai, je te respecterai, te nourrirai, t'entretiendrai, te soignerai et te vêtirai comme le font les époux israélites, qui travaillent et respectent, nourrissent et entretiennent, soignent et vêtent leur épouse convenablement. Je t'accorde l'indemnité de ta virginité qui est de deux cents* zouz* qui te revient de moi, de par la Torah : ainsi que la nourriture, l'habillement, l'entretien et la cohabitation selon l'usage universel."* La fiancée

*Monnaie ancienne en argent.

Grand-papa. Abraham-Salomon de Camondo (1780-1785 – 1873).
(Musée Nissim-de-Camondo.)

accepte et devient son épouse *"selon la loi de Moïse et d'Israël. La dot qu'elle lui a apportée de la maison de son père et de sa mère s'élève à 1 000 piastres en espèces ; les vêtements, les bijoux et la literie à 4 000 piastres. Le fiancé a bien voulu ajouter pour elle à cette ketuba un augment de 1 500 piastres de son propre argent. Le total (…) s'élève donc à la somme de 6 500 piastres (…) Tout a été accepté par le fiancé et lui a été remis. Il l'a reçu comme un prêt et une dette, l'a acquis comme des biens inaliénables : s'ils diminuent, ce sera à son détriment ; et s'ils augmentent, ce sera à son avantage. En outre, le fiancé nous a dit : «Je réponds – et mes héritiers après moi– de cette ketouba, de cette dot et de cet augment par la garantie de ce que j'ai de mieux sous le ciel en biens et richesses que j'ai acquis et que j'acquerrai, biens immobiliers et mobiliers (…) Tous ces biens et même le manteau que je porte sur les épaules, en garantissant le paiement par moi et mes héritiers après moi, pendant ma vie et après.» (…) L'époux s'est encore engagé à ne pas prendre d'autre femme du vivant de son épouse, et à ne pas la répudier sans lettre de divorce[27]. (…)"*

Les familles de banquiers comptaient, à cette époque, une nombreuse progéniture. Bien que très conforme aux traditions, cette paisible union déroge aux usages en demeurant sans enfants pendant six ans. Ce n'est qu'en 1810 que Raphaël vient au monde. Il restera fils unique. Sur les bords du Rhin, à Francfort, Meyer Amschel Rothschild a déjà eu ses cinq garçons et l'aîné, Nathan, vient de franchir la Manche pour s'installer d'abord à Manchester (1798), puis à Londres. Raphaël s'est-il désintéressé des affaires de banque ? La personnalité, la renommée de son père lui ont-elles fait de l'ombre ? Toujours est-il qu'il apparaît, aux yeux de l'histoire, comme un personnage quelque peu effacé. Il meurt en 1866, à cinquante-six ans. Le décrivant comme un "excellent homme de bien, droit et intègre", les journaux de l'époque rapportent cependant qu'à ses funérailles "lorsque le convoi funèbre traversa le port des bateaux à vapeur, les vaisseaux en rade lui envoyèrent le salut, en baissant spontanément leurs voiles, honneur exclusivement réservé aux souverains[28]". Si l'impulsion donnée à la banque doit peu à Raphaël, celui-ci n'en est pas moins le géniteur d'Abraham-Béhor et de Nissim qui porteront l'héritage Camondo au pinacle. Sur eux reposera l'œuvre de conquête de la famille, ce sont eux qui s'installeront à Paris. Passionnés par les affaires de leur grand-père, ils s'initieront très jeunes à la chose bancaire. Abraham-Béhor, l'aîné, prendra rapidement la relève, ce qui provoquera bien souvent la confusion entre l'aïeul et le petit-fils puisqu'ils portent le même prénom.

D'après la vénération que continueront de lui témoigner, quelque soixante ans plus tard, Abraham-Béhor et Nissim, eux-mêmes au faîte de leur carrière, Abraham-Salomon était une forte personnalité. Déterminé, énergique, il sut cultiver le don de se trouver au bon endroit au bon moment. Justement, en ce début de XIXe siècle les circonstances sont favorables. L'Empire ottoman aux structures immuables, pétrifié dans sa superbe, commence à sortir de son immobilisme. Jusque-là, la Turquie avait opposé aux tentatives d'infiltration des idées modernes, dont la Révolution française était la grande vulgarisatrice, les barrières de ses traditions et la toute-puissance de sa théocratie. "Les palais des sultans à Constantinople se dressaient dans un isolement farouche ; aucune voix de l'extérieur n'y pénétrait sauf celle de quelques dignitaires qui n'y parlaient qu'en tremblant. Eux-mêmes n'avaient guère entendu que le chant des muezzins, la prière de la mosquée, troublée parfois par l'éclat de quelque sédition de caserne ou une émeute des prétoriens. L'indifférence des gouvernements pour tout ce qui se passe au-delà des frontières est telle qu'ils dédaignent de se faire représenter auprès des grandes puissances[29]." Mais les pertes de territoires, les échecs militaires forcent les Ottomans à renoncer, au XIXᵉ siècle, à leur claustration et à s'ouvrir aux influences occidentales. Cette porosité nouvelle n'est pas fortuite, elle est induite par le déclin de l'Empire. Réformer s'impose aux consciences comme la seule solution pour échapper à la destruction. Déclin et démembrement d'un côté, ouverture et réformes de l'autre vont suivre parallèlement leur cours, bouleversant ensemble les mentalités, la vie quotidienne, les institutions, la ville.

Les bases institutionnelles de ces réformes sont posées en 1839 par la charte dite du *Hatt-i Şerif* (rescrit illustre) de Gülhane, du nom des jardins du palais de Topkapi où celle-ci est présentée devant les hauts dignitaires de l'Etat. Cette promulgation inaugure l'ère des *Tanzimat*. Pluriel du mot arabe *tanzim* qui signifie organisation, ce mot désignera désormais le mouvement des réformes ottomanes. La charte déclare l'égalité de tous les sujets de l'Empire, sans distinction de religion ou de nationalité. Elle décrète que la justice est la même pour tous et que tout arbitraire est aboli. Avant les *Tanzimat*, les non-musulmans étaient des *zimmi*, c'est-à-dire des sujets inférieurs aux musulmans. On comprend qu'Abraham-Salomon ait pu être séduit par ce premier pas vers l'égalité. Les juifs d'Europe, eux, vont interpréter cette charte comme un acte d'émancipation dans la tradition de la Révolution française. Ils se trompent si l'on considère qu'"émancipation" signifie sortie du ghetto. Ce terme ne peut s'appliquer aux réformes ottomanes que si l'on désigne ainsi l'avancée vers la citoyenneté.

C'est à la vague réformiste qu'Abraham-Salomon confie sa barque. Plus que financiers, les intérêts qui le poussent dans cette voie sont d'ordre politique et culturel. La volonté de changement prend l'Europe pour modèle et se met à l'œuvre dans tous les domaines, centralisation administrative, unification du droit, sécularisation de l'enseignement, réorganisation de l'armée. La Turquie amorce alors une orientation universaliste. Ce choix la met sur les rails d'une laïcité qui adviendra un siècle plus tard.

Trois vizirs sont les architectes des *Tanzimat* : Rechid, Aali et Fuad pacha. Abraham-Salomon d'abord, ses petits-fils plus tard sont des proches conseillers, amis et banquiers de ces ministres. Le destin des Camondo à Istanbul, l'histoire des réformes ottomanes et des réformateurs suivent des trajectoires intimement liées, qui se croisent, s'entremêlent et parfois se confondent. Ce qui rapproche les Camondo de cette haute bureaucratie turque ne se limite pas au domaine des finances. Ils partagent, comme un secret qui les lie, une fiévreuse envie d'extérieur, d'Occident. Ils ont en commun la volonté de contourner ce thème capital de la mentalité ottomane, le *bid'at*, le préjugé contre l'innovation. La tradition, ce qui n'a plus d'âge, ce qui a toujours été, constituent des valeurs que la rhétorique législative ottomane place au-dessus de tout. Si bien que la formule "comme cela a toujours été" – *kadimden ola beri* – qui ponctue tout décret juridique est un argument qui légitime, à lui tout seul, le parti pris du décret. Le mépris, la méfiance de la nouveauté, profondément ancrés dans cette mentalité, condamnent l'Empire à l'immobilisme. Les vizirs réformistes sont des hommes qui sont engagés dans la difficile mission de combattre la pétrification de leur société. La modernité les tente, comme elle tente Abraham-Salomon Camondo. Ensemble, ils nourrissent le projet d'en imprégner la réalité ottomane. A vrai dire, ces ministres sont eux-mêmes des reflets vivants des réformes. Rechid, Aali et Fuad ont tous trois longuement séjourné à Paris pendant leur carrière de diplomate. Ils ne sont point encombrés d'obstacles linguistiques dans leurs négociations avec leurs homologues européens. Leur maîtrise du français surprend toujours leurs interlocuteurs.

Rechid pacha (1802-1857), initiateur de la charte de Gülhane (1839), est pragmatique. Il a su jouer de la promulgation de ce rescrit et trouver auprès de la Grande-Bretagne l'appui qui lui a permis de vaincre Mehmet Ali, khédive d'Egypte qui se rebelle contre la Porte ottomane. A plusieurs reprises, Rechid est nommé grand vizir ou ministre des Affaires étrangères. C'est à l'âge de trente-deux ans qu'il est envoyé comme premier ambassadeur de la Turquie en France. Son arrivée à Paris fait sensation. "C'était le premier ambassadeur turc que l'on eût vu en France depuis (...) 1802. L'air dégagé du jeune

Aali pacha (1815-1871) (collection P. de Gigord).

diplomate, sa vivacité, la finesse de ses reparties, le laisser-aller de ses manières, si éloignés de l'idée qu'on se faisait d'un envoyé du Grand Turc produisirent une sorte d'engouement. Il fut, pendant deux hivers, le lion de la saison. Il était de toutes les réunions ; il donna des fêtes qui furent citées. En même temps qu'il se montrait assidu au château, chez les ministres, aux soirées des diplomates, il ne dédaignait pas les réunions plus familières. Il fréquentait les foyers des théâtres ; il se liait avec les littérateurs de renom, les journalistes, les critiques. Il demanda un maître français à Jules Janin, qui le renvoya à Mlle N. de l'Opéra[30]." Voilà un diplomate qui s'immerge dans l'atmosphère de la ville où il est délégué et ne se cantonne pas à une extraterritorialité stérile. Quelques années plus tard, la francophonie a si bien avancé parmi les hauts fonctionnaires turcs que la comtesse de Melfort, cousine de l'ambassadeur français à Constantinople, Edouard Thouvenel, confie : Rechid pacha "a le mérite, partagé du reste avec tous les Turcs de distinction avec lesquels j'ai eu l'honneur d'échanger quelques compliments, de parler admirablement le français et avec un ton de voix doux, onctueux des plus agréables[31]".

Le français restera, tout au long du XIXe siècle, le lexique de toutes les réformes qui traversent Constantinople. Il servira de lien entre les Camondo et la haute bureaucratie des *Tanzimat*.

Abraham-Salomon tisse ensuite des rapports de confiance avec la seconde génération de ministres réformistes : Fuad et Aali pacha. Ceux-ci auront été formés par Rechid lui-même. Mais les chemins du maître et de ses disciples se sont séparés au lendemain de la guerre de Crimée. Rechid est resté très lié à l'ambassadeur britannique à Constantinople, l'autoritaire et impétueux Lord Stratford Canning. Aali et Fuad pacha se sont rapprochés d'Edouard Thouvenel. En fait, l'influence de la France est à son apogée à Istanbul en 1856. Napoléon III a envoyé se battre à Sébastopol deux fois plus de militaires que les Anglais. Aux côtés de l'armée ottomane, ces troupes ont vaincu les Russes et le sultan Abdülmecit exprime sans réserve toute sa reconnaissance à la France. Quant à Rechid, entravé par la relative disgrâce de l'Angleterre, il cesse d'être actif sur la scène des réformes. Le flambeau est repris par ses disciples mués, désormais, en rivaux.

Des trois ministres réformistes, Aali pacha (1815-1871) est celui dont les décisions sont les plus à même d'influer sur le destin financier des Camondo. Longtemps il gardera le dernier mot sur l'attribution des emprunts, sur le choix des banquiers chargés des conversions monétaires. Son personnage réfléchi et tout en retenue fait de lui un socle de stabilité et de cohérence avec lequel grand-père et petit-fils négocieront en toute confiance. La carrière d'Aali pacha démarre en flèche. Ambassadeur à Londres à vingt-six ans, il devient ensuite ministre des Affaires étrangères, puis est nommé grand vizir pour la première fois en 1852, alors qu'il n'a que trente-sept ans. A la fin de la guerre de Crimée, il aura acquis une bonne connaissance de l'Europe que viendront parfaire des séjours à Vienne et à Saint-Pétersbourg. "Ses études furent si profondes et si étendues qu'il passe pour le Turc le plus instruit, et même on dit qu'il y a peu d'Européens qui puissent égaler ses connaissances en toutes choses. Il peut parler théologie et tenir tête à un évêque, judaïsme avec un juif[32]". Fils d'un concierge d'Istanbul, Aali garde de ses modestes origines un déficit d'assurance qui n'échappe pas à l'ambassadeur Thouvenel : *"Il a toutes les qualités moins l'essentiel, c'est-à-dire un caractère qui en impose, et une dose de confiance en soi-même qu'il faut pour en inspirer aux autres[33]."* Aali pacha doit l'ascension rapide de sa carrière à ses talents personnels, à sa capacité de travail et à la protection de Rechid pacha. Autodidacte posé, il cultive une certaine opacité et sa fine silhouette semble ployer sous la mélancolie au fil du temps. Contrairement à Rechid, il jouit d'une enviable réputation de probité et de droiture. Cela fait de lui un personnage inaccessible, d'une cohérence et d'une solidité légendaires. Il s'agit pourtant d'un petit homme frêle et délicat qui parle doucement, comme s'il chuchotait. Son pas est hésitant, son regard vif et très mobile. Il œuvre pour l'Empire, les yeux grands ouverts sur le naufrage des institutions ottomanes. Hübner, l'ambassadeur autrichien en France, le rencontre au congrès de Paris en 1856 : "(…)le grand vizir Aali pacha est celui qui m'a le plus impressionné", écrit-il avant d'évoquer sa "douce et profonde mélancolie qui voile parfois sa spirituelle physionomie. C'est le grand patriote condamné à assister à l'autopsie, avant la mort, de son pays[34]." La position d'Aali n'est pas commode. Réformateur convaincu, il déteste qu'on bouscule les traditions ottomanes, que l'on ne tienne pas compte de l'opinion publique face à laquelle il lui semble crucial de préserver l'autorité de l'Etat et du sultan. On peut dire de lui qu'il aura été un réformateur conservateur, un individu qui se presse lentement.

A l'inverse d'Aali, Fuad pacha (1815-1869) est issu d'une grande famille d'Istanbul. Il est exubérant, pétillant et sûr de lui[35]. Les Camondo sont ses banquiers à titre privé. Aali et Fuad que tout oppose n'en forment pas moins un tandem redoutablement efficace. Alors qu'Aali est petit et frêle, Fuad est grand et bel homme. Son attirance pour l'innovation, l'invention, son caractère de fonceur parfois désordre font contrepoids au tempérament prudent et hésitant d'Aali pacha. Celui-ci s'accommode sans grand mal de l'humeur expansive, parfois envahissante de son collègue dont les bons mots alimentent la chronique d'Istanbul. Marie de Melfort raconte la réaction de Fuad pacha à l'arrivée d'un nouveau directeur pour la Banque ottomane : "J'espère, dit-il, que cela amènera des fonds à mon gouvernement pour établir des routes. Mais où cela nous mènera-t-il ? A la banqueroute[36] !" Plus sarcastique est sa réponse à une Anglaise qui l'importune en le questionnant sur le nombre de ses épouses. "Autant que votre mari madame, deux. Seulement il en cache une et moi pas[37]." Mais Fuad se vante. Marie de Melfort qui a été reçue chez lui, au Bosphore, dans son *yali** ombragé, est formelle. Bien que la loi autorise la polygamie, il n'a qu'une seule épouse. Fuad est certainement plus "occidental" dans sa vie privée et dans ses mœurs qu'Aali pacha. Il tourne le dos aux interdits islamiques et orne ostensiblement son jardin de statues. L'appellation de "pacha mécréant" convient certainement plus à Fuad qu'à Aali. Tout comme Aali, Fuad a lui aussi débuté dans les bureaux de traduction de l'Etat. Il les a quittés avec le titre de premier drogman de la Sublime Porte. Il avait auparavant suivi des études de médecine où l'enseignement se faisait en français. Il en retirera une grande aisance qu'il mettra à profit lors de ses fonctions de secrétaire d'ambassade à Londres, ou d'émissaire de la Porte en Espagne et à Saint-Pétersbourg. Le binôme se met en marche en 1852, une fois que Fuad devient ministre des Affaires étrangères et Aali grand vizir. Il fonctionnera jusqu'à leur mort et les deux hommes représenteront à eux seuls l'administration politique ottomane. L'histoire retiendra leur rôle dans les réformes qui mettent la Turquie sur l'orbite de la "modernité" sans pour cela réussir à la dégager tout à fait de ses pesanteurs archaïques.

C'est surtout avec Abraham-Salomon que ce couple initiateur des *Tanzimat* bâtit une relation de confiance et de reconnaissance mutuelles. Les funérailles officielles par lesquelles le gouvernement accompagne l'aïeul des Camondo à sa dernière demeure en sont la meilleure preuve. Cette cérémonie où un banquier est enterré avec le protocole exigé pour un homme d'Etat est unique dans les annales turques[38]. De son vivant, déjà, Abraham-Salomon fut comblé d'honneurs : Nommé grand dignitaire ou grand maître Camondo par Fuad pacha, il fut décoré, en 1849, du *Nişan-i Iftihar* et devint commandeur du Medjidié. Quant à ses petits-fils, Abraham-Béhor et Nissim, ils auront des rapports moins faciles avec Aali pacha. Lorsque la Sublime Porte recourt de plus en plus souvent aux emprunts étrangers, elle dédaigne ses

* Maison au bord de la mer.

sources de crédits intérieures, à moins que les banquiers indigènes ne s'associent avec des financiers européens. Abraham-Béhor prendra un tel ombrage de cette préférence qu'il incitera toute sa famille à s'exiler en France, en 1869. A cette date, Paris est devenu le poste d'où il est intéressant de négocier emprunts et conversions avec l'Etat ottoman. C'est donc là, dans la capitale française, que s'installeront les Camondo. C'est de là qu'ils traiteront plus d'une affaire financière avec le gouvernement turc. Abraham-Béhor cédera parfois à sa tendance à personnaliser les décisions politiques et professionnelles prises par Aali pacha. Leurs relations se teinteront alors de déception, leur correspondance prendra des accents d'irritation et d'incompréhension. Chaleureuse et amicale à d'autres moments, cette amitié se déclinera sur tous les tons de l'affection durable. Et lorsque Fuad s'éteint doucement à Nice, Nissim et Abraham-Salomon l'accompagnent depuis Paris d'une sollicitude inquiète et prévenante.

LES MYSTÈRES DE LA MONNAIE

La Porte ottomane a su solliciter et négocier le soutien politique de l'Angleterre dans ses démêlés militaires avec le khédive d'Egypte. Mais lorsqu'il s'est agi de concours financier, elle s'est interdit de rechercher de l'aide hors de ses frontières. Jusqu'à la fin de la guerre de Crimée, la Sublime Porte a vécu de ses ressources et de crédits indigènes, sans faire appel aux fonds européens. Dans ce cadre d'autosuffisance, le gouvernement a adopté pour la première fois en 1839 l'idée d'émettre du papier-monnaie, le *caïmé*. Ce fut une fantastique découverte, et la facilité de battre monnaie d'une manière aussi peu coûteuse favorisa désormais les habitudes fastueuses du sultan Abdülmecit. L'ambassadeur français Thouvenel est ébahi des habitudes de gaspillage qui règnent au palais : "Voulez-vous un spécimen de la façon de faire du sultan ? On lui présentait, il y a huit jours, un projet d'iradé autorisant le ministre des Finances à conclure un emprunt ruineux, pour le solde des intérêts échus de la dette de la liste civile. Sa Majesté a signé sans mot dire, et a envoyé illico, à la Porte, l'ordre de lui fournir 40 millions de piastres, pour l'achat de terrains où ont eu lieu, l'an dernier, les fêtes à l'occasion du mariage des sultanes. Mais voici qui est mieux encore : le sultan a donné cinq cent mille piastres à Constantin Carathéodori, pour le récompenser de quelques grains de quinine qu'il lui a administrés et la faculté de choisir, où bon lui semblera, des terrains à bâtir jusqu'à concurrence de deux millions de piastres. Deux corbeilles, en outre, sont placées l'une au *selamlik*, l'autre au harem et les fonctionnaires de la Porte sont *invités*, ainsi que leurs femmes, à y déposer des cadeaux destinés au sauveur des jours de Sa Majesté. Et dire que ce souverain-là n'a que trente-six ans[39]."

Les gouvernements ottomans manquent d'expérience pour utiliser les outils de la finance moderne. Battre monnaie, émettre des emprunts, prendre des crédits sont autant d'opérations qui fonctionnent comme des instruments magiques et multiplient à l'infini des opportunités de dépenses. Cette difficulté à manipuler les différentes formes de monnaie, cette inexpérience insistante occasionnent des confusions ruineuses comme c'est le cas à l'émission du *caïmé* : libellé à la main, ce papier-monnaie est aisément falsifiable. Quelques mois après la première diffusion de *caïmé*, une masse énorme de faux billets circule à côté des véritables. Retirés de la place, ils sont remplacés par des billets imprimés, ce qui n'en empêche pas davantage l'imitation. Cette situation menace de ruiner le commerce de l'Empire. C'est alors que la Sublime Porte entreprend de transformer son système financier et d'inaugurer les conditions favorables à la création d'un secteur bancaire moderne. Jusque-là, le pays ne possédait pas de moyen de paiement national en or. "Les remises à l'étranger se faisaient à l'aide de lettres de change dont l'acquisition entraînait pour les négociateurs des sacrifices proportionnés à la dépréciation des monnaies. Sur place, les fluctuations de monnaies, dont le marché appartenait exclusivement aux *sarraf*, entravaient les transactions les plus simples, personne n'étant sûr de la valeur de demain de l'unité monétaire[40]."

On voit le parti que les agents de change, petits *sarraf* traditionnels, peuvent tirer de cette situation. C'est justement à cet égard que la différence se fera entre ceux-ci et les banquiers d'envergure dont les intérêts sont liés aux réformes monétaires. Abraham-Salomon fait évidemment partie de cette deuxième catégorie. Il perçoit que les conditions nécessaires à un secteur bancaire moderne sont enfin réunies. Il anticipe ce nouveau climat et consolide l'existence de la banque de son frère Isaac qui vient de mourir :

Inconsolabile ancora, e tutto penetrato de l'inaspettata ed immatura perdita de benemerito diletto mio fratello maggiore ISAC, deceso li 5 andante, sono nulla di meno nel uttoso dovere a rendervene informato e soggiungervi in uno, che nella mia qualita dei suo socio toito, ed unico legale unversale crede, vado in capo al nostro stabilimento di commercio continuera gli affari sul medesimo piede, e per mio à conforto, e consolozione conserverà qual diletta meoria il venrato nome del deunto nella mia ditta, che continuera per cio la medesima ISAC CAMONDO & Cie.

Abramo Camondo che firmera I Camondo & Cie[41]

Si la fuite nocturne à Trieste figure comme scène originelle dans l'histoire des Camondo, cette lettre qu'Abraham-Salomon adresse le 17 septembre 1832 au financier Abram Halfon, à Bucarest, est le geste fondateur de sa banque. Après la mort de son frère, seul à la barre de sa maison I. Camondo et Cie, il la gouvernera sans partage, pendant trois décennies, lui insufflant son exceptionnel essor, décidant de ses principales orientations. De crédits à des pachas extravagants en emprunts pour le gouvernement ottoman, il édifie l'une des plus importantes fortunes des territoires turcs.

Le suivent dans cette voie les banquiers grecs et levantins de Galata. Les réformes monétaires ont créé un climat propice à la création de banques. L'Etat y participe en s'associant, en 1845, aux chefs de deux maisons importantes de la place, MM. Alléon et Théodore Baltazzi pour fonder le premier établissement moderne dans ce domaine : la Banque de Constantinople. Mais il faudra attendre la seconde moitié du XIXᵉ siècle pour que la banque à l'occidentale prenne son véritable essor à Istanbul.

Sans aucun doute, la guerre de Crimée établit une césure dans l'histoire ottomane. Il faut distinguer un avant et un après de cet affrontement contre les Russes pendant lequel la Turquie a eu pour alliées la France et l'Angleterre dont les troupes ont stationné à Constantinople. La ville s'est alors transformée en un vaste campement, a connu des pénuries, Istanbul a pris la mesure de ses archaïsmes. Tandis que de l'autre côté de la mer Noire, les canons fumaient encore à Sébastopol, une nouvelle charte, le *Islahat fermani*, promulguée dès 1856, a insufflé l'énergie de la victoire aux réformes et à la modernisation. Si l'objet principal de ce décret était de réaffirmer l'égalité des sujets sans distinction de religion, plusieurs de ses clauses portaient sur les nouvelles orientations économiques : "On s'occupera de la création de banques et d'autres institutions semblables pour arriver à la réforme du système financier et monétaire, ainsi que de la création de fonds destinés à augmenter la source de la richesse publique et matérielle de l'Empire... Pour arriver à ces buts, on recherchera les moyens de mettre à profit les sciences, les arts et les capitaux de l'Europe[42]." Les objectifs de la Porte étaient clairs, il s'agissait d'assainir la situation financière en mettant en valeur les ressources inexploitées de l'Empire. Plus important encore, le recours aux capitaux étrangers était explicitement admis puisque les possibilités du marché local étaient jugées insuffisantes. "Il y a deux ans à peine, toute réforme financière exigeant le concours des capitaux européens était d'avance condamnée dans tous les esprits... La guerre a vaincu la résistance des vieux préjugés... Les ministres, impuissants hier... sont aujourd'hui en état de faire prévaloir les doctrines empruntées à l'Europe avec l'assentiment du pays[43]."

La guerre de Crimée a eu non seulement raison des résistances du gouvernement ottoman, mais elle a également vaincu les réticences européennes à investir en Turquie. Les mentalités se sont modifiées en synchronie aux deux extrémités de l'Europe. Les conditions sont maintenant favorables pour que le dynamisme sans précédent de la banque, à Londres et à Paris, déborde jusqu'à Constantinople, contamine de son énergie la finance de Galata et l'annexe. L'Entente cordiale, pendant la guerre de Crimée, avait permis que la France et l'Angleterre tissent de nouveaux liens avec la hiérarchie politique turque. On espérait maintenant des opportunités d'investissements dans les équipements publics et dans les chemins de fer et l'expansion des relations commerciales. Certes "on n'ignorait pas le délabrement des finances turques, mais (...) l'appui des gouvernements britannique et français (...) les intentions réformatrices du gouvernement (ottoman) laissaient espérer un rétablissement auquel beaucoup souhaitaient contribuer par leurs capitaux et leur savoir-faire[44]".

Les Rothschild furent les premiers Français à se dépêcher vers la capitale ottomane. Avant même que ne soit annoncé le second train des réformes, précédant de quelques jours seulement la promulgation du *Islahat fermani*, Alphonse de Rothschild s'était rendu à Istanbul. Il portait le projet que son père, James, soumettait à la Porte ; la branche parisienne de la célèbre famille souhaitait créer une banque à Constantinople. L'ambassadeur de France, Edouard Thouvenel, proche d'Aali et Fuad pacha, fut mis à contribution. Peine perdue, la place était déjà occupée. La rivalité diplomatico-politique qui faisait rage à Istanbul entre l'Angleterre et la France avait gagné le domaine financier. Le gouvernement s'était déjà engagé à autoriser la création de l'Ottoman Bank, une société de droit anglais avec un capital de 500 000 livres sterling. Non seulement il leur avait été permis de fonder une maison financière mais ses administrateurs étaient déjà en train de chercher les moyens de se transformer en banque d'Etat. De retour à Paris, Alphonse remercie Thouvenel et lui dit la méfiance que nourrit son père envers un projet de banque centrale contrôlée par des Anglais. Il lui exprime également sa déception de n'avoir pu obtenir le privilège d'effectuer la conversion monétaire qui consistait à retirer de la circulation les mauvaises monnaies, le *caïmé* et les *beshlik* :

La conversation que j'ai eue avec Son Excellence Fuad pacha, avant mon départ, était de nature à modifier sensiblement les projets que nous avions pu concevoir. Il s'agissait d'une banque à mon arrivée à Constantinople ; à mon départ, le gouvernement était sous l'impression qu'il ne devait abandonner à personne le soin de retirer les caïmé *et les* beshlik, *mais recourir simplement à un emprunt qui lui donnerait l'opportunité d'exécuter cette grande manœuvre par lui-même. Il s'était en outre exalté dans ce sentiment par l'offre qui lui était faite par la Compagnie Layard d'un emprunt de 20 millions de sterling. D'un autre côté le gouvernement nous pressait très vivement de nous entendre avec M. Layard considérant comme une question de haut intérêt symbolique pour lui la participation à l'affaire de la compagnie anglaise. C'est dans ce sens que j'ai parlé à mon père à mon arrivée ici, et je l'ai trouvé tout disposé à entrer, autant que cela dépendrait de lui, dans les vues du gouvernement ottoman. Dans l'intervalle, nous avons appris que le gouvernement avait, sous certaines restrictions, donné une sorte d'assentiment aux plans de M. Layard et nous avons dû attendre les communications qu'il avait à nous faire avant de nous décider à renvoyer M. Landau[45] à Constantinople avec les propositions définitives.*

Ces messieurs de la Compagnie Layard sont très désireux d'en venir à une entente avec nous. Mais il est un point sur lequel nous ne saurions nous mettre d'accord à aucun prix et qui nous semble très contraire également aux sentiments du gouvernement français sur la question. Ces messieurs (...) insistent pour que la Banque ottomane qu'ils ont fondée soit le seul agent des transactions financières à Constantinople. Cette banque, qui ne jouit d'aucun privilège exclusif et qui n'est qu'une banque particulière, deviendrait par cela même une banque gouvernementale ; elle obtiendrait la force qui lui manque en ce moment, une prépondérance qui serait aussi préjudiciable au gouvernement français qu'à nous-mêmes. Le gouvernement français voit avec raison, en effet, dans le règlement de la question financière en Turquie un puissant intérêt d'avenir. C'est la base d'une influence sérieuse, dominante et l'intervention unique de l'élément anglais à Constantinople pourrait faire naître des difficultés que mieux que personne, monsieur l'ambassadeur, vous avez su apprécier[46].

Alphonse de Rothschild a su viser juste. La rivalité avec l'Angleterre est un point très sensible chez Edouard Thouvenel. Il consacre son temps et son énergie à contrer les initiatives intempestives et l'action envahissante de l'ambassadeur britannique. C'est pour entraver l'influence anglaise à laquelle Lord Stratford Canning associe son indéniable aura personnelle, que Paris a dépêché à Constantinople un diplomate de l'envergure de Thouvenel[47]. Il faut, dans cet après-guerre de Crimée, un personnage de ce calibre-là – Thouvenel sera ministre des Affaires étrangères à la fin de sa mission à Istanbul – pour éviter que le prestige tout neuf de la France auprès des Turcs ne se ternisse. Conformément à l'Entente de leurs pays respectifs, Stratford et Thouvenel se détestent "cordialement". Mais les efforts de Thouvenel ne réussiront pas à établir la prééminence française dans le domaine des finances ottomanes. Il faudra attendre les succès des frères Pereire et la création de la Banque impériale ottomane en 1863 pour que les cercles financiers français s'imposent à Constantinople.

LA BANQUE

La Banque impériale ottomane représentait, en quelque sorte, l'"idéal exacerbé" d'Emile et Isaac Pereire. Isaac en avait rédigé presque intégralement les statuts. Elle devait servir de prototype.

C'était un modèle cousu main par ces anciens saint-simoniens. Cet établissement cumulait les pouvoirs d'une banque centrale, d'une banque de dépôt et du Crédit mobilier. Elle pouvait "escompter, acheter, avancer toutes espèces de marchandises, participer à des entreprises et naturellement battre monnaie[48]". Ce nouvel instrument financier, flambant neuf, que les petits-fils d'Abraham-Salomon appellent familièrement la Banque, met tout de suite à profit l'expérience de l'Ottoman Bank. Deux types d'obstacles avaient entravé l'expansion de cette dernière dès sa création. Tout d'abord, l'insuffisance des dépôts de la clientèle locale l'avait conduite à pratiquer la circulation de papier sur l'Europe car les emprunts à l'étranger constituaient à peu près le seul moyen de se procurer des ressources. Et puis, l'Ottoman Bank s'était immédiatement heurtée à l'hostilité des financiers de Galata qui avaient toutes les raisons de lui faire la guerre. Pour eux, elle n'était qu'une intruse. Non seulement elle n'avait jamais sollicité leur concours, mais elle s'installait sur leur territoire pour leur faire concurrence !

Les banquiers occidentaux ayant désormais compris la leçon ne tentent plus d'implanter leurs filiales à Constantinople sans y associer quelques figures levantines ou grecques, juives ou arméniennes. La Banque impériale ottomane s'est conformée à ces normes implicites, et s'est associée, dès sa création, à MM. Alléon et Hanson, tous deux issus de familles européennes ayant fait souche à Péra, dans l'antique colonie génoise qui jouxte Galata[49].

Mieux encore, ses administrateurs ont saisi qu'ils ne réussiraient pas à garder leur monopole. Ils consentent, tout juste un an après leur propre mise en route, à ce que s'établisse, en 1864, une nouvelle maison de banque, issue de l'alliance entre les Camondo et les autres banquiers de Galata : la Société générale de l'Empire ottoman. Et puisque cette société devait exister, mieux valait encore participer à sa gestion. Ils s'associent alors à sa fondation, et occupent des sièges au conseil d'administration. Sir William Clay, président de la Banque impériale ottomane à Londres, exposa la situation aux actionnaires dans les termes suivants : "L'idée qui a conduit la banque à s'associer à ce projet était qu'il existait en Turquie deux sphères d'action distinctes dans la finance et le commerce. Pour tout ce qui concernait les relations avec l'ouest de l'Europe et les emprunts à lancer en Europe pour le gouvernement turc, la Banque impériale ottomane était l'instrument approprié. Mais il y avait, par ailleurs, de nombreuses opérations financières en liaison avec le gouvernement, les corps municipaux ou encore de simples individus, pour lesquelles l'expérience, les connaissances et les relations locales de banquiers indigènes et des capitalistes de Constantinople faisaient de ceux-ci les instruments les mieux adaptés. Il devint alors clair qu'une alliance pouvait être conçue entre la banque et ces parties, qui étaient en général fort riches, puissantes et expérimentées, et le sentiment général des administrateurs fut qu'il était bien préférable d'avoir de telles personnes comme amies, coopérant avec la banque, plutôt que comme rivales[50]." La Société générale de l'Empire ottoman devait donc être fondée pour regrouper les banquiers "riches, puissants et expérimentés" de Constantinople et les instrumentaliser dans les relations avec la haute bureaucratie ottomane. Parmi ces financiers indigènes, les Camondo occupent une place de choix. Ils ne sont pas les seuls. Les banquiers grecs Baltazzi, Zographos, Zarifi et Zafiropoulo représentent aussi une surface et une autorité financière incontestables. Ainsi la Banque impériale ottomane, les Camondo et les financiers grecs deviennent les principaux associés de cette nouvelle Société générale de l'Empire ottoman[51].

Les trajectoires de ces familles, élites de la communauté grecque d'Istanbul, ressemblent, sur bien des points, à celle des Camondo. Comme eux, ils avaient quitté leur quartier traditionnel – le *Phanar* –, pour venir s'établir à Péra ou à Galata. Comme eux, ils s'étaient spécialisés dans les crédits au gouvernement turc. Enfin, une génération plus tard, détachée de chacune de ces lignées, une branche devait prendre pied, comme le feront Nissim et Abraham, dans une cité financière ou commerciale de l'Europe. Ce sera Vienne pour les Baltazzi, Marseille pour les Zarifi. Paris restera la chasse gardée des Camondo et leur brillante installation confirmera leur suprématie sur leurs rivaux constantinopolitains.

Rivaux ou associés ? Difficile de répondre à cette question. Leurs engagements dans la même entreprise, leurs intérêts conjoints sont insuffisants pour en faire de vrais associés. Certains administrateurs de la Société entreprennent des affaires en leur nom propre, contredisant souvent la politique de leur établissement commun. Les directeurs contractent des alliances secrètes avec d'autres banques de la place. Il se constitue des pôles qui accentuent les tensions entre les clans de cette même Société. La question de la religion, de l'appartenance communautaire infléchit-elle les tendances à l'ostracisme dont sont parfois victimes les Camondo ? Rien n'est moins sûr. Au plus profond de leurs démêlées avec Christachi Zographos, Abraham-Béhor et Nissim n'évoquent jamais une détestation juive. Eux-mêmes n'attribuent pas la noirceur de leurs adversaires – et néanmoins associés –, à leur religion.

Toujours est-il que, fondée un an après la Banque impériale ottomane, la Société générale de l'Empire ottoman possède un capital de 2 millions de livres sterling[52], en 100 000 actions de 20 livres. Sur ces actions, moins d'un dixième est offert à la souscription publique sur le marché de Constantinople, 26 500 sont rendues disponibles pour les souscripteurs anglais par l'intermédiaire de la Banque impériale ottomane à Londres. Le reste des actions est réservé aux fondateurs[53]. Le succès obtenu par l'émission est énorme. Les souscriptions sont réduites et les actions, quelques jours après l'émission, font une prime de 3 livres sterling. Le crédit dont dispose ce nouvel établissement est tel, que, fondé en juillet 1864, il est capable, à la fin de cette même année, de prêter au gouvernement ottoman une somme de cinquante millions de francs. La Société générale de l'Empire ottoman procure donc de jolis bénéfices à ses fondateurs et les Camondo accroissent leur fortune déjà considérable.

L'EMPREINTE SUR ISTANBUL

La fortune d'Abraham-Salomon ne repose pas exclusivement sur la banque. Un second socle la soutient : les propriétés immobilières[54]. Bien qu'étrangère, la famille a bénéficié d'un privilège exclusif qui l'autorise à posséder immeubles et terrains. Ce patrimoine est-il issu d'une politique délibérée consistant à bâtir un empire immobilier ou bien s'est-il formé au gré de prêts non remboursés et de biens hypothéqués, transférés sur les avoirs de la banque I. Camondo[55] ? La distribution géographique de ces possessions à Istanbul fait plutôt penser à une stratégie réfléchie, élaborée sur le long terme car une très grande partie des immeubles Camondo se trouve concentrée à Péra et à Galata, dans le quartier des *sarraf.*

Une fois encore, le vent des réformes a gonflé les voiles qui portent Abraham-Salomon vers les latitudes de la prospérité. Parmi les mutations qui labourent la Turquie au lendemain de la guerre de Crimée, la réforme municipale à Istanbul tient une place à part. Pendant que la bataille faisait rage aux portes de Sébastopol, une élite internationale, bigarrée, hante les rues de Constantinople. Des princes accourus en qualité d'observateurs, des militaires haut gradés représentant les forces de l'Entente cordiale, et des journalistes sillonnent les rues de la capitale ottomane à la recherche d'informations et de découvertes. Or, il était inconcevable de loger tout ce beau monde à Stamboul ville musulmane. Un bras de mer – la Corne d'Or – et trois siècles la séparent de Péra et de Galata, seuls susceptibles d'accueillir des visiteurs chrétiens. Or, il n'y a point d'hôtel dans ces quartiers "mécréants" en 1855. Même pas d'"horribles tables d'hôte" dont se plaindra quelques décennies plus tard Pierre Loti, amoureux transi de la cité islamique. Le romancier est définitivement conquis par le charme de ces quartiers engloutis, tôt le soir, par le silence et l'obscurité qui se propagent des mosquées éteintes. Quant à l'ancienne échelle génoise, d'illustres personnages et quelques têtes couronnées, de passage à Constantinople, y découvraient un environnement qui faisait honte à ses habitants, les Levantins. Les lanternes en papier dont ils devaient se munir pour circuler la nuit ne les amusaient guère, elles n'étaient pittoresques que dans les récits des voyageurs. N'éclairant que les trous de la chaussée où on risquait de trébucher, elles étaient impuissantes à éloigner les légendaires hordes de chiens en liberté qui menaçaient de mordre les mollets. Tout cela donnait pour la première fois à la population cosmopolite de Péra et de Galata l'occasion de regarder son quartier avec les yeux des Européens auxquels elle s'identifiait. Elle en ressortit mortifiée et prise d'un sentiment d'urgence à tout changer.

Les financiers de Galata qui s'intègrent progressivement au réseau de la banque européenne exigent, eux aussi, que les rues, proches des quais où ils sont installés, témoignent de leur modernité et reflètent l'image d'un secteur occidentalisé en pleine expansion. La rénovation de ce bas quartier, occupé par les marchands francs et levantins s'impose : "C'est là, dans des

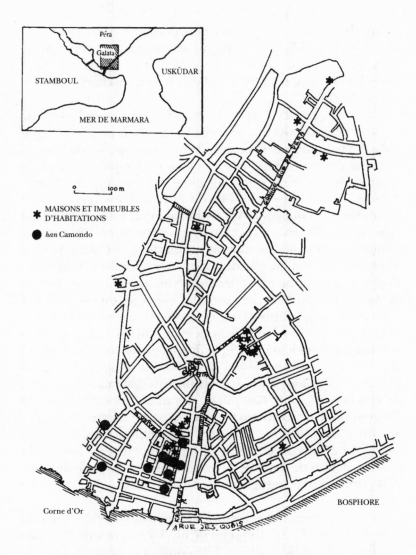

Distribution des propriétés Camondo à Galata (1888).

rues étroites et grouillantes, que se débat le commerce le plus actif de la ville. On a peine à se retrouver au milieu du mouvement qui vous environne. A chaque pas, il faut se ranger pour faire place aux portefaix bulgares qui, à l'aide d'un coussinet, soutiennent sur leurs reins des charges titaniques. Des cafés grecs chantent et fument à tous les coins, des chiens hargneux grognent quand on les approche, et les bouchers balancent devant leur étal les morceaux de viande attachés à de longues chaînettes autour desquelles bourdonnent des essaims de mouches. Parmi la foule bruyante et compacte cheminent les ânes, patients, courageux, infatigables, pliant sous le faix, et heurtant les passants avec les planches qui les chargent et les font trébucher[56]."

Il était urgent d'extirper de ce chaos chamarré le secteur naissant de l'économie moderne. Ainsi, sous la pression conjuguée des banquiers et de la population cosmopolite de Péra, la Sublime Porte envisage une réforme municipale. Une commission de "mise en ordre urbaine" est créé en mai 1855 : *Intizam-i Sehir Komisyonu*[57]. Elle est principalement constituée d'habitants du quartier. Abraham-Salomon Camondo en est l'un de ses dix membres. La commission prend justement pour espace d'expérimentation les quartiers de Galata, Péra et Tophane. C'est là qu'elle doit tester ses initiatives de rénovation. Une des principales décisions concerne la construction de *han*. A l'origine, les *han* sont des auberges où caravanes et convois de négociants chargés de marchandises font halte. Mais au XIXᵉ siècle, ce vocable ne désigne plus que des immeubles de bureaux dont le négoce et la finance modernes ont instamment besoin. La commission des réformes municipales planifie donc l'élévation de plusieurs bâtiments destinés aux maisons de commerce et aux banquiers. Abraham-Salomon prête de l'argent pour ces constructions. Une partie de ces crédits est accordée sans intérêts. D'autres sont débloqués, au taux de 12 %. Les Baltazzi et les Zarifi contribuent eux aussi à la reconstruction de Karaköy, la partie de Galata proche du port, dédiée au secteur modernisé de la banque, du change et des assurances.

La commission des réformes municipales modifie aussi le confort urbain. Elle entreprend de niveler les rues, de les éclairer, de les doter de trottoirs. Elle confisque, démolit, rebâtit. De 1855 à 1865, elle réussit à donner un nouveau visage aux quartiers sur lesquels porte son expérimentation. Dès l'année 1865, toutes les nouvelles banques sont implantées dans un petit périmètre, au sud de Galata, circonscrit par les rues Felek et Kürekçiler et dans lequel sont localisés neuf des dix *han* Camondo[58]. Quatre des six nouvelles banques ont précisément installé leur siège social dans ces *han*[59].

Sur le territoire d'Istanbul, autour de la présence Camondo, s'organise l'ostentation, la représentation de la richesse et de la modernité. Les petits-enfants d'Abraham-Salomon ont installé leur opulent *konak** à Galata, à un jet de pierres des *han* qui abritent leur maison de finance. Pour descendre de leur demeure vers la rue où les nouveaux immeubles de banque s'érigent dans une austérité très viennoise et font écran au soleil, la famille a fait construire des escaliers. Baptisés "escaliers Camondo", ils déroulent, aujourd'hui encore, entre le haut et le bas quartier, les amples courbures de leurs balustrades, architecture prémonitoire d'une esthétique qui devait faire date : l'art nouveau. En haut de ces marches, au 6 de la rue Camondo, trône la grande *"maison en pierre"* où habite Nissim, *"avec un kiosque y attenant dans lequel se trouve l'oratoire et un bain qui se trouve en face avec le jardin d'hiver*[60]*"*. Etrange destin que celui de cet hôtel particulier. Moïse, le fils de Nissim, à qui la providence réserve une carrière de mécène parisien, y voit le jour. Elle sera léguée directement à son cousin Isaac. Bien qu'indifférent à "la cause de l'éducation", celui-ci la loue à l'Alliance israélite universelle. L'école des garçons de Galata s'y installera contraignant Isaac à exiger un loyer modeste et à participer contre son gré à la philanthropie scolaire. Au numéro 8, jouxtant la demeure de Nissim, la maison d'édition Hamizrah[61] publie des livres d'études hébraïques et achève de donner une coloration intellectuelle à l'environnement.

Han, hammam, escaliers, rues ; Galata porte avec insistance l'empreinte des Camondo. Toute la finance cherche à côtoyer l'illustre famille en escomptant être irradiée par la modernité conquérante et prospère qui émane d'elle. Les banques qui se créent choisissent presque invariablement d'installer leurs nouveaux bureaux dans les immeubles Camondo : le siège du Crédit lyonnais est au *Yakut han*, rue Mertebani. Les Eugénidi, Grecs d'Istanbul, viennent de fonder avec les Lafontaine la Société ottomane de change et de valeurs. Pour abriter leur direction, ils choisissent le *Latif han*, rue Sevud. Les Zarifi et leur Banque de Constantinople sont au *Lacivert han* – le *han* bleu marine. Enfin la Société générale de l'Empire ottoman, qu'Abraham-Béhor a fondée avec le concours de la Banque ottomane et celui des financiers grecs, loge, comme il se doit, au Camondo *han*. Même le banquier levantin Tubini, pourtant en conflit avec Nissim et Abraham-Béhor en 1869, loue des officines au Camondo *han*.

* Large demeure turque, hôtel particulier.

Ces relations entre urbanisation et capital bancaire qu'illustre la marque d'Abraham-Salomon sur Istanbul sont propres au XIXᵉ siècle et aux grandes places financières. A Paris comme à Londres, le sceau du banquier sur la ville est d'autant plus visible que s'amplifie le volume des affaires. Le banquier dépose son empreinte sur la cité en plusieurs étapes : il s'établit d'abord "dans un espace déjà reconnu et hautement valorisé". Cette installation contribue alors à la surestimation de cet espace. L'exemple des Rothschild en dit long en la matière : le baron James achète, rue Lafitte, entre 1835 et 1859, plusieurs hôtels particuliers contigus qui avaient appartenu jadis à Laborde, banquier à la cour de Louis XV. Son voisin est le financier Jacques Laffitte. "Rothschild et Laffitte «honorent» ainsi un quartier où, dans un rayon proche, la trace est encore fraîche des spéculations immobilières antérieures à 1789 (…)[62]" La présence du baron francfortois attire les autres banques et institutions financières. La gloire des Rothschild se diffuse dans l'air comme un parfum et on espère se laisser envelopper par les fragrances du succès en emménageant à proximité. Les hôtels Rothschild "ne font que consacrer la vocation d'une zone désormais sensible de la capitale, au cœur de laquelle se construit la Bourse, aux marges de laquelle s'installe la Banque de France, limitée par le Louvre au sud, bientôt par l'Opéra et par la gare Saint-Lazare au nord-ouest, une gare qui ouvre sur une périphérie résidentielle calme et luxueuse, tandis qu'elle permettra de drainer vers le business parisien les employés venus de banlieues plus lointaines.(…) C'est autour du prestige de l'argent que se cristallisent tous les éléments d'un quartier désormais objectivement et mythiquement central, inspirateur d'un discours à l'usage des Français comme des étrangers qui fait de lui un pôle d'attraction majeur – commerces de luxe, plus tard grands magasins, lieux bourgeois du divertissement ou du plaisir rehaussant le décor autour des sièges des banques, des charges d'agents de change et des compagnies d'assurances[63]."

Pendant ce temps à Istanbul, vers la fin de la décennie soixante du même siècle, le Tout-Péra se presse à l'Alcazar d'Amérique. Ce théâtre célèbre est un des fleurons du patrimoine Camondo. Dans ce quartier qui s'est mué en centre de loisirs et d'amusements à l'européenne, les Camondo possèdent aussi des immeubles d'habitation et des magasins. La nuit, les rues de Péra s'animent. Elles ont été les premières à bénéficier de l'éclairage, manne de la réforme municipale. "Jusqu'à minuit continuera le va-et-vient des voitures. Les grandes boutiques vont éclairer leurs banals étalages copiés sur ceux de Paris, de Londres ou de Vienne. Le soir, au lieu de calmer le train incessant de la vie, va l'exaspérer plutôt, à la lueur du gaz. Empressement de touristes, revenant de leurs excursions du jour et se hâtant, avant la nuit tombée, de regagner le bercail rassurant, la table d'hôte servie à l'anglaise, la rue où l'on se sent comme en Europe. Toilettes extravagantes de Levantines aux grands yeux lourds, qui auraient été si jolies, vêtues en Grecques, en Arméniennes ou en juives.(…)Dans Galata, qui s'ouvre là tout près de moi et où tant de gens pressés s'engouffrent, va commencer avec l'obscurité le grand sabbat, la grande prostitution de chaque nuit[64]."

Les voyageurs du XIXe siècle, éternels nostalgiques d'un Orient "authentique", "intouché", sont toujours déçus par un décor insuffisamment étrange, pollué par l'occidentalisation. Ils témoignent, néanmoins, des mutations de Péra. "Les familles pérotes s'avancent en clans nombreux dans l'espace laissé libre par les consommateurs assis (…) ; on ne les distinguerait d'élégants Parisiens qu'à une fraîcheur un peu trop crue de nouveauté ; ils ne suivent pas la mode, ils la devancent. Chaque pièce de leur ajustement est signée d'un fournisseur célèbre de la rue Richelieu ou de la rue de la Paix ; leurs chemises sont *de chez* Lami-Housset ; leurs cannes *de chez* Verdier ; leurs chapeaux *de chez* Bandoni ; leurs gants *de chez* Jouvin ; quelques-uns cependant, de famille arménienne pour la plupart, portent la calotte rouge à gland de soie noire, mais c'est le petit nombre. L'Orient n'est rappelé dans cette réunion que par quelque Grec qui passe, rejetant les manches de sa veste brodée et balançant sa fustanelle blanche évasée comme une cloche, ou par quelque fonctionnaire turc à cheval, suivi de son *kawas* et de son porte-pipe qui revient du Grand-Champ et regagne Constantinople en se dirigeant vers le pont de Galata[65]."

Le Constantinople des Camondo se déploie bien au-delà de Péra. Il grimpe s'aérer sur les hauteurs de Çamlica d'où l'on contemple le Bosphore, serpent capricieux et scintillant qui se contorsionne sur toute sa longueur, entre Asie et Europe, entre Marmara et la mer Noire. Sur cette colline, s'élève le *köşk*, vaste demeure de villégiature d'Abraham-Salomon. Il y reçoit

Yali sur le Bosphore.

Rechid et Fuad pacha, des personnalités politiques, des financiers. On y donne des réceptions en l'honneur des administrateurs de la Banque ottomane, dépêchés depuis Paris pour négocier le dernier emprunt du gouvernement turc. Le train de vie de cette demeure attise les convoitises. Des lettres de menaces parviennent à Abraham-Salomon, envoyées par trois individus chrétiens dont l'un est un ressortissant autrichien. Ils cherchent à le rançonner d'une somme considérable, 100 000 piastres. Abraham-Salomon réussit à les faire juger. L'Autrichien est renvoyé de Turquie et les deux autres condamnés à sept ans de travaux forcés[66].

Abraham-Béhor et Nissim, les petits-fils, passent l'été non point sur les hauteurs d'Istanbul, mais les pieds dans l'eau, dans leurs *yali* contigus, sur la rive européenne du Bosphore, à Yeniköy. Leurs parcs sont si fleuris que les jardiniers font commerce de la végétation qui y foisonne. Ils ont pour voisinage les résidences d'été des ambassades et les demeures estivales des pachas. La saison de la villégiature commence tôt sur le Bosphore. En mai, les premières mahonnes, grandes barques creuses, glissent sur les eaux, chargées de commodes, d'armoires en fines marqueteries et annoncent le début de la transhumance. Elles déménagent les résidences consulaires de Péra qui s'installent, pour l'été, dans leurs *yali* à Thérapia ou à Yeniköy. Les épouses d'ambassadeurs s'indignent de voir leurs tabourets de boudoir ainsi exhibés, dérivant au gré des vagues, livrés à la curiosité des riverains. Mais il le faut bien, raisonnent-elles, on ne peut tout posséder en double. Il faut disposer de quelques commodités dans ces riantes demeures qui permettent d'échapper, parfois pendant six mois, aux embarras de "l'affreux Péra". En octobre, on embarque les mêmes meubles, sur les mêmes mahonnes en direction opposée, lorsque les vents du nord assombrissent les eaux du Bosphore et font craquer les charpentes en bois des *yali*.

Mais les petits-fils d'Abraham-Salomon s'épargnent tous ces tracas. Leurs demeures sont abondamment garnies d'un mobilier qui leur est dédié. Les vingt-deux pièces de la "maison de campagne" d'Abraham sont fournies en piano, billard, berceaux chinois, et *mangal** en cuivre[67]. Lorsque Nissim et Abraham-Béhor, installés à Paris depuis un moment, préféreront prendre les eaux à Contrexéville plutôt que de venir se ressourcer au Bosphore, les ministres de la Porte, les administrateurs de la Banque se disputeront le privilège de louer pour l'été l'une de ces résidences mouillées d'embruns et protégées par l'ombre d'arbres centenaires.

* Brasero.

II

UNE MISSION

LES ROTHSCHILD DE L'EST !

Ce surnom est bien plus qu'une image et la comparaison mérite qu'on s'y attarde. Les Rothschild et les Camondo ont plus d'un point en commun. Non seulement ils sont banquiers et ils marquent la ville de leur empreinte, mais ils partagent également une nouvelle conception de la bienfaisance et de la solidarité communautaire. James à Paris, les petits-fils d'Abraham-Salomon à Constantinople institutionnalisent de nouvelles pratiques de philanthropie qui se diffusent en France et dans le Moyen-Orient tout au long du XIXe siècle.

Abraham-Salomon est pieux. La charité qu'il pratique est conforme aux lois de la bienfaisance juive, la *tsedaka*. Il s'attaque à la pauvreté, il institue deux maisons de refuge et plusieurs fonds de secours pour les gens démunis et abandonnés. Toutes les œuvres d'utilité générale trouvent auprès de lui un accueil empressé. Il fait également construire une synagogue à Büyükdere, sur le Bosphore, tout près de Yeniköy où ses petits-fils viennent en villégiature. Avec le temps, son rôle charitable prend de l'ampleur et déborde les frontières d'Istanbul. Il s'engage à soutenir le centre communautaire dans l'île de Rhodes en offrant la construction de l'école et de la synagogue qui portera son nom, le "Kadosh Camondo", située à Lindos[1]. L'attachement au judaïsme fonde ses gestes de bienfaisance. Il finance par exemple la réimpression du *Méa'm Loez*[2], commentaire de l'Ancien Testament destiné à un public profane. Profondément croyant, il s'occupe de son salut et crée en 1870, juste avant de quitter Constantinople, un séminaire, *Yeshiva Maghen Abraham,* qui devra dire des prières pour le repos de son âme lorsqu'il aura cessé de vivre. Installé à Hasköy, dans un immeuble en pierre, six rabbins y sont attachés. Abraham-Béhor leur laisse un règlement très précis à observer.

Pendant ce temps à Paris et à Londres, les élites financières juives s'acquittent, tout comme Abraham-Salomon, de leur devoir de solidarité en continuant d'obéir aux normes de la tradition. La *Hevra Kadisha,* confrérie funéraire, constitue une cellule de base sur laquelle s'appuie tout un réseau d'entraide, *Hevroth.* Le but sacré est la *tsedaka,* le secours aux indigents, aux malades et aux orphelins[3]. Les effets de l'émancipation et des réformes napoléoniennes ne transforment pas les pratiques de bienfaisance des notables juifs français. Du moins pas tout de suite. La charité demeure une des valeurs de la société juive après la Révolution. Cependant, on ne compte pas encore, parmi les volontaires de la collecte de dons, les membres de la nouvelle aristocratie financière, celle qui s'est formée au début du XIXe siècle par l'afflux vers Paris de banquiers issus de toutes les latitudes européennes. Les institutions charitables sont gérées par des "juifs ancienne manière" que la piété conduit à assumer un rôle dans la communauté. Les autres, les Fould, les Worms de Romilly, les Cerfberr siègent certes au consistoire mais ne manifestent guère de zèle ou d'enthousiasme. Ils dédaignent jusqu'aux fonctions de dirigeants. "Ils préfèrent les courses au Champ-de-Mars, les revues au Carrousel ou bien l'agitation de la Bourse pour la prochaine adjudication du chemin de fer du Maroc[4]."

Cet état de choses ne va pas durer. Un événement dont on n'évalue pas tout de suite l'importance transforme radicalement les habitudes de ces notables : le précepteur des enfants de James et Betty de Rothschild, Albert Cohn, entre au Comité de bienfaisance en 1843. Il représente les intérêts et les orientations du baron en matière de philanthropie. Comme par enchantement, le Comité de bienfaisance connaît immédiatement une expansion spectaculaire de son activité et un nouvel esprit. Son budget triple en dix ans[5]. La haute banque juive rejoint comme un seul homme les Rothschild au sein de ce comité. On y compte désormais les Pereire, Mires, Javal, Koenigswater, Anspach, Crémieux, Goudchaux et les autres. Ensemble, ils effectuent des donations et construisent synagogues et hôpitaux.

Les Rothschild contribuent ainsi "à l'institutionnalisation de normes de conduites d'une élite économique, d'une bourgeoisie juive ascendante qui a jugé bon de les imiter, ne serait-ce que pour jouir d'un statut élevé dans la société[6]". A la suite de cette première bifurcation, la bienfaisance juive intègre désormais des formes modernes de philanthropie en créant des écoles et des lieux de soins. Son champ d'action déborde les frontières nationales. Elle se donne pour vocation de secourir les juifs de tous pays, d'améliorer les conditions d'existence des communautés en déclin. Celles-ci sont plutôt en Orient et il s'agit de leur dispenser éducation et sciences occidentales, seules capables de les "régénérer". Sur cette ligne d'action, la route des Camondo croise celle des Rothschild.

La conception du judaïsme d'Albert Cohn convient au couple Rothschild qui le délègue pour toutes ses actions de bienfaisance à travers le monde en général et l'univers ottoman en particulier. Leur action communautaire se déploie sur un axe qui va de Rome à Jérusalem en passant par Constantinople et Alexandrie. C'est en 1854 que Cohn se rend pour la première fois à Istanbul. Il est reçu par Aali pacha grand vizir et par Fuad, alors à la tête des Affaires étrangères. La rencontre entre Cohn et les Camondo se révèle immédiatement féconde. Le délégué du baron et le banquier oriental consentent à fonder ensemble une école à Hasköy, ce quartier de la Corne d'Or où Abraham-Salomon avait pris Clara pour épouse. L'école s'installe dans une maison louée par les soins de Cohn et accueille cent vingt-six élèves dès la première année. Cohn lui-même est surpris de la fluidité des mouvements en terres ottomanes, de la facilité à réaliser ces projets. Dans ses *Lettres de Palestine* il confie : "J'ai fondé des écoles dans d'autres pays d'Orient et j'ai rencontré beaucoup moins d'obstacles que je ne supposais : à Constantinople, à Smyrne, à Alexandrie." Si les autorités turques sont si bienveillantes, c'est que ces initiatives correspondent à la volonté de la Sublime Porte de réformer l'administration interne des communautés de l'Empire.

Deux ans après le passage de Cohn, c'est au tour d'Alphonse de Rothschild, fils aîné de James, de se rendre à Constantinople. Sa visite coïncide avec la promulgation de la charte qui inaugure le second acte des *Tanzimat* : le *Islahat fermani*. On a vu qu'Alphonse mettait à profit ce voyage pour convoyer la proposition de son père de créer une banque dans la cité du sultan. L'annonce du nouveau rescrit lui sert une fois encore. Il prétexte l'injonction faite par le firman aux nations juive, grecque et arménienne de rénover leurs structures administratives, pour susciter la réunion des responsables de la communauté juive. Un autre événement survient pour appuyer la convocation d'une assemblée générale : une nouvelle calomnie de crime rituel embrase l'atmosphère surchauffée d'Istanbul.

Mais attardons-nous en février 1856. La guerre de Crimée vient de se terminer, les belligérants négocient les clauses de la paix à la conférence de Paris. A Istanbul, les ministres réformateurs, le Şeyh-ül Islâm*, Edouard Thouvenel et Lord Stratford Canning, respectivement ambassadeurs de France et de Grande-Bretagne, tiennent, tambour battant, des réunions qui préparent la charte des nouvelles réformes. Il s'agit de prendre de vitesse la conférence de Paris, d'annoncer les dernières mesures administratives avant la signature de la paix. Il faut surtout enlever à la Russie sa prétention à se poser comme l'héritière légitime d'un Empire ottoman qu'elle espère en décomposition. Ambassadeurs et ministres réussissent à promulguer le rescrit le 18 février[7]. Celui-ci réitère l'égalité des sujets ottomans, droits que garantissait déjà la charte de Gülhane en 1839. Il inaugure en outre de nouveaux principes. Désormais tous les sujets, sans distinction de religion, peuvent avoir accès à tous les emplois publics et dans toutes les écoles militaires. Ce décret présente une particularité : non seulement il supprime l'infériorité des minorités religieuses de l'Empire, mais il efface également la hiérarchie inter-minoritaire où la place des juifs vient loin derrière celle des Grecs et des Arméniens.

Ce dernier aspect ne passe pas inaperçu. Trois jours seulement après l'annonce de la charte, Istanbul assiste à une des plus importantes calomnies de crime rituel. Du quartier de Djibali, où ne demeurent qu'une trentaine de juifs, la rumeur s'envole et s'enfle : un enfant a disparu, il a certainement été enlevé et égorgé pour que son sang soit utilisé pendant la fête de Pâques. De rumeur, l'agitation se transforme en émeute. Témoin de l'événement, M. Brunswik, directeur de l'école israélite de Constantinople – fondée par le tandem Camondo-Rothschild–, raconte : "Arrivés sur les lieux nous trouvâmes un attroupement, non loin du pont de Constantinople, composé de Grecs, d'Arméniens et de Turcs, maltraitant tous les juifs qui venaient à passer. Devant la maison prévenue,

* Le chef des musulmans.

Abraham-Béhor de Camondo (1829-1889).
(Musée Nissim-de-Camondo.)

il y eut foule compacte. Tous crièrent, jurèrent, maudirent ; quelques-uns étaient armés de pierres et les lançaient de temps à autre contre la maison. Une dizaine d'israélites corfiotes étaient venus dès le matin porter secours à leurs malheureux coreligionnaires ; ils essayèrent de tenir tête à cette foule exaltée ; quelques *kawas* gardèrent les portes de la maison et ne laissèrent entrer ni sortir personne. Les femmes éplorées nous crièrent par la fenêtre que six personnes de la maison sont emprisonnées depuis hier au soir, et que, depuis hier à midi, elles n'ont rien à manger avec leurs enfants[8]." Brunswik se précipite alors chez M. de Castro, docteur de son état et proche des Camondo. C'est un vendredi, tous les bureaux de la Sublime Porte sont fermés. Les deux hommes sont terrorisés et impuissants. Il est cinq heures du matin lorsque "Dieu nous a inspiré le plan suivant : aller à Péra, M. de Castro chez Lord Canning, et moi chez le baron de Rothschild. M. le baron me fit donner par M. Landau une lettre pour Rüstem pacha, secrétaire de Son Excellence Fuad pacha. Lord Canning envoie un drogman chez le ministre de le police[9]..." Enfin l'émeute est calmée, l'enfant disparu est retrouvé chez une de ses parentes.

Quelques jours avant cet épisode tristement banal, réagissant à la charte, un Grec s'exclamait en direction d'un dignitaire turc : "Nous étions contents de notre infériorité envers les Turcs, mais fallait-il nous rendre égaux des juifs ?" Ce mécontentement n'aurait pas trouvé meilleure mise en scène que cette affaire de Djibali.

Toujours est-il qu'au lendemain de l'incident, les responsables de la société juive se réunissent. Alphonse assiste aux délibérations. Sa présence assure aux décisions prises une forte légitimité. Une circulaire émise par le grand rabbin et adressée aux diverses instances communautaires consigne ces décisions. Elles signifient un réel tournant dans les affaires juives à Istanbul, et représentent des responsabilités écrasantes pour Abraham-Salomon et ses descendants. La tâche est lourde. La circulaire confie aux Camondo la quasi-totalité des pouvoirs dans les affaires de la communauté. Rien de moins. Elle assigne une mission sacrée, créer de nouvelles écoles. Plus spécifique encore, la circulaire précise que ces écoles doivent être gratuites pour les pauvres et qu'on y enseignera le français, le grec, l'italien. Partout le turc doit être obligatoire.

C'est dans la personne d'Abraham-Béhor, petit-fils du grand Camondo, Abraham-Salomon, que cette nouvelle mission trouvera son plus fervent serviteur. En fait, tout converge pour qu'il en soit ainsi ; l'histoire du jeune homme, ses qualités personnelles le prédestinent à cette nouvelle façon d'être notable. Certes, Abraham-Béhor n'a que vingt-cinq ans lors du premier passage d'Albert Cohn. Son père est encore en vie et mène une existence discrète, réservée. Son grand-père qu'il continue d'appeler, avec vénération et une pointe d'enfantillage, grand-papa court sur ses soixante-dix ans. Non pas qu'il soit diminué. C'est un homme extrêmement robuste et vif, mais Abraham-Salomon est de l'ancienne école. A son aise en italien comme tout habitant de Péra qui se respecte, il ne connaît pas un traître mot de français. Or la philanthropie scolaire qui pénètre les frontières de l'Empire est issue de la judéité qui a triomphé par la Révolution française. Il se trouve qu'Abraham-Béhor est parfaitement francophone. Le français qu'il parle n'est pas une langue de plus, un talent que se doit d'exhiber toute personne cultivée. Il y puise les mots de son intimité, les précieuses nuances indispensables à la compréhension des imbroglios financiers. C'est en français qu'il se confie à son frère, le consulte, l'informe et le chérit. Parfois certaines tournures laissent percevoir une expression turque, un proverbe judéo-espagnol que la traduction littérale a rendu incompréhensible. Souvent l'orthographe est aléatoire et pittoresque. Quant à son épouse Regina, elle le pratique en virtuose. Son style est recherché, son vocabulaire châtié.

Alphonse de Rothschild et Abraham-Béhor sont de la même génération. Lorsqu'ils se rencontrent en 1856 à Istanbul, ils ont respectivement vingt-neuf et vingt-sept ans. Comment se sont-ils abordés ces deux jeunes gens, encore dans l'ombre de leurs imposants ascendants ? Alphonse est porté par un vaste projet de "régénérescence" par l'éducation et le travail. Abraham-Béhor est un homme des Lumières. L'état de ses coreligionnaires le choque. Non seulement ils sont pauvres, mais ils sont aussi très isolés et vivent dans un repli total, oubliés de tous. L'espagnol, cette langue qu'ils ont emportée dans leurs bagages en fuyant le royaume d'Isabelle la Catholique, quatre siècles plus tôt les maintient aujourd'hui, dans une insularité qui les condamne. Pour Abraham-Béhor, revitaliser cette communauté c'est d'abord lui enseigner des langues. Il exprime cette conviction très clairement lorsqu'il prend les rennes de l'école fondée par grand-papa et l'émissaire de Rothschild. *"Il est de la plus haute importance que nos élèves, après les études élémentaires de géographie, s'appliquent essentiellement à l'étude de la Turquie leur pays natal, où ils seront très probablement appelés à suivre une carrière quelconque. Cette dernière considération me fait attacher une grande importance également à l'étude de la langue turque (…) de surveiller cette branche d'enseignement qui est une des principales pour nos élèves nés dans le pays et obligés d'y vivre[10]."* La langue officielle du pays est seule capable de faire cesser la claustration de la communauté, d'ouvrir les portes, de l'extirper de sa prison linguistique. Avec l'enseignement du turc, Abraham caresse l'espoir de restaurer la dignité de ses coreligionnaires, de les amener à une sorte de maturité politique. Il nourrit le projet de les mettre sur la voie de la citoyenneté. Il réalise ce que l'Etat ottoman ne fait pas : "nationaliser" ses minorités en instaurant un cursus commun dans les écoles et en y enseignant la langue de l'Etat. Quant au français, c'est l'idiome même de la régénérescence : il transmet l'universalisme des Lumières et relie au judaïsme triomphant de ce siècle.

Abraham-Béhor n'est pas le premier à avoir alerté l'opinion des juifs ottomans sur la nécessité d'apprendre le turc dans les écoles communautaires. Ce mérite revient au banquier anglais, Moses Montefiore. En 1840, soit quelques mois après l'annonce des premières réformes ottomanes, une affaire de meurtre rituel à Damas émeut l'opinion juive européenne. Une délégation composée d'Adolphe Crémieux (à l'époque vice-président du consistoire), de Sir Montefiore et de l'orientaliste français Salomon Munk est dépêchée au Moyen-Orient. Le but du voyage rapidement atteint, les prisonniers juifs libérés, Moses Montefiore obtient également la promulgation par le sultan d'un firman se prononçant sur l'inanité de la calomnie de meurtre rituel.

A l'occasion de ce voyage sont prises les premières initiatives qui tentent de transformer, de l'intérieur, les structures communautaires des juifs ottomans. Crémieux ne perd pas de temps et prêche partout où il passe, au Caire et à Alexandrie, la nécessité d'introduire une éducation à l'européenne. Montefiore fait escale à Constantinople et visite une école traditionnelle composée de trois pièces contiguës à la synagogue. Dans ces pièces, s'entassent deux cent cinquante garçons âgés de trois à douze ans, qui étudient l'hébreu et traduisent des passages du Talmud en judéo-espagnol. Montefiore est véhément ; il s'empare de cet exemple pour faire remarquer aux notables locaux l'ineptie à négliger le turc, l'absurdité à concentrer toutes les énergies à l'enseignement traditionnel. Son secrétaire, l'orientaliste Loewe, plaide avec ferveur et pendant plusieurs heures à la synagogue de Galata la cause d'une éducation qui intègre le turc et des langues européennes. Il fait lancer par le rabbin Mosche Fresco un appel solennel pour que dorénavant les établissements éducatifs de la communauté engagent chacun un professeur de turc. Cette mesure n'est prise en charge par l'Etat ottoman qu'à partir de 1890.

Et les écoles restent libres d'instruire dans la langue de leur choix, jusqu'à la proclamation de la République, en 1923. Ainsi, en l'absence d'une politique de la Sublime Porte visant à "nationaliser" les minorités à travers l'adoption d'une langue et d'un cursus communs à tous les sujets de l'Empire, c'est aux juifs européens et à Abraham-Béhor que revient d'émanciper et de faire avancer leurs coreligionnaires ottomans vers la citoyenneté. Le voyage de l'équipe Montefiore-Crémieux fut l'occasion pour les israélites occidentaux de redécouvrir les juifs d'Orient. Ils manifesteront dès lors, à leur égard, une solidarité à laquelle la philanthropie des Rothschild, puis l'action de l'Alliance israélite universelle serviront de modèle.

L'action d'Abraham-Béhor sera portée par cette sensibilité réformatrice. A l'issue de sa rencontre avec Alphonse de Rothschild, après les états généraux des instances juives, il sait que désormais il consacrera beaucoup de son temps et une grande partie de ses ressources pour transformer la structure linguistique et professionnelle de la communauté d'Istanbul. Il ne devine pas encore que cette cause deviendra une affaire personnelle, mieux, un combat ! Il ne peut prévoir qu'à la suite des initiatives Camondo la communauté s'enfoncera dans une guerre fratricide sans merci au sujet des écoles et que ce conflit divisera durablement les juifs de Constantinople…

L'implication personnelle d'Abraham-Béhor, son goût pour les questions éducatives se précisent à mesure que se transforment les institutions de la communauté. A l'instigation de la circulaire du 7 mars 1856, deux nouveaux comités sont créés qui confirment le poids des Camondo dans les instances juives. Le premier instaure une organisation consistoriale très proche du modèle français : les réformes napoléoniennes de 1808 confiaient l'administration des juifs de France, centralisée à Paris, aux notables "choisis parmi les plus imposés et les plus recommandables des israélites", autrement dit aux Rothschild, aux Fould, etc. A Istanbul, le comité en question est "composé des hommes les plus honorables et les plus instruits et d'israélites francs habitant le pays depuis longtemps". Cette dénomination de franc officialise la concentration des pouvoirs aux mains des Camondo et de leurs proches… Au XIXe siècle, ce mot désigne les Européens installés en Turquie. Ils sont ressortissants français, anglais ou autrichiens, ils ont fait souche sur les terres de l'Empire. Après l'épisode de Trieste, les Camondo sont restés protégés autrichiens. Cela leur donne une sorte d'extraterritorialité que les juifs de Constantinople signifient par ce vocable : *franco*. Appartiennent également à cette catégorie les Veneziani, les Fernandez, les Castro, les Piperno et les Tedeschi. Tous sont des proches d'Abraham-Salomon et de ses petits-fils. Compagnons de route dans l'aventure de la banque ou alliés dans la guerre des écoles, leur destin se confond souvent avec celui des Camondo. C'est à eux que sera confié le second comité qu'instaure la circulaire de mars 1856. Celui-ci, "composé de six membres, renfermera des israélites francs qui, par leurs connaissances, savent donner les secours de leurs conseils, et des indigènes qui aviseront au moyen de couvrir les frais d'entretien des écoles[11]". Voilà donc ce groupe de *francs* investi de la mission sacrée : créer des écoles !

Pour Abraham-Béhor, cette composition du comité chargé des écoles nouvelles est une aubaine. Ses membres ne pourront être que des amis de la famille. Il connaît leur mentalité, il sait leurs convictions. Certains, comme le Dr de Castro et M. Fernandez sont déjà de fervents acteurs de l'action éducative. Ils ont participé à l'accueil de Cohn deux ans auparavant ainsi qu'à cette grande première que fut la fondation de l'école de Hasköy. Aujourd'hui, en mars 1856, la première initiative prise consiste à transformer cet établissement en école communale, signifiant ainsi que la réforme de l'éducation est l'affaire de tous. Les élèves affluent vers cette institution dont les méthodes tranchent, c'est peu dire, avec les "Talmud Torah" de Balat ou Ortaköy où les enfants, assis à même le sol, psalmodient en hébreu. Il faut pouvoir répondre à la nouvelle demande et les subsides de la communauté sont limités. Abraham-Béhor fait sa première donation en 1858. Il octroie un vaste local pour que l'école puisse s'y transférer et accueillir quatre cent cinquante élèves, dont cinquante en internat. Dorénavant, la lutte pour le succès et la survie de cette institution qu'il appelle, avec un plaisir gourmand, "mon école", constituera l'axe principal de sa solidarité avec la communauté d'Istanbul.

On aurait pu croire, une fois l'école fondée, que les Rothschild se désintéresseraient de son fonctionnement. Il n'en est rien. En 1858, Albert Cohn revient à Istanbul. Il se transporte en grande cérémonie sur les rives de la Corne d'Or pour apprécier "les succès prometteurs" de l'établissement de Hasköy. Les militants de la réforme scolaire l'accompagnent : le Dr de Castro, le directeur français de l'école, et Abraham-Béhor. Le compte rendu de Cohn mentionne déjà que des problèmes ont troublé le fonctionnement de l'établissement cette année : une suspension inopportune des cours due à des questions de jalousie, précise-t-il[12]. Cohn ne sait pas voir dans ces querelles dérisoires entre enseignants le présage de la guerre qui bouleversera, quelques années plus tard, les équilibres de la communauté juive d'Istanbul. Il ne sait pas encore qu'il s'agit là, non pas de jalousie mais d'un partage impossible. Les nouvelles orientations pédagogiques, la priorité accordée au français et au turc déplaisent aux petits rabbins qui justifient leur rôle social par des fonctions éducatives de moins en moins reconnues. Ils ne se laisseront pas faire. Les Camondo et l'école de Hasköy deviennent leur cible de prédilection. Tous les prétextes sont bons pour les attaquer. Mais qui sont ces fameux petits rabbins ? "Un individu paraît un jour en public, couvert de la *boneta*, il est rabbin de droit ; de fait il est l'égal du *hakham-bachi**; il lui est supérieur parce qu'il ne relève même pas de la Sublime Porte; il a le pouvoir de lier et délier, d'excommunier et de communier. Bien des hommes à *boneta* possèdent des connaissances profondes dans le Talmud (...) nous nous en félicitons ; mais nous en connaissons aussi qui brillent par leur ignorance (...) Il n'y a point de *critérium* pour distinguer les uns des autres[13]." Pour les juifs éclairés de France, les petits rabbins sont décidément un véritable fléau qui empêche que la "nation israélite de Turquie soit tirée de son engourdissement[14]".

De quels délits les Camondo et leurs proches sont-ils coupables ? Abraham-Salomon, président de l'administration consistoriale, n'est qu'"un despote", "un autocrate" ! Ses décisions sont intempestives et il les prend "sans jamais consulter personne". Il mérite d'être excommunié !

L'excommunication, le mot est lâché. Lâché et aussitôt galvaudé. Ils n'ont à la bouche que cette menace. Et finalement leur chef de file, le rabbin Akresh, la met à exécution et prononce l'irréparable dans une mise en scène grandiloquente et

* Grand rabbin.

baroque. La chronique rapporte qu'il fait irruption, un vendredi soir de novembre 1862, chez Abraham-Salomon, dans son somptueux *yali* de Yeniköy. A la vue des deux lampadaires statues éclairant l'escalier, il entre dans une fureur irrépressible. De rage, il se met alors à tout casser avec sa canne. Abraham n'est pas seul, le visiteur qu'il reçoit n'est autre que le vizir Fuad pacha. Les deux hommes, alertés par le vacarme, accourent au sommet de l'escalier. "Je t'excommunie !" hurle alors Akresh en direction d'Abraham-Salomon. L'intrusion n'est pas du goût du vizir qui en perd son légendaire humour. Il ordonne l'emprisonnement sur l'heure du rabbin égaré.

Loin de servir d'exutoire et de calmer le jeu, cette scène d'une outrance bouffonne n'est que la première d'une série d'épisodes qui s'enchaînent dans une dramatisation croissante. Les membres de la famille Camondo assistent impuissants à cette surenchère inutile. L'emprisonnement d'Akresh incite ses partisans, "quelques milliers d'hommes", à manifester pour obtenir sa libération. Ils ont "(…) une manière particulière de présenter des pétitions au sultan ; ils se mettent par terre devant la façade du palais, entonnent en pleurant les *kinoth* du neuf d'Ab[15] (…). Sa Majesté, émue des pleurs de ses fidèles sujets, envoie un chambellan pour prendre la pétition et y fait droit[16]." De guerre lasse, Fuad pacha convoque une haute cour pour trancher la situation. Commence alors le ballet des nominations et destitutions de rabbins, agréées des uns, récusées par les autres. Même lorsque la guerre des écoles connaîtra une trêve, cette lutte empêchera, de 1863 à 1908, l'Etat ottoman de procéder à la nomination d'un grand rabbin.

Les Camondo sortent fatigués de ces conflits, écœurés et las ! Ils jettent l'éponge. La Sublime Porte "ratifie la victoire du parti rétrograde israélite, l'exclusion des hommes les plus honorables, et interdit aux corporations juives de prendre pour chef un sujet étranger, interdiction qui frappe directement un membre d'une honorable famille. (…) Voilà donc la cause du progrès vaincue, pour le moment, Haskeui, vainqueur de Galata[17] !" Directement visés, Abraham et Nissim abandonnent leurs fonctions consistoriales mais préservent leur mission éducative et… créent une nouvelle communauté ! Ils la taillent sur mesure, ce sera la *Comunità israelitico-italiana di Istanbul*.

La Communauté israélite italienne d'Istanbul est officiellement fondée en 1862, au moment de l'unification nationale de l'Italie. Décidément, unifiée ou pas, ce pays est une vraie terre d'asile pour les Camondo. Haïm s'y était réfugié, un siècle auparavant, voguant sur un rafiot incertain, après avoir été expulsé par le raïs effendi. Abraham-Salomon avait trouvé dans ces racines électives abri et protection. Elles offrent aujourd'hui à son petit-fils une base institutionnelle qui lui laisse les coudées franches pour avancer dans son projet éducatif. Pragmatique ce rattachement ? Sentimental plutôt. Ces liens ne sont pas des fantasmes. Le passage par Trieste a laissé des traces, établi des attaches. L'italien est assurément une de leurs langues. Ainsi, de 1858 à 1866, le *Journal* de la Banque I. Camondo qui consigne les transactions immobilières est rédigé en italien. Il avait été tenu, avant cela, de 1833 à 1858, en hébreu. Il sera rédigé en français à partir de l'année 1866[18]. Il ressort de cette étrange chronologie que l'italien occupe une place intermédiaire entre le très communautaire hébreu et l'idiome de l'universalisme, le français. Vu sous cet angle, la langue parlée par les juifs ottomans serait l'extraordinaire instrument qui mesure la durée écoulée depuis leur sortie du quartier communautaire, le *mahalle*.

Abraham-Salomon et les siens ne sont pas les seuls à rester fidèle à l'italien, *lingua franca* des rues de Péra. Quartier levantin, cosmopolite, district des ambassades et des légations étrangères, Péra n'oublie pas qu'elle a été une colonie génoise. Les quelque six cents personnes – domestiques compris – qui formaient, jusqu'au XVIIIᵉ siècle, la *Magnifica Comunità* descendent de ces colons et continuent d'y mener l'existence cossue de leurs ancêtres. Ils ont eu néanmoins le sentiment de déchoir lorsque, pour survivre, ils ont du s'allier à des *francs*, ces Anglais, Autrichiens ou Français venus dans l'Empire ottoman pour être traducteurs (drogmans) ou marchands de canons. Epouser les arrière-petits-enfants des colons génois était un moyen pour ces aventuriers européens de faire souche à Constantinople[19]. Reflet de la prééminence croissante de Paris auprès de la Sublime Porte, le français chassera, à partir du XIXᵉ siècle, italien et grec hors des cabarets de Péra et s'imposera comme la langue quasi officielle de ce quartier.

Rue abrupte qui mène à la tour de Galata.

L'Italie est le pays qui a distingué les Camondo, qui les a anoblit. En 1854, quelques années avant l'unification, alors que Venise était encore ville des Habsbourg et les Camondo sujets autrichiens, Abraham-Salomon s'était rendu avec toute sa famille[20] à Vienne pour féliciter l'empereur François-Joseph à l'occasion de son mariage. Il représentait la colonie autrichienne de Constantinople et avait reçu, à ce titre, la décoration de chevalier de l'ordre de François-Joseph. Il fut également nommé, en cette circonstance, citoyen d'honneur de Vienne[21].

La nationalité autrichienne des Camondo ne résiste pas longtemps aux tentatives d'unification italienne. Abraham-Salomon soutient avec ferveur la politique de Victor-Emmanuel II. Le 18 novembre 1865, le *Mémorial diplomatique* ne cache pas son étonnement : "M. Camondo, banquier israélite de notre ville, qui était protégé autrichien, vient de se faire naturaliser italien. Les membres de cette famille se sont rendus dimanche passé à la légation d'Italie et ont prêté le serment relatif à leur nouvelle nationalité. On se perd en conjectures sur les motifs qui ont porté cette maison à prendre cette détermination." Un an plus tard, lorsque l'Autriche vaincue cède Venise à Victor-Emmanuel, Abraham-Salomon se rend aussitôt auprès de celui-ci et lui remet des sommes importantes, dont dix mille francs à l'orphelinat de Turin et deux mille cinq cents francs de rente à l'école italienne de Constantinople[22]. Il fournit probablement des subsides destinés à la cause de l'unité. A Istanbul, il participe à la création de l'hôpital italien. Ces largesses seront récompensées. On sait que le financement de sa politique, les besoins d'un Etat national naissant, rendaient Victor-Emmanuel II plus sensible qu'un autre souverain à la "philanthropie" et aux "mérites économiques, scientifiques et patriotiques". C'est ainsi qu'il distinguera par l'anoblissement plusieurs lignées juives du Levant, les Lombroso, les Sonsino et les Castelnuovo[23]. Rien d'étonnant donc, à ce qu'il accorde en 1867 à Abraham-Salomon[24] le titre de comte, transmissible par primogéniture mâle, des armoiries et une devise, *"Fides et Caritas"*. A Nissim, second petit-fils d'Abraham-Salomon, seront aussi concédés, trois ans plus tard, titre de comte, armoiries et devise : *"Caritas et Fides*[25] ".

Les honneurs ne laissent pas indifférents les Camondo, c'est le moins que l'on puisse dire ! Lorsqu'en 1869 l'impératrice Eugénie part inaugurer en Egypte le canal de Suez, elle choisit la Banque Camondo à Istanbul pour lui servir de relais financier. Abraham-Béhor et Nissim sont électrisés de plaisir et de fierté et l'expriment avec des mots émouvants, dénués de tout artifice et d'affectation. Ils convoitent une décoration dont ils attendent qu'elle grave pour l'éternité ce moment d'ivresse pure et innocente.

En créant la Communauté israélite italienne d'Istanbul Abraham-Béhor n'espère aucune distinction honorifique. Il compte sur ce nouveau cadre institutionnel pour disposer d'atouts supplémentaires dans le bras de fer engagé avec le camp des traditionalistes. Il s'entoure de ses plus proches colla-borateurs de la Banque I. Camondo : Daniel Fernandez et Emma-nuel Veneziani, ses principaux fondés de pouvoir, sont les dirigeants officiels de la Communauté italienne. Léon Piperno, chargé de la gestion des immeubles Camondo, en est le secré-taire général. Agiman et Molho, directeurs de la banque, occu-pent également des fonctions de responsabilité dans cette organisation administrée, en 1864, par Jacques de Castro. Il n'y a pas de mystère. La constitution, en pleine guerre des écoles, d'une communauté distincte de celle des séfarades d'Istanbul, dotée d'une administration, d'une synagogue et d'un cimetière séparés est une initiative signée Camondo.

L'ALLIANCE

> L'Alliance n'a au fond d'autre but, que de protéger l'israélite qui souffre pour la seule cause qu'il est descendant d'Abraham, d'extirper les préjugés qui existent encore parmi nous (...) d'amener nos frères, par l'instruction, le travail à devenir les égaux des autres peuples au milieu desquels ils furent lancés par une main terrible et mystérieuse. C'est à Paris, centre de la civilisation que se sont réunis plusieurs hommes généreux pour concevoir le dessin d'une Alliance israélite universelle[26].

Tout est dit ! Ce discours prononcé par Nissim devant ses core-ligionnaires d'Istanbul annonce la création d'un comité régional de l'Alliance et décline tous les thèmes chers à cette organisation : promouvoir une solidarité qui dépasse les frontières nationales, régénérer par l'éducation et le travail, suivre le brillant exemple donné par Paris, "centre de la civilisation" ! Adolphe Crémieux, ancien ministre de la Justice et actuel président de l'Alliance, s'est déplacé en personne pour la cérémonie d'inauguration qui a eu lieu dans les salons de l'*Hôtel d'Angleterre* à Péra, le samedi 21 novembre 1864.

Voilà quatre ans déjà que des hommes issus de la frange la plus assimilée des juifs de France ont fondé l'Alliance israélite universelle (AIU). Ils impulsent de nouvelles orientations à la philanthropie institutionnalisée par les Rothschild et pratiquée par le consistoire. Contrairement à la politique de cette dernière, ils n'hésitent pas à porter sur la place publique les débats concernant les juifs[27]. Ils fondent cette Alliance contre le consistoire dont les positions les ont déçus lorsque leurs coreligionnaires, hors de France, ont eu besoin d'être secourus. Leur programme ne critique pas ouvertement cette instance mais se borne à distinguer le champ d'action consistorial, cantonné au territoire national, de celui de l'AIU dont le but est d'assurer un lien de solidarité qui s'étend d'un pays à l'autre et "embrasse dans son vaste réseau tout ce qui est israélite". Mais peut-on dire de ce partage territorial qu'il corresponde à la réalité ? Ce serait alors ignorer toutes les initiatives des Rothschild, de Montefiore et oublier que la solidarité juive du XIXe siècle s'est tressée sur un canevas qui était d'emblée international et s'étendait de Rome à Salonique, d'Istanbul à Damas.

"Le geste fondateur de l'Alliance équivalait à une motion de défiance lancée à l'adresse de la communauté et de sa direction. Le consistoire pouvait y voir une atteinte à son prestige. Et ce fut le cas. Ce qui préoccupait le consistoire, c'est la méthode que les dirigeants de la nouvelle organisation entendaient pratiquer pour parvenir à leurs fins : l'action politique ouverte, l'intervention auprès du Parlement, la mobilisation de l'opinion publique pour les questions juives, qu'elles soient françaises ou étrangères n'étaient pas dans la manière des dirigeants du consistoire[28]." Une des premières réussites politiques de l'Alliance est d'avoir su sensibiliser aussi bien Bismarck que Disraeli et d'avoir obtenu, au congrès de Berlin, que la question des droits civiques des juifs soit associée à l'indépendance des Etats balkaniques.

Il ne faudrait pas réduire l'opposition entre le consistoire et l'Alliance à la légendaire prudence des uns et à l'activisme héroïque des autres. Ces hommes sont issus de deux traditions différentes. Absorbés par leur profession, les dirigeants du consistoire estimaient inutile tout débat public. Cela, croyaient-ils, ne pouvait que monter l'opinion chrétienne contre les juifs. Tandis que les fondateurs de l'Alliance baignaient dans une atmosphère d'effervescence intellectuelle. Ils dialoguaient, entretenaient des échanges permanents avec leurs homologues et leurs voisins chrétiens. Ces débats avaient suscité une nouvelle façon d'être juif. Dans ce bouillonnement s'étaient rassemblés des idées philosophiques, des concepts diffus "mais suffisamment consistants pour ranimer une fierté disparue et insuffler une nouvelle confiance en la persistance du judaïsme[29]".

C'est à ces hommes non conformistes que s'associe Abraham-Béhor. Lui-même occupe désormais dans la communauté d'Istanbul une position de défiance vis-à-vis d'un centre consistorial impuissant à préserver des tensions rétrogrades. Abraham et les dirigeants de l'Alliance conçoivent l'éducation de la même façon. Tout les rapproche autour de la "mission sacrée". Leur fervente collaboration ne s'interrompra qu'à la mort d'Abraham-Béhor. Ensemble ils inaugureront des écoles, négocieront avec la Sublime Porte des terrains pour établir des exploitations agricoles éducatives. Ils mobiliseront l'opinion européenne en faveur des juifs de Bulgarie. La génération suivante, celle des mécènes, n'aura que faire en revanche des écoles qui émancipent, même si elles conduisent efficacement les juifs d'Orient à franchir des étapes vers la modernité.

En cette année 1864, tous les croisés de l'école Camondo s'engagent. Aux côtés d'Abraham-Béhor, élu président de ce comité régional, se retrouve au complet l'équipe dirigeante de la communauté italienne. Il n'en manque aucun ! Jacques de Castro est vice-président. Veneziani a été nommé secrétaire, et Fernandez trésorier. Bien qu'il compte cent trente-neuf membres, ce comité demeure à l'évidence une affaire de famille, une affaire Camondo. Il n'en est pas moins actif. Nissim esquisse le bilan de l'année :

Ecole militaire de Harbiye : SM *le sultan ayant admis dans cet école des jeunes gens ottomans professant la religion chrétienne, on a fait des démarches pour qu'on admette également dans cette école des jeunes gens israélites. Cependant, un peu par la mauvaise volonté des administrateurs de cet établissement, un peu par la répugnance de nos coreligionnaires pour l'art militaire et la nourriture défendue par la Loi, nos démarches sont restées infructueuses*[30].

L'initiative elle-même, mais aussi les termes choisis pour en parler montrent que les Camondo et l'Alliance partagent la même conception de la citoyenneté. Nissim distingue nationalité et confession, accorde à la religion le pouvoir de ne fonder qu'un aspect secondaire de l'identité individuelle. Il poursuit :

Smyrne : chacun de vous connaît les désordres qui arrivent fréquemment à l'approche de Pâques, la population grecque poussée par le fanatisme a recours à l'absurde calomnie du sang pour les azymes, pour maltraiter quelques israélites innocents. Notre comité voulant plutôt prévenir le mal que d'avoir à demander la punition des coupables s'est adressé au patriarche œcuménique afin que par une lettre pastorale il fasse connaître l'erreur à tous les chrétiens de sa juridiction. Et au gouverneur de Smyrne, Cabouli pacha, afin qu'il défende le faible contre le fort[31].

Prévenir de nouvelles affaires de calomnies du sang, faire admettre des enfants juifs dans les écoles d'Etat demeurent les thèmes principaux des interventions conjointes Alliance/Camondo.

UNE MISSION INCOMPRISE

Messieurs,
Sur le point de quitter cette ville, je tiens tout d'abord à exprimer ma reconnaissance (...) en espérant que les honorables membres de ce comité continuent d'un commun accord à se dévouer pour la nation israélite. (...) Notre sainte religion ainsi que l'humanité nous recommandent la fraternité et la concorde. J'aime à croire qu'il me sera donné d'apprendre en Europe le bon résultat de vos efforts et de vos fatigues dans ce but, ce qui m'encouragera à vous venir en aide même de loin. (...) Je sais que l'honorable (...) président du conseil communal israélite, dans le but de faciliter le progrès de la nation, a projeté de former un subside annuel pour les écoles, afin de pouvoir en augmenter le nombre, ce que je considère comme chose importante, utile et sacrée. Pour vous encourager je serai le premier à accepter cette mesure. Tout en Europe se fait de la même manière, chacun contribue selon ses moyens à aider et secourir nos coreligionnaires. C'est ainsi que le comité central de Paris a en vue de créer un établissement agricole à Jaffa, qui coûtera plus de cent mille francs, et cela pour sauver nos frères vivant dans ces parages, dans la plus profonde misère.

Je suis persuadé messieurs que le conseil communal et toute la population israélite de Constantinople approuveront cette heureuse inspiration et chercheront par tous les moyens possibles à assurer les ressources financières nécessaires pour que les bienfaits de l'instruction soient répandus parmi nos coreligionnaires[32].

Avant de partir définitivement pour Paris, Abraham-Béhor exhorte ses coreligionnaires de Constantinople à se dévouer pour la cause de l'instruction. Le ton est véhément, vibrant. Il précise qu'il restera président du comité régional d'Istanbul et rassure ses amis, son soutien ne viendra jamais à manquer aux juifs de Turquie. Il ne pourra que mieux les aider car il est également membre du comité central de l'Alliance à Paris.

Abraham-Béhor va mettre en effet à profit sa position au comité central. Chaque année, deux des meilleurs élèves du collège de Hasköy pourront rejoindre l'école normale d'instituteurs de l'Alliance, à Paris. Inviter quelques-uns de ses jeunes compatriotes, les encourager en promettant cette précieuse récompense est une prérogative à laquelle Abraham-Béhor est terriblement attaché. *"L'année dernière aucun élève de mon institution n'ayant été admis à votre école préparatoire, je viens vous prier, messieurs, de bien vouloir prendre en considération la demande de M. Bloch[33] en recevant les deux élèves susdits (Lévy, orphelin et H. Lévy) que je recommande à votre bienveillance[34]."*

La candidature de ces deux élèves ne sera pas retenue. Furieux, Abraham-Béhor envisage de se séparer de cette institution à laquelle il est pourtant profondément attaché : *"Cette décision du comité me fait supposer que mes services à l'Alliance israélite ne sont pas appréciés à leur juste valeur et que mes demandes ne sont pas prises en sérieuse considération. Je viens en conséquence vous donner ma démission de membre du comité de l'Alliance israélite[35]."* Abraham-Béhor se contente des explications confuses fournies par Isidore Loeb, président de l'Alliance. Il revient sur sa décision de démissionner.

Il n'a d'ailleurs que faire de ces péripéties. L'énergie qu'il investit dans les affaires scolaires semble inépuisable, sa détermination à mener au succès l'école de Hasköy, inébranlable. Depuis Paris, il dirige d'une main de fer son établissement et oriente minutieusement les choix pédagogiques des professeurs :

Je viens de recevoir le rapport que M. Félix Bloch, directeur de notre école, m'a adressé en date du 22 juillet pour me rendre compte des résultats obtenus pendant le dernier trimestre. A peu d'exceptions près le tableau n'est pas brillant mais je dois tenir compte de la date récente des réformes introduites, ainsi que de l'indifférence notoire de nos core-ligionnaires indigents pour tout ce qui touche à l'instruction et au progrès. Je ne pense pas cependant que nos efforts et nos sacrifices doivent rester stériles, j'approuve donc et j'accepte les mesures que M. Bloch propose et qui consistent :

1) dans l'établissement d'une classe d'études ;

2) dans l'élimination de tout élève dont l'intelligence, la conduite et les aptitudes ne donneraient pas toute satisfaction.

Si d'une part nous augmentons nos frais pour faciliter aux élèves stu-dieux les moyens de tirer le plus grand profit de l'instruction qui leur est donnée, nous voulons, par des mesures de rigueur, démontrer aux enfants rétifs et à leurs parents les conséquences de la mauvaise volonté et de l'apathie.

(…) M. Bloch attire mon attention particulièrement sur deux élèves qui se distinguent entre tous : B. Elnécavé et B. Fresco. Je suis désireux de leur donner à titre d'encouragements un témoignage de ma satisfaction et je vous prie de donner votre avis pour me guider dans mon choix[36].

Depuis les années 1870, l'Alliance déploie une activité fébrile sur les territoires ottomans où elle crée partout des écoles. Les projets se bousculent. Abraham-Béhor leur prête main-forte depuis Paris. Dans une même lettre, il demande à Veneziani de se renseigner simultanément sur les conditions d'achat de terrain pour la construction d'une école à Jaffa, en Palestine, et pour un bâtiment scolaire à Balat, autre quartier juif de la Corne d'Or.

Je suis chargé par Goldschmidt de te parler un peu des écoles de l'Orient.

1) Tu as écrit plusieurs fois à l'Alliance pour l'école de Jaffa, tu as dit tes idées au sujet de tes espérances pour l'avenir et tu as ajouté que le meilleur moyen d'éviter les désagréments qui surgissaient à chaque moment entre le gouverneur et la direction de l'école serait d'acheter le terrain. L'Alliance appréciant tes idées a discuté au sein du comité la question d'achat du terrain et elle désire, avant de se prononcer défini-tivement, connaître s'il y a possibilité de devenir acquéreur et quel serait le prix qu'exigerait le gouvernement.

Je viens donc te prier de t'occuper de cette question, de tâter un peu le terrain auprès des autorités de Constantinople pour savoir si en faisant la demande au gouvernement il y aurait une chance de devenir propriétaire et à quel prix le terrain serait concédé à l'Alliance, s'il faut avoir des protections et où faudrait-il les chercher ? (…)

2) L'Alliance veut créer une école à Balata, elle avait l'idée d'acheter un terrain et de construire mais il paraît que des difficultés sont créées par nos chers coreligionnaires qui sont toujours animés du même mauvais vouloir, qu'ils ne veulent pas comprendre leur intérêt. (…)

Prévoyant que nos coreligionnaires ne comprendront pas la nécessité de faire quelque chose de leur côté j'ai proposé à M. Goldschmidt de louer simplement une grande maison pour établir l'école en attendant la possibilité de construire. Je te prie donc de chercher à Balata, dans le quartier le plus aéré, un local spacieux entouré, si possible, de jardins et pouvant contenir un nombre suffisant d'enfants, logement pour le professeur et tous les accessoires nécessaires. Fais-moi connaître les conditions du bail que tu pourrais obtenir et si des réparations sont nécessaires quel en serait le montant à dépenser (…)

Comme la première question, la deuxième question aussi est très intéressante et je t'engage à t'occuper sans retard et à m'écrire de suite avec tous les détails nécessaires.

Donne-moi aussi quelques détails au sujet du comité de l'Alliance. J'espère que les membres du comité sont toujours animés d'un même zèle et sont toujours bien disposés pour l'œuvre qui rend chaque jour de grands services partout où nos frères sont persécutés[37].

A l'évidence, Abraham-Béhor n'a plus confiance en ses coreligionnaires de Constantinople. Il n'attend rien d'eux. Même ceux qui ne sont pas "rétrogrades" sont indifférents à "tout ce qui touche à l'instruction et au progrès". Ils ne se sentent pas concernés par la "cause" scolaire, ne prennent pas les initiatives susceptibles de les rendre maîtres de leur destin. Sur Abraham-Béhor pèse la lourde tâche d'instruire enfants et parents, d'éduquer les enfants malgré leurs parents. Les juifs d'Istanbul ne lui ont peut-être pas pardonné le regard désabusé et sévère qu'il porte sur la communauté. Est-ce leur rancune, encore à l'œuvre aujourd'hui, qui condamne la famille d'Abraham-Béhor à l'oubli ? Le mausolée de son grand-père, rongé de ronces et abandonné aux pilleurs, témoigne peut-être d'une sourde hostilité persistante, d'une secrète vengeance. Certes, les dettes morales sont lourdes à porter. Celle de la communauté envers les Camondo fut-elle si pesante qu'il ait fallu s'en acquitter par le déni ?

Un spectacle baroque, la guerre des écoles ? On aurait tort de se laisser abuser par la forme ampoulée et hystérique de ce conflit et de ne pas le prendre au sérieux. Il porte sur une vraie inimitié qui s'est établie durablement entre les bords opposés. Malgré les succès des écoles Alliance/Camondo, la victoire des conservateurs marque pour de bon l'évolution de la communauté. Elle est peut-être la cause des nombreux exils parmi les "modernistes".

La lettre à Veneziani atteste que la détermination d'Abraham-Béhor est encore indemne des ravages opérés par la guerre des écoles. Son enthousiasme est intact. Nous sommes en 1874. Abraham a quitté Istanbul depuis cinq ans mais n'a pas déserté la cause. Plus que jamais sa mission lui tient à cœur. Son action se substitue à un Etat absent et vise à soustraire ses coreligionnaires de Turquie à leur condition de sujet. Il est en avance sur son temps, en avance sur la réalité politique ottomane. Le gouvernement a bien établi des principes d'égalité mais il ne s'est pas donné les moyens de "nationaliser" ses minorités. En obligeant les non-musulmans à réorganiser leurs administrations communautaires, le firman de 1856 a produit des "effets pervers". Les minorités se sont figées dans les statuts distincts qui amplifient leurs singularités. Par ailleurs, la Sublime Porte n'a guère accompagné ses réformes par la mise en place d'un axe éducatif homogène devant toucher tous les ressortissants ottomans. De toute façon, les Etats européens se seraient opposés à une telle politique en faisant valoir que les communautés non musulmanes devaient rester autonomes dans la gestion de leurs affaires internes. L'envers de la médaille de ces réformes, c'est qu'elles entraînent de constantes interférences françaises, anglaises et russes dans le gouvernement de la Turquie. La protection des populations chrétiennes introduite par les *Tanzimat* est un alibi en or pour l'Europe qui transforme le territoire ottoman en un gigantesque échiquier où chaque pays pousse son pion. La Russie, ennemie héréditaire, "veille" attentivement sur les communautés grecques orthodoxes et encourage ainsi le nationalisme hellène. Le XIXᵉ siècle sera marqué par l'irruption sur les terres ottomanes de mouvements identitaires et sécessionnistes.

Quant à la protection européenne des juifs ottomans, elle n'émane d'aucun pouvoir étatique. La philanthropie, la solidarité que les juifs occidentaux manifestent à l'égard de leurs coreligionnaires de Turquie sont vides d'enjeux territoriaux – du moins jusqu'à la percée du sionisme. L'action d'Abraham-Béhor est à l'opposé d'une exaltation identitaire. Son objectif principal est de briser l'isolement communautaire. En avance d'un demi-siècle sur les positions ottomanes et sur l'évolution des juifs de Turquie, cette action vise une intégration citoyenne.

Les associés grecs d'Abraham-Béhor sont eux aussi des philanthropes. Zarifi et Zographos financent l'Association littéraire grecque de Constantinople, organe de promotion de la langue et de la culture hellènes[38]. Banquiers, exilés d'Istanbul, ils accordent eux aussi grand prix à l'éducation. La place de ces familles est-elle la réplique exacte de celle qu'occupe les Camondo dans la communauté juive ? Y a-t-il une symétrie entre les modèles de solidarité chez les juifs et les Grecs issus de l'Empire ottoman ? A un élément près, on aurait pu répondre à cette question par l'affirmative. Mais l'élément en question est de taille et fonde la divergence entre ces deux axes de bienfaisance. Il s'agit du nationalisme. Les fonds légués par Zographos et les siens financent des lieux où s'élaborent identité et mémoire nationales. L'hellénisme est la culture qui y est promue. L'existence, depuis 1832, d'un Etat grec contribue à une autre distribution des cartes. Il implique que les financiers grecs vivent en diaspora et contribuent aux besoins d'un Etat moderne. L'action d'Abraham-Béhor, elle aussi, pallie l'absence d'un gouvernement. Mais ses initiatives se substituent à ce qu'aurait dû être la politique d'une Sublime Porte intégrant ses "minorités" par une éducation homogène, après avoir défini et promu une "ottomanité".

Cette résurrection de la Grèce, à laquelle contribuent les banquiers hellènes, incite à l'analogie avec le sionisme. L'irruption du nationalisme juif dans le cadre ottoman est tardif. Abraham-Béhor, décédé en 1889, n'a pas vraiment le temps de prendre position. Quant à l'Alliance, elle oppose farouchement au sionisme ses partis pris universalistes, et continue de promouvoir l'intégration par la citoyenneté. A l'occasion de l'élection en 1908 du grand rabbin, Haïm Naum, à la fois allianciste et proche des Jeunes-Turcs, des polarisations inédites diviseront la communauté juive ottomane. Une nouvelle guerre des écoles distribuera la société entre alliancistes francophones et sionistes germanophones, entre ceux qui joueront la carte de l'intégration ottomane et les adeptes du jeune nationalisme juif... mais ceci est une autre histoire. Une histoire qui ne concerne plus les Camondo. Après la mort d'Abraham-Béhor, sa famille brillera par son absence sur la scène des engagements philanthropiques et finalement politiques. Isaac, son fils, ne voudra plus entendre parler des écoles d'Istanbul, ni d'ailleurs. Il aura l'occasion de l'annoncer sans états d'âme. Aucun des Camondo ne poursuivra le combat d'Abraham qui tombera en déshérence.

III

LES CONQUÉRANTS

1868 – ABRAHAM-BÉHOR

*Il faut dire à Son Altesse Aali pacha que puisque les circonstances
veulent que pour obtenir une affaire il faut la protection étrangère
nous nous prendrons à l'avenir de manière à l'avoir. Il est évident que
sans cela nous aurions l'affaire car les conditions sont les mêmes et
presque les nôtres meilleures*[1].

Une détermination rageuse claque dans la lettre d'Abraham.
Il est déçu, irrité. Sa maison de banque n'a pas été choisie
pour le dernier emprunt de la Sublime Porte. Cet échec est
une surprise. La colère suscitée n'en est que plus aiguë. La
résolution d'Abraham d'exhiber, dorénavant, ses "protections
étrangères" est un défi au grand vizir Aali pacha. Elle marque
un tournant dans la stratégie des Camondo.

Abraham et Nissim l'ont compris : désormais, pour être une
banque forte ici, à Constantinople, il faut exister dans l'univers
de la finance, là-bas, à Londres, ou à Paris. A l'évidence, un
crédit au gouvernement ottoman se laisse bien mieux négocier de la capitale française que des ruelles mal pavées de
Galata. Qu'à cela ne tienne, ils accorderont, dès aujourd'hui,
la priorité à leur ancrage sur la rive droite de la Seine. Paris est
une place majeure de ce siècle qui semble voué à la finance
plus encore qu'à l'industrie. Les deux frères avancent si vite et
si bien vers cet objectif qu'à peine un an après avoir lancé ce
défi, ils sont définitivement installés et se hâtent, dès 1869, de
choisir un terrain près du parc Monceau.

Abraham se trouve justement à Paris en ce mois d'octobre 1868. Fiévreux, il s'affaire à monter de nouvelles combinaisons, de nouveaux projets. Nissim, lui, est sur le départ pour Alexandrie où il tentera d'obtenir du vice-roi l'autorisation de créer une banque, probablement avec les Oppenheim. En quittant Paris pour Constantinople, Abraham fera escale à Vienne, il y séjournera quelques semaines pour rencontrer des banquiers, éventuels partenaires. Londres, ville phare de la finance, n'est pas absente de leur géographie. Les petits-fils d'Abraham-Salomon envisagent d'y implanter une maison avec les Allatini de Salonique[2]. Portés par la vague financière qui sans fin grossit et submerge l'Europe depuis le premier quart du siècle, Abraham et Nissim sont possédés par la passion de la conquête, la fringale d'affaires à monter, d'univers à annexer. Les continents s'étalent devant eux comme des champs de labour qui attendent de la finance qu'elle les ensemence et les moissonne. Ils ont respectivement trente-huit et trente-sept ans et ne nourrissent aucun doute quant aux prochains succès de leur démarche.

En cet automne 1868, les rumeurs vont bon train et pèsent sur l'atmosphère de Galata. Le bruit circule au *Haviar Han*, vieil immeuble dont chaque bureau est occupé par une officine de change, que la Société générale de France est en train de créer, avec des moyens considérables, une nouvelle banque à Constantinople. Il se dit aussi qu'elle profite de la défaillance qui ébranla, l'an dernier, le Crédit mobilier et ses fondateurs, les frères Pereire. Les Camondo ont été touchés par cette faillite qui a affecté leurs associés de la Banque ottomane[3], elle-même émanation du Crédit mobilier.

Abraham et Nissim connaissent le projet. Ils savent que l'irruption d'une nouvelle banque dans le paysage de Galata en bouleversera les équilibres financiers. Jusqu'à présent, l'ouverture de la finance ottomane aux capitaux occidentaux s'est toujours faite sous leur égide, les voilà aujourd'hui cour-circuités, exclus de ce nouvel épisode. Une question surtout les taraude : qui sont donc les partenaires locaux du nouvel établissement ? On sait que Théodore Tubini, banquier levantin, en est le principal actionnaire. Mais qui d'autre participe à cette entreprise inopportune ? Ces cachotteries, ces secrets – ils le pressentent – finiront par livrer un lot de surprises désagréables.

Ces tensions se répercutent jusqu'au cœur de la Société générale de l'Empire ottoman où les relations entre les fondateurs s'entachent de méfiance. Rien ne va plus entre Abraham et ses associés grecs. La nouvelle banque voit le jour le 13 octobre 1868 sous le nom de Crédit général ottoman[4]. Elle concurrence directement les activités des Camondo. Comme si cette situation n'était pas suffisamment contrariante, Abraham découvre que ses soupçons étaient fondés : certains de ses associés ont participé à la création du nouvel établissement ! Au début, seul l'administrateur Stéfanovitch a joué les traîtres en toute impunité. Mais Abraham déduit vite qu'il n'était pas tout seul dans cette initiative déloyale :

Je vois que les soi-disant banquiers qui ont pris part dans l'affaire se résument à Stéfanovitch (…) Cependant je trouve quatre cent mille livres trop pour ces personnes. Ne crois-tu pas qu'il y a des personnes sous la toile ? (…) Serions-nous joués par les autres comme par Stéfanovitch ? Il serait bon que tu découvres cela pour nous régler et pour mettre fin à cette comédie. La conduite de Stéfanovitch est odieuse, si d'autres la suivent il faut fermer la Société (générale ottomane) *et finir car il est certain que nous n'arriverons jamais à faire une affaire[5].*

Je vois, de tout ce que tu m'écris, que j'avais bien raison de me préoccuper de la situation de notre Société (générale ottomane) *et si nous ne trouvons pas un moyen d'entente sa position deviendra bien mauvaise car non seulement la concurrence nous fera du mal, mais (…) suivra (…) la trahison des membres qui passeront dans l'autre société. D'ailleurs, tout ce qui arrive est la conséquence du procédé Stéfanovitch. Je ne comprends pas avec quelle audace vient-il avouer son infamie. Une des principales questions des conventions particulières est de ne pas faire concurrence à notre société en entrant comme administrateur dans la nouvelle Société. Il agit contrairement aux engagements qu'il a pris. Et je crois qu'on aurait tous les droits de l'attaquer et de le rendre responsable. J'attends avec impatience ta prochaine lettre (…), je le répète, le moyen de remédier au mal est de trouver une combinaison pour s'entendre. La Banque* (ottomane) *aussi a grand intérêt à cela. Elle souffrira de la création de ce nouvel établissement elle aussi[6].*

Le flair d'Abraham l'a mené sur la bonne piste. Deux autres de ses associés, Christachi Zographos et Zafiropoulo, ont accepté de participer à l'aventure du Crédit général ottoman. Ecœuré, Abraham envisage alors sérieusement de se désengager de la Société générale ottomane. *"Il y a,* écrit-il le 13 novembre à son frère, *deux moyens d'agir en cette question. Ou suivre les autres et se faire nommer administrateurs dans la nouvelle société ou laisser faire nos collègues en donnant notre démission comme administrateurs de notre Société. Le premier me paraît peu digne de notre position. Si nous devions passer dans l'autre camp comme Stéfanovitch (…) je ne pense jamais qu'il soit digne de notre position de faire bon marché de nos engagements. (…) Je serais d'avis qu'avant que le public s'aperçoive de la mauvaise tournure des affaires nous et nos amis devons nous retirer donnant notre démission comme administrateurs de la Société. "*

Abandonner la Société générale de l'Empire ottoman cesse rapidement d'apparaître comme une éventualité sérieuse. Abraham préfère échafauder fébrilement de nouveaux montages. Il s'agit d'imaginer, comme pour un jeu d'emboîtements, les diverses combinaisons possibles d'association entre les trois banques majeures de Constantinople, la Banque ottomane, la Société générale de l'Empire ottoman et le tout jeune Crédit général ottoman[7]. Mais il s'abuse en croyant que les Camondo peuvent encore, s'ils le souhaitent, rejoindre les fondateurs de ce nouvel établissement. Avec stupéfaction, il découvre que tel n'est pas le cas. Les créateurs de cet établissement ne souhaitent pas partager. C'est à peine concevable, Abraham et Nissim exclus de cette manne ! Car il s'agit bien de manne : la participation au démarrage d'une telle entreprise permet de s'emparer de valeurs en grand nombre et à de meilleures conditions que celles réservées au public.

Peu à peu, les frères Camondo comprennent que Tubini et le Crédit général ottoman mettent en œuvre une stratégie mûrement réfléchie et à long terme. Ayant pris pour cible la Banque I. Camondo, identifiée comme principale rivale, ils s'acharneront méticuleusement à l'évincer. Ils tiendront ce cap avec persévérance jusqu'en 1873. Chaque nouvelle affaire, chaque nouvel emprunt sera l'occasion d'un combat acharné. Pour l'heure les deux frères sont simplement interloqués, incrédules : *"Je suis étonné vraiment que Tubini ait proposé une participation à tous nos collègues et que nous seuls ayons fait exception. C'est une chose (…) (à laquelle) je ne m'attendais pas[8]. "* Victimes de l'ostracisme de Théodore Tubini, Abraham et Nissim sont aussi trahis par leurs associés qui s'allient, au mépris de leurs engagements, avec Tubini. Ils gardent, de surcroît, pour eux seuls les avantages de cette nouvelle situation. Absent de Constantinople, absorbé à préparer de nouveaux projets à Paris, Abraham est informé quotidiennement par les minutieuses lettres que lui adresse son frère. Par retour de courrier, il pilote, non moins minutieusement, leurs ripostes, souffle des reparties cinglantes et décrit les positions à adopter heure par heure :

Ces messieurs veulent garder pour eux l'avantage de leur admission dans la nouvelle Société, promettant d'offrir une part après que tout serait conclu. Il y a certes là une arrière-pensée de ces messieurs, car non contents d'avoir obtenu par surprise le vote du conseil approuvant leurs démarches irrégulières ils veulent profiter de l'erreur grave commise par les administrateurs pour se réserver le bénéfice de leur nouvelle position[9].

Abraham accuse ses associés de violer la déontologie bancaire, dénonce leur jalousie, leur mesquinerie. Tout à son indignation, il prend néanmoins le parti de se montrer imperturbable et réagit avec hauteur.

(…) Tu as bien fait de voir Zarifi et d'avoir une explication sur son attitude envers nous. Mais borne-toi à lui et ne fais pas d'autres démarches avec les autres. Le but de ces messieurs est de faire les mêmes affaires que nous ici (à Paris), *et leur position à notre égard est la jalousie. Il faut les laisser faire et attendre qu'ils viennent à nous, dire merci. Ils ne peuvent pas nuire à nos affaires, ni à nos relations. Laisse-les donc faire et ne te soucie de rien[10].*

(…) dis-leur que (…) nous avons les mêmes intérêts pécuniaires et de ne pas oublier que nous sommes tous engagés moralement. Dis-leur de se rappeler sur quelle base nous avons fondé cette société. Il faut la soutenir pour ne pas faire voir au public européen de quoi nous sommes capables lorsque des animosités personnelles sont créées par piques. Fais comprendre à ces messieurs l'importance d'être d'accord pour l'intérêt général. Après que tu auras fait ton possible pour une bonne entente, laisse-les faire ce qu'ils voudront, nous aurons agi d'après la loyauté de nos caractères (…) S'ils veulent être la ruine de la Société qu'ils le fassent. Nous penserons alors à ce qu'il nous reste à faire.

Quant à nous, je cherche à m'ouvrir autant que possible à l'élément d'ici. J'attends l'occasion pour entrer de plain-pied. Mais tu sais bien que cela n'est pas facile. Il faut du temps et du travail[11].

Il faut aussi de l'énergie. Les frères Camondo en ont à en revendre. L'occasion de prendre pied s'offre à eux, et ils ne la ratent pas, lors des négociations, en mars 1869, entre la Banque ottomane et la Sublime Porte pour l'octroi d'un crédit en compte courant. Le ministre ottoman des Finances est alors à Paris. Nissim confirme ses talents d' intercesseur et épuise son temps à faire la navette entre les deux parties.

La Sublime Porte reçoit sa part de la colère qu'Abraham distribue parfois sans parcimonie. Il déplore que l'Etat ottoman ne prenne plus ses décisions qu'au vu des garanties européennes que font valoir les banques indigènes. Bien qu'il nourrisse des sentiments contradictoires au sujet de l'emprunt raté, sa compassion envers la Turquie l'emporte car il perçoit que l'Empire s'est engagé dans un engrenage où les nouveaux crédits ne servent plus qu'à payer les intérêts, très élevés, des avances précédentes.

Lorsque les affaires sont réduites à des influences de ce genre, tout est faisable. Rien ne peut plus empêcher la volonté de ce pauvre gouvernement, il n'y a que le premier pas qui coûte, le reste va de soi-même. Je ne serais pas étonné de voir tourner cette opération temporelle en un emprunt étranger de longue haleine qui reviendrait aux Turcs à 30 % à cause du 15 % d'intérêts que l'on paie. Tu ne me dis pas si tu as vu le grand vizir et ce qu'il t'a dit. Je m'imagine qu'il serait honteux de te recevoir[12].

Au fil de cette correspondance se laisse découvrir la familiarité de ton dans les relations qui lient Abraham au grand vizir Aali pacha. Grand-papa a su instaurer puis entretenir cette confiance. Elle autorise Abraham aujourd'hui à se sentir trahi lorsque le gouvernement conclut une affaire sans lui accorder la priorité[13].

Les états d'âme qui submergent Abraham, "lâché" par l'"élément grec", varient entre bouffées de haine et recherche d'accommodements. Il n'est pas rare qu'il ressasse d'amers et noirs ressentiments. Il table sur l'échec prochain de la nouvelle banque. Il guette dans les événements politiques, dans les moindres soubresauts de la Bourse, les présages de la déconfiture du Crédit général ottoman. Il voit déjà la ruine de Zographos et de ses acolytes.

(…) La Société générale se trouve très embarrassée dans son intérieur. Il y a quatre de ses administrateurs qui ont donné leur démission à cause de la mauvaise gestion des directeurs. Ils ont aussi une fin d'année bien lourde et leur embarras est très clair et tous s'accordent à dire qu'elle prendra tôt ou tard la route de l'affaire du Mobilier[14].

L'affaire du Crédit mobilier fut l'événement marquant de l'année 1867 ! L'onde de choc n'est toujours pas retombée. Les banquiers traditionnels y voient une catastrophe qui menace tous ceux qui ne savent pas cantonner leurs activités dans des limites raisonnables. Or, les rêves industriels des frères Pereire sont mieux que raisonnables, ils permettent de décrocher l'impossible. Grâce à ces chevaliers de la nouvelle banque, la France a pu rattraper en quelques années son retard, face à l'Angleterre, dans la construction des chemins de fer. La haute banque se méfie de ces idéalistes et de leur utopie sociale et redistributive dont la générosité leur est étrangère. En avance sur leur temps, ces ex-saint-simoniens sont tout hormis des aventuriers de la finance, des illuminés de l'industrie. Mais rares sont encore ceux qui partagent l'idée qu'ils se font du rôle de la banque dans le capitalisme expansionniste du XIXe siècle. James de Rothschild, chez qui les frères Pereire ont fait leur apprentissage avant de se transformer en redoutables rivaux, considère sans doute que cette faillite n'est que justice. Mais James est à l'agonie et on peut imaginer qu'au seuil de la mort, son esprit soit requis par des considérations autrement accaparantes que l'évaluation du Crédit mobilier. James est le modèle absolu pour tout banquier européen digne de ce nom et Abraham annonce son décès comme un événement majeur : *"Tu auras su par dépêche la mort du baron James de Rothschild. Il est mort samedi matin. Les funérailles auront lieu demain à onze heures. Il y a paraît-il de gros préparatifs. Par ma prochaine, je te donnerai les détails*[15].*"* Il n'y aura pas de détails à communiquer car les funérailles du baron se déroulent dans la plus grande simplicité et Abraham se laisse reprendre par l'espoir de voir la Société générale subir le sort du Mobilier :

Il paraît que le ministère et les personnes haut placées voient la Générale prendre la mauvaise route du Mobilier. Ils veulent l'arrêter et la faire entrer dans des limites. (…) Quelqu'un de la Banque de France le lui a fait pressentir, lui démontrant que les affaires entreprises étaient trop lourdes pour elle et qu'il fallait rétrécir les opérations pour se trouver toujours dans les mêmes limites. (…)Tout ceci ne peut que nous faire du bien car elle ne pourra agir avec ce laisser-aller qui lui était habituel avec les affaires turques, son emprunt lui reste sur le dos. Il n'est pas encore question d'émission. Les fonds turcs sont très lourds en ce moment pour lui permettre de courir au public. Hermann

(Oppenheim) *est d'avis qu'à Londres personne n'en voudra de ce fonds. Et si même l'émission se fait ici le placement sera bien difficile car toutes ces publications contre la Turquie ne font qu'indisposer l'opinion sur les affaires d'Orient. D'après Stern il est très heureux que la Générale ait fait cet emprunt, ce sera la raison* (pour laquelle) *cet établissement sera bridé par le gouvernement et* (cela) *l'empêchera à l'avenir de nous faire la concurrence*[16].

En dépit des malédictions et de la hargne d'Abraham, la Société générale de France prospère. Elle accroît considérablement son influence auprès de la Sublime Porte, grâce notamment à Théodore Tubini et à son Crédit général ottoman. Abraham riposte en échafaudant de nouveaux arrangements. La maison Camondo n'est pas la seule à Constantinople à être indisposée par la création de ce nouvel établissement. La très respectable Banque ottomane cherche aussi des combinaisons pour contrer ce brillant concurrent. Abraham espère trouver une issue à ses dilemmes en articulant les intérêts de sa maison avec les combinaisons élaborées par l'Ottomane. Il plaide ses projets auprès des administrateurs parisiens de la Banque et triomphe par anticipation.

J'ai vu ces messieurs de la Banque avec qui je suis d'accord que l'entente qu'on établira pour la nouvelle Société sera faite avec la Générale pour que notre société y soit comprise dans les avantages, sans laisser à nos trois administrateurs des avantages particuliers. De manière que tout leur tapage ira en fumée. Je serais bien content si cela (...) (était) *arrangé ainsi et voir MM. Christachi, Stéfanovitch et Zafiropoulo obligés de gémir sans le manifester*[17].

Finalement, la recherche d'arrangements qui préservent la dignité de chacun aboutira. S'ils ne conduisent pas à fonder un nouvel établissement, les contacts pris par Nissim et Abraham, à Paris comme à Istanbul, déboucheront sur la très profitable convention du 11 mars 1869, une des plus importantes de l'histoire financière ottomane. Malgré ce dénouement satisfaisant, rien ne sera plus comme avant au sein de la Société générale de l'Empire ottoman. Après cette âpre confrontation, Abraham prendra ses distances avec ses associés grecs. Les deux frères se laisseront absorber par le projet d'extension de leur emprise hors des frontières ottomanes. Insensiblement, enjeux et intrigues qui ont Galata pour centre de gravité s'éloigneront, s'affadiront.

Tu me dis qu'il faut que je sois à Constantinople le 24 décembre à cause de la nomination à la présidence et que cela me revient. Je te dirai en t'écrivant que je n'ai jamais pensé à cela car je n'accepterai jamais cette charge, ce serait de la moutarde après dîner. Je ne trouve pas convenable pour moi d'être la dernière roue du chariot. Il est très probable que je sois là à la date indiquée mais que je sois ou non je ne l'accepterai pas d'autant plus que la position actuelle de la Société est moins brillante et (elle a) un avenir douteux. Il y a aussi la raison de mes absences continuelles de Constantinople qui m'empêchera d'accepter ces fonctions. D'autant plus que je serai obligé de revenir en France avant le mois de juin pour aller prendre les eaux à Contrexéville à cause de certaines (in) dispositions qui m'inquiètent beaucoup. J'ai consulté de nouveau le Dr Gerbler, qui, ayant fait l'analyse de mes urines, a trouvé que je pourrais avoir de la gravelle[18] *.*

Ces indispositions sont-elles autre chose qu'un prétexte ? Cette gravelle, comme on disait alors, sert fort bien le désir d'Abraham de frayer avec l'aristocratie parisienne. Souffrant ou pas, Abraham sait qu'il ne suffit pas de brasser des affaires, de s'associer aux entrepreneurs français, de resserrer ses liens avec la finance européenne pour exister comme banquier à Paris. Il lui faut encore exhiber un train de vie impérativement brillant, scintillant, le transformer en objet de curiosité et de convoitise. Il pressent qu'il est indispensable, pour cela, d'obéir à des normes comme on remplirait les cases d'un canevas. Cette stratégie détermine à la fois les quartiers et hôtels particuliers où l'on habite, les loisirs qu'il convient de pratiquer et les choix esthétiques qu'il faut élégamment afficher. Abraham se soumet avec délice et minutie à ces obligations. Bientôt la haute société parisienne devra compter avec lui, avec les Camondo et cela vaut bien des sacrifices.

Nissim et lui ne sont pas encore installés à Paris en 1868. Ils envisagent d'y fonder une maison de banque et de s'y implanter. Ce ne sont encore que des projets imprécis mais ils miroitent et chatoient comme des rêves d'enfant. Déjà Abraham jubile de ses abonnements à l'Opéra, de l'admission de son frère à un club réputé très fermé.

Je n'ai pas eu de loge à l'Opéra et il n'y a pas moyen d'en avoir pour bien longtemps. J'ai pris en attendant deux fauteuils pour un an à 1 000 francs chaque, et une avant-scène de premier rang aux Italiens pour tous les samedis soir à six places. Nous avons assez pour nous deux, elles coûtent 3 400 francs à peu près. Il est nécessaire pour nous d'avoir cet amusement et à l'Opéra surtout[19].

Voici la lettre de ton admission au Cercle impérial comme membre temporaire. J'ai voulu te faire une surprise qui, j'espère, ne te sera pas désagréable, désirant que tu fusses aussi membre de ce cercle qui est un des meilleurs de Paris. J'ai prié le baron de Hecken et Djemil pacha de te servir de parrain, ce qui a été fait et hier on a voté pour toi. J'ai le plaisir de te dire que la majorité du cercle, par ma recommandation, a été charmante, donnant leur boule blanche. Une fois que tu seras ici, tu te feras présenter par Mavrogordato ou une autre personne de connaissance à la plupart de ces messieurs pour qu'ils te connaissent et pour avoir en ta faveur leur vote pour ton admission prochaine comme membre permanent[20].

1869 – NISSIM

Pour l'instant, les deux frères se relaient à Paris où leur séjour s'étale sur plusieurs saisons. Leurs familles respectives voyagent à travers l'Europe mais continuent d'être domiciliées à Constantinople. Seul Isaac, fils d'Abraham, est resté pensionnaire au lycée à Paris où il prépare son baccalauréat. Nissim accueille la nouvelle année 1869 en Egypte tandis qu'Abraham se met en route pour Vienne.

Mon cher Nissim, écrit Abraham, J'ai reçu tes dépêches d'Alexandrie et du Caire m'annonçant ton arrivée. Tu as fait le voyage si rapidement qu'on n'en croirait pas. Tu as mis, si je ne me trompe pas, 48 heures de Constantinople à Alexandrie. Quel bateau as-tu pris ? (...) Je suppose que tu as voyagé avec un des bateaux du vice-roi[21] *car pour aller si rapidement il n'y a que ses bateaux à vapeur. (...) Enfin tu arrives dans un moment de chômage d'affaire. Du moins d'après ce qu'on écrit, le vice-roi ne pense qu'à s'amuser et à préparer les fêtes qui vont avoir lieu. Il devait partir pour la Haute-Egypte pour passer quelques jours avant les noces de sa fille. Il serait donc plus convenable de raccourcir ton séjour et venir ici le plus tôt possible. Tu en serais plus content comme séjour et tu pourrais en profiter, comme affaires il y a plus à espérer ici que là-bas surtout si le différend turco-grec s'arrange. La hausse qui se fera produira un très bon effet sur le public*[22].

Après avoir considéré favorablement le projet de création d'une banque, le vice-roi s'est ravisé, mais Nissim est un financier obstiné et ne se laisse pas décourager par les sautes d'humeur d'un souverain réputé extravagant. Aussi part-il pour l'Egypte bien qu'Abraham lui ait écrit, quelques semaines auparavant : *"le vice-roi ne veut pas, pour le moment, parler banque. Il aurait changé d'avis. Il veut qu'on lui présente un projet pour un crédit foncier. Si tu es là-bas, tu verras de quoi il s'agit et s'il y a moyen de faire quelque chose*[23].*"*

Pour les affaires égyptiennes, Nissim et Abraham-Béhor sont associés aux Oppenheim, "véritables sorciers de la finance égyptienne[24]". Ainsi qualifiés pour avoir réussi à occuper durablement, pendant le XIXe siècle, une place éminente dans ce pays et à travers maintes vicissitudes, les Oppenheim sont de vieilles connaissances. Administrateurs comme Abraham de la Société générale de l'Empire ottoman, c'est en Egypte qu'ils ont fait fortune : "Ils connaissaient bien leur client. Ils parlaient la seule langue qu'Ismaïl comprenait, celle de l'argent, et non pas celle de l'amitié, de la loyauté ou de la bienveillance. Lorsque le vice-roi voulait se lancer dans des dépenses, ils étaient prêts à exécuter ses ordres – moyennant honoraires. Lorsqu'il souhaitait emprunter, ils étaient prêts à lui avancer de l'argent – moyennant intérêts, commissions et frais divers. Mais lorsqu'il faisait des difficultés, lorsqu'il se montrait lent dans ses paiements ou dans ses emprunts, ou assez ingrat pour chercher d'autres sources de financement, alors les Oppenheim exerçaient des pressions en coupant les fonds ou en menaçant de faire un procès ruineux ou de saper le crédit du vice-roi en Europe. Bien évidemment ils ne pressuraient jamais trop fortement Ismaïl ; leur intention était simplement de ramener ce dissipateur à la raison et de le faire rentrer dans le rang. Mais ils savaient qu'avec un dépensier incurable comme lui un coup de pied aux fesses valait tous les discours et qu'un bon emprunt compensait bien des insultes[25]." Si ces lignes irrévérencieuses caricaturent avec une égale férocité banquiers et vice-roi, elles décrivent néanmoins les épousailles diaboliques qui attachèrent, plusieurs décennies durant, plus d'un gouvernement aux sources de la finance. Ismaïl avait recours à l'emprunt pour payer des dettes déjà contractées et, vers la fin de 1868, il se lançait dans de nouveaux petits emprunts pour couvrir ses dépenses les plus urgentes. C'est pour satisfaire ce genre de demande que Nissim avait fait le voyage à Alexandrie. Mais les Oppenheim venaient d'abandonner l'opiniâtreté dont ils avaient fait preuve jusque-là vis-à-vis du khédive. Hermann s'était installé à Paris dès 1866, trois ans avant les Camondo. Depuis il s'était brillamment appliqué à jouer la partition du parfait banquier parisien. Il avait acquis l'hôtel *Scribe*, s'était acheté un château à la campagne et avait rempli ses demeures de tableaux de maîtres anciens. Quant à son neveu Henry Oppenheim, il épousait, justement en cette année 1868, une jeune aristocrate anglaise et s'installait à Londres. L'Egypte, pays de cocagne, était reléguée au rang de territoire exploitable à distance. Récréative, l'équipée de Nissim ne devait déboucher sur aucun résultat significatif.

A l'inverse, son séjour en France se révèle extrêmement fécond. Plusieurs ministres turcs sont présents à Paris en ce mois de mars 1869. Ils reçoivent les émissaires du monde financier. Dans les salons de Sadik effendi et de Daud pacha, respectivement ministres des Finances et de l'Equipement, se pressent M. Mallet, président parisien de la Banque ottomane, Nissim de Camondo, Casimir Salvador, président du Crédit mobilier, M. Alberti, banquier de son état, et le célèbre baron Maurice de Hirsch. La Banque ottomane est en train de renégocier l'acte de concession originel prévoyant une commission de 20 000 livres sterling sur les opérations du Trésor et une part de 1 % sur les paiements au titre de la dette. Elle discute également d'un crédit en compte courant de 500 000 livres sterling et au taux de 6 %[26]. Des combinaisons sont envisagées pour organiser la participation des divers banquiers à ce crédit. A ce consortium chapeauté par la Banque ottomane, les Camondo participent à double titre : ils négocient au nom de leur propre maison, mais représentent également les intérêts de la Société générale de l'Empire ottoman. Nissim met à profit sa bonne connaissance des rouages de la bureaucratie turque et sa familiarité avec les personnalités du gouvernement. Ces qualités lui permettent de jouer l'indispensable intermédiaire. Tous sont en rivalité avec le puissant baron de Hirsch. Ce dernier a l'oreille de Daud pacha et propose de relier par chemin de fer la Turquie à l'Allemagne, tandis que le groupe de la Banque ottomane présente un projet concurrent et jouit de la sympathie de Sadik[27]. Tout ce beau monde se bouscule dans les antichambres des deux ministres, l'appétit aiguisé par la perspective de juteuses spéculations.

Grâce aux efforts de Nissim, la Banque ottomane parvient, la première, à un accord que concrétise, le 11 mars 1869, la convention signée par son président Charles Mallet et Sadik effendi. Pendant la négociation, la Banque a fait valoir le peu de profit qu'elle retirait de ses engagements ottomans à cause de la préférence donnée à ses concurrents. Elle obtient, par cette convention, la reconnaissance de son droit exclusif à encaisser les revenus de l'Etat dans les localités où elle a des agences[28-29]. Le 5 février 1869 la joie de Nissim explose[30] :

> *Voici la dépêche que je viens de t'envoyer aujourd'hui.*
> *Convention Sadik-Banque ottomane compte courant presque terminée.*
> *Espérons avoir tiers pour Société générale* (de l'Empire ottoman).
> *Croyons prendre pour nous 7 %*[31].

Il poursuit en jubilant : *"Je suis enchanté de tout ce qui s'est passé (...) et de ce que la position changea du tout au tout à notre égard. Ça ne pouvait pas être autrement du reste, et tous ces messieurs doivent comprendre qu'ils doivent compter avec nous et pas autrement[32]. "*

L'ÉTÉ 1869 – LE GRAND SAUT

Le prestige de Nissim et Abraham est définitivement restauré à Galata après le succès du crédit accordé par la Banque ottomane. Les affaires explosent, c'est l'euphorie. *"Le résultat du bilan est magnifique. (...) Dieu en soit loué et in cha' Allah autant pour l'avenir[33] !"* Plus rien ne s'oppose à la réalisation de leurs projets parisiens. Ces longues saisons passées à se relayer dans la ville convoitée ont été fructueuses. La décision d'Abraham est prise. Il s'installe. Son cadet lui emboîte le pas : *"(...) comme je ne déteste pas Paris ni non plus la vie qu'on y mène, certainement que je m'y installerai aussi, quitte à passer de temps en temps l'été sur le Bosphore et pour commencer l'hiver prochain nous devons rester tous les deux à Paris et c'est alors, comme tu dis, que nous y installerons notre maison."*
Inscrite au calendrier d'une irrépressible expansion, la perspective de s'établir dans la Ville Lumière les plonge dans l'extase. L'emménagement s'annonce comme une aventure enivrante, une partie de plaisir dont même les étapes préparatoires promettent d'initiatiques et délicieuses surprises. Les hommes,

les institutions, tout est prêt, tout est conforme. La voie est libre. Un de leurs collaborateurs contribue à rendre ces conditions idéales : c'est le banquier Falconnet. Ils ont l'habitude de travailler avec lui ; il leur sert de prête-nom pour les initiatives financières qu'ils ne souhaitent pas rendre publiques.

J'ai eu ces jours-ci une conversation avec Falconnet qui ne demande pas mieux (…) (que) de faire ce que nous désirons en se mettant tout à fait à notre disposition.

Il est bien entendu que le jour où nous voudrons mettre nos projets en exécution sa maison n'aura plus raison d'être et qu'elle devra être liquidée, et (…) quant à lui il passera chez nous. Il est inutile d'examiner l'homme, je crois que nous sommes tous les deux d'accord pour le juger tout ce qu'il y a de plus loyal et d'honnête et certainement après la position qu'il a déjà ici, nous ne pourrons pas l'effacer chez nous et nous devrons lui donner au moins la même position. Il est assez intelligent, il est vrai, mais d'une intelligence bien limitée. Au reste, c'est là pour moi moins qu'un défaut, car très souvent le trop d'intelligence est nuisible et ainsi nous pouvons nous-mêmes le diriger plus qu'il ne se dirige lui-même. Plus tard si nous voulons lui ajouter une autre personne plus expérimentée, il faut que nous la cherchions. (…) Du reste, j'espère qu'avec le temps nous serons à même d'utiliser le cher Isaac (Camondo) et bientôt j'espère.

(…) En dehors de cela, il s'agira de l'organisation (…) de la maison de Constantinople. Cette dernière, je suppose, nous devons la laisser telle quelle, en laissant chacun, là-bas, à sa place. (…)

Je te répète encore que Falconnet n'a pas la moindre objection à avoir la signature avec un autre, avec Léon (Alfassa) par exemple. Mais ce dernier n'est-il pas encore trop jeune pour cela et très inexpérimenté dans les affaires ? Je t'en laisse l'appréciation[34].

Déjà les très jeunes hommes de la famille sont invités à prendre place dans la chaîne des générations et à s'inscrire dans la tradition bancaire. Ils manqueront à leur mission. Léon Alfassa, gendre d'Abraham, fera tomber cette foudre qui fissurera pour de bon l'édifice des Camondo. Quant à Isaac, l'envie des affaires lui fera défaut. Il envisagera son rôle dans la transmission familiale et sa postérité sous un tout autre angle ! Pour l'heure, il est encore si jeune que son oncle Nissim ne sait s'il doit voir en lui un homme ou un enfant.

(…) Isaac est en parfaite santé. Il est très sage et je suis très content de lui. J'ai eu avec lui des conversations de toutes sortes qu'on ne peut pas avoir avec son fils et j'en suis très content.

Il n'est pas <u>puceau</u> bien entendu. Mais il ne veut rien dire, la nature l'exige[35].

A l'autre bout de la lignée grand-papa s'interroge. Osera-t-il quitter les rives de la Corne d'Or, pour emménager et sans doute s'éteindre à Paris ? Ses quatre-vingts ans ne l'en dissuadent pas. *"Je suis de plus en plus enchanté, écrit Nissim, fin mars, des bonnes dispositions de grand-papa. Ne voudrais-tu pas que je m'occupe de lui chercher un hôtel à louer ?"* Alors on commande des meubles. *"Ils sont bien beaux et coûteront bien chers. C'est la faute à Giuseppe car il a fait faire le bois très riche. J'ai dû apporter l'étoffe en conséquence."* Déjà l'aïeul semble apprécier certains aspects de la France. *"J'expédie une caisse contenant vingt-quatre bouteilles de cognac pour grand-papa, il m'a demandé cela par le dernier courrier, je ne sais pas ce qu'il va en faire, j'espère qu'il n'usera pas de cette liqueur. Dans tous les cas goûtes-en car c'est un bon choix fait par Falconnet. (...) Il y a un petit flacon d'esprit de chartreuse qui sert pour les indigestions. Il faut fondre quelques gouttes sur un morceau de sucre et l'effet se fait sentir immédiatement*[36]." Si la notoriété de Nissim et d'Abraham est considérable, le départ du vieux banquier est un événement à Constantinople. *"Il est vrai que ce n'est pas important mais je regrette tout de même que le départ de grand-papa soit tellement public*[37]."

Un triomphe boudeur accompagne chez les petits-fils l'épopée du départ : *"Quoi qu'il en soit, si jamais les altesses là-bas te disent quelque chose sur notre prochain départ de Constantinople, tu peux leur répondre que comme nous sommes dans les affaires, nous sommes obligés d'aller les chercher là où on nous traite avec plus de considération*[38]."

Nissim et Abraham puisent leur force et leur témérité dans l'extraordinaire tendresse qui les ligote. Il est hors de question que l'évolution des affaires, le développement de leurs intérêts les séparent. Leur vie ne se conçoit pas dans l'éloignement. Des existences parallèles, comme les doigts d'une même main, *comme la chair et l'ongle*[39], c'est ainsi qu'ils envisagent leur avenir et celui de leurs enfants. Chaque nouvelle initiative veille à préserver cette proximité quasi fusionnelle. *"Malgré que je sois contraire à l'achat des propriétés en Turquie, j'accepte pour moi ce que tu veux faire pour toi. Nos intérêts et ceux de nos enfants sont les mêmes. Je ne voudrais jamais les séparer*[40]." Ils vivront associés dans les affaires, voisins dans la ville et dans la vie, s'écrivant quotidiennement pendant leurs voyages, s'informant, se consultant, se congratulant. La qualité de leurs liens frappe jusqu'à leurs contemporains : "Bien qu'ils se ressemblassent peu physiquement, les deux frères s'étaient voué une amitié très étroite, le comte Abraham était gros et trapu, tandis que son frère le comte Nissim était de haute taille[41]."

L'univers de cette correspondance vouée à la finance et au feuilleton de l'aménagement parisien est exclusivement masculin. Les femmes, les épouses en sont absentes. On apprend incidemment qu'elles voyagent beaucoup, sont à Baden, à Nice, passent par Marseille. Mais sont-elles heureuses de quitter Galata pour les quartiers les plus huppés de Paris ? Que désirent-elles, à quoi aspirent-elles ? S'ils s'enquièrent quotidiennement des dispositions de grand-papa, s'ils se félicitent régulièrement de le savoir d'attaque pour le départ, Nissim et Abraham ne disent rien des inclinaisons de Regina ou d'Elise. Partagent-elles l'enthousiasme, l'impatience des hommes de la famille ? Ou au contraire, se languissent-elles déjà d'avoir à quitter amies et parents ? Se désespèrent-elles de ne plus pouvoir se régénérer au bleu du Bosphore, se réjouir d'un coucher de soleil derrière les minarets de Sainte-Sophie ? On n'en saura rien. Et d'ailleurs que connaissent ces maris des dilemmes de leurs épouses, de leurs ambivalences ? Sont-ils attentifs, curieux ? Aucun signe ne l'atteste dans les lettres très affectueuses que les deux frères s'adressent et à travers lesquelles ils veillent tendrement l'un sur l'autre :

Je te remercie pour tes bons conseils à mon égard. Tu sais bien que je connais combien tu m'aimes et combien tu tiens à ma santé. Tu peux te tranquilliser sur mes émotions. Je cherche à ne pas les avoir. Je les évite et quant au cercle je n'y vais plus aussi souvent. Il n'y a plus (...) la même société que je connais, de manière que (...) tu peux être tranquille. Quant à mon voyage aux eaux comment veux-tu que je m'absente ? Pour ces affaires tu sais que toujours les absents ont tort. (...) Il faut donc que je reste ici (tant) *(...) que ma présence* (est) *(...) nécessaire. Je suis le traitement prescrit par le Dr Gerbler (...) d'après lui* (ce) *serait la même chose* (que) *si j'allais à Vichy[42].*

Des cadeaux néanmoins sont envoyés, des salutations sont transmises : *"embrasse Regina pour moi"*, *"je t'envoie un pli chargé. Il y a deux petits bracelets que j'ai fait faire par ordre d'Elise à qui tu les remettras. Tu trouveras une petite paire de boucles d'oreilles que tu donneras à Clarisse."*

Clarisse justement, fille d'Abraham, est le seul élément féminin rescapé de ce monde d'hommes. Elle vient d'épouser Léon Alfassa, devenu chargé d'affaires de la Banque I. Camondo à Istanbul. Clarisse est très éprise, ce mariage a été célébré sous les meilleurs auspices et la famille ignore encore combien cette alliance lui sera fatale. Pour l'heure, Abraham envoie de tendres cadeaux à sa fille et s'inquiète très sérieusement de ne pas avoir de nouvelles au moment de son accouchement.

Je viens de recevoir à l'instant une dépêche du 21 m'annonçant l'accouchement de Clarisse. Cette dépêche est (celle) *des félicitations de Fernandez, Veneziani, Agiman*[43]. *Je manque de nouvelles de la part de Léon* (Alfassa) *qui devait, je pense, m'annoncer lui-même la nouvelle, m'indiquant aussi le sexe de l'enfant. On me dit que la mère et l'enfant se portent bien. Cependant ceci ne me suffit pas. Car l'absence de dépêches directes m'inquiète en ce moment. Je suis bien impatient d'en recevoir une de ta part*[44].

Et toujours dans la même lettre, quelques feuillets plus loin ;

(…) J'ai reçu hier au soir une dépêche de Léon m'annonçant l'heureuse délivrance de Clarisse. Je suis bien content d'avoir eu cette nouvelle, car les dépêches de la journée m'avaient mis dans une véritable inquiétude. Je dois conclure de la dépêche du 21(juin) *que Clarisse a commencé à souffrir ce jour et que cela a duré jusqu'au 24. J'attends les lettres avec impatience.*

La jeune femme n'est pas au bout de ses peines. Elle perdra sa petite fille un mois plus tard. Abraham accordera à la tristesse de ce deuil, à son anxiété au sujet de la santé de Clarisse quelque lignes convenues, noyées dans le feuilleton qui enchaîne sans fin les épisodes de l'emprunt.

La nouvelle de la mort de la petite Regina m'a fait bien de la peine. J'espère que Clarisse se porte très bien. Je voudrais avoir de ses nouvelles par dépêche. Je ne comprends pas que Léon ne m'en donne pas[45].

Déjà les nuages obscurcissent l'horizon du jeune couple Alfassa.

Parmi les couleurs de ce déménagement qui transporte toute la dynastie Camondo d'Istanbul à Paris, on chercherait en vain la tonalité de l'exil, les regrets, la langueur du déracinement.

Cette installation en France est une réponse triomphale à un défi lancé, c'est un pied de nez aux banquiers grecs de la Société générale ottomane, c'est le geste définitif qui permet d'aller enfin respirer sous un soleil qui brille d'un tout autre éclat. Incontestablement un pareil mouvement bouscule l'édifice familial. Ces saccades libèrent parfois des particules jusque-là solidaires des fondations. Détachés, ces éléments viennent alors nager à la surface des choses, deviennent apparents. La place prépondérante que le patriarche, son altesse grand-papa occupe dans l'architecture intime des Camondo était-elle aussi écrasante dans le train-train de Constantinople, au point de reléguer épouses et fille à la figuration ? L'orchestration de ce départ consacre au vieil homme la partition de l'aïeul vénéré. Un wagon-salon lui est loué jusqu'à Vienne pour le préserver des embarras du voyage. Pour lui assurer un traitement d'exception, on sollicite l'intervention personnelle de Casimir Salvador, président du Crédit mobilier, auprès du directeur des Chemins de fer autrichiens. L'itinéraire d'Istanbul à Paris est minutieusement établi, puis changé et modifié à nouveau. *"Après t'avoir écrit l'autre jour j'ai pensé que tu n'as pas besoin du coupé-salon à Bazias, je pense que tu poursuivras sur le bateau jusqu'à Petsch. Ce serait moins fatiguant pour grand-papa. (…) Allant en bateau jusqu'à Petsch, grand-papa visiterait aussi le temple qui, certes, lui plaira et il ne se fatiguerait pas en commençant par faire dix-huit heures de chemin de fer. Fais-moi le plaisir, dans tous les cas, de me faire une notice de l'itinéraire que tu vas suivre*[46]*."* Bien que Nissim et les siens soient du voyage, il faut à grand-papa un accompagnateur attitré. *"Réfléchis bien*, écrit Abraham à son frère, *et agis en conséquence. Comme personne pour l'accompagner, Costi est très bien et personne d'autre ne le servirait ainsi. Mais comme (…) valet de chambre je ne sais trop ce qu'il peut faire."* La candidature de Costi est donc retenue mais une autre compagnie est encore requise. Ce sera celle du Dr de Castro, compagnon de route – ou plutôt d'armes – d'Abraham dans la guerre des écoles, quelques années auparavant. *"Tu as bien fait de choisir un docteur et Castro est assez bien avec grand-papa*[47]*."*

Que des petits-fils vouent un véritable culte au grand-père qui les a élevés, à qui ils doivent tant et dont la disparition est prochaine, rien de plus naturel ! Si le patriarche avait refusé de partir, la fratrie ne se serait certainement pas déplacée ainsi d'un seul bloc à Paris. La fidélité de la jeune génération force l'admiration. Mais il semble que pour jouir de cette fidélité il soit impératif d'appartenir à la gent masculine du lignage. La mère d'Abraham et de Nissim n'est ni toute jeune, ni rompue aux tracas des grands voyages. Or, elle n'est mentionnée qu'une seule fois dans la correspondance qui orchestre l'expédition jusque dans ses moindres détails. On découvre par hasard que cette mère existe et qu'elle participe au grand saut. Sans doute est-elle une force de la nature car ses fils ne s'inquiètent guère de rendre son périple confortable, ni ne se soucient de lui procurer le moindre agrément.

Alors le vénérable vieillard en profite, il est tyrannique : *"Je reçois aujourd'hui une lettre de grand-papa qui m'a mis dans tous les états,* écrit Abraham le 14 septembre à son frère qui est encore à Istanbul. *Je ne sais pas qui l'a monté contre Mlle Mousset, je ne sais non plus pourquoi et quel rapport peut-il avoir (…) avec elle, enfin je ne comprends absolument rien à sa colère. En attendant, il m'écrit une lettre qui me fait de la peine et il déclare que si je ne la renvoie pas, il ne veut pas rester avec nous. Que dois-je faire, je ne sais vraiment comment sortir de ce pétrin. Mlle Mousset est trop attachée à ma femme (qui) (…) a besoin d'une personne pour l'accompagner lorsqu'elle sort et lui tenir compagnie à la maison. Surtout par la raison de son infirmité, tu sais combien il est difficile d'avoir affaire à de nouvelles personnes qu'on ne connaît pas et lorsqu'on (en) a une qui est ainsi attachée, le mal qu'on a à la renvoyer. Je n'ai aucune raison pour le faire et je suis au désespoir de me trouver ainsi embarrassé. Fais-moi le plaisir de causer avec grand-papa et cherche à le dissuader si possible, charge Samuel aussi de ma part pour qu'il travaille dans le même sens. Tu me rendras un grand service car j'aurais toutes sortes d'ennuis dans mon intérieur à cause de ce caprice. (…) En attendant, pour ne pas lui répondre sur cette question, je lui écris par ce courrier n'avoir pas reçu sa lettre. Tu diras que tes lettres aussi sont perdues. De cette manière je reculerai ma réponse à ce sujet et je me réglerai d'après ce que tu auras fait. (…) Il aurait mieux valu que grand-papa se fâchât là-bas avec elle et la fît partir. Je m'en serais ainsi lavé les mains et je n'aurais eu surtout (aucun) ennui avec ma femme et ma fille. (…) Je ne sais que dire pour la renvoyer. Je te prie de nouveau de t'occuper sérieusement et fais ton possible pour l'en dissuader[48]."*

Le courage, compagnon familier d'Abraham, lui fait singulièrement défaut lorsque, petit-fils quadragénaire, il doit s'opposer à l'auguste vieillard. L'incident le plonge dans un désarroi immense. Plutôt que de se confronter à son aïeul, il est prêt à sacrifier les intérêts de son épouse et se créer toutes sortes de désagréments avec le clan féminin de "son intérieur". L'opinion de son cher frère, à qui il écrit une semaine plus tard, comme en écho à sa lâcheté, l'encourage dans ce sens.

"Je t'ai télégraphié hier (…) de dire à grand-papa que je suivrai ses ordres à moins que tu ne puisses le persuader à le faire changer d'avis. J'attends ta dépêche avec impatience pour agir ici. (…) Il est certain que si le grand-père ne voulait pas céder, je ferais ce qu'il désire et je congédierais la personne en question car avant tout je tiens à le contenter et à agir dans le sens que tu m'écris. Je te prie de le lui dire de ma part et de lui faire comprendre que je ne veux nullement lui faire de la peine[49]."

Prisonniers d'une surenchère compulsive, les deux frères rivalisent d'attention envers le patriarche. Ils font pression l'un sur l'autre. Nissim s'inquiète des travaux qui retardent la mise en état des appartements du grand-père chez Abraham. Celui-ci le rassure en s'engageant à céder sa propre chambre. Si le cadet propose de le faire accompagner jusqu'à Vienne, l'aîné exige aussitôt que l'accompagnateur prolonge son service jusqu'à Paris et qu'il y passe une huitaine afin d'adoucir la transition.

Abraham et Nissim sont honorés des soucis que leur cause grand-papa. Ils lui sont reconnaissants d'être encore en vie. Ils l'aiment. Loin d'entraver le feu sacré de l'installation, ces préoccupations exaltent leur zèle. A Paris, Abraham s'active à un rythme infernal : *"Le travail que nous avons eu la semaine dernière était quelque chose d'inouï : je ne sortais tous les soirs qu'à six heures et demie du bureau d'Oppenheim[50]."* Il a refusé au début de l'été de partir prendre les eaux à Vichy comme le lui conseillait son médecin le Dr Gerbler. Entre deux séances de négociations pour l'avance au gouvernement turc, ou pour la nouvelle combinaison au sujet des chemins de fer, Abraham édifie le cadre fastueux dans lequel évoluera dorénavant la famille Camondo. Il y consacre toute la saison estivale et transforme en réalité la chimère scintillante pour laquelle grand-papa, Elise, Moïse, Nissim et les autres vont bientôt abandonner Galata et Yeniköy, les rives du Bosphore et de la Corne d'Or.

Abraham loue d'abord un hôtel particulier au 7, rue de Presbourg. *"Je ne me suis pas encore occupé de tes écuries, écrit-il à*

Nissim, *ayant tous les jours à m'occuper pour mon hôtel qui me donne du tracas tantôt pour les réparations tantôt pour le bail que M. Hembourg veut faire à sa manière. Dans ce moment, il veut me chiper un millier de mille francs pour la contribution foncière."* "*Tu trouveras ci-inclus les mesures de notre hôtel pour faire faire un tapis pour la salle à manger, tout ce qui se fait de plus beau.*"

Les tapis de sa nouvelle demeure le préoccupent considérablement. "*Ma femme a raison de ne pas vouloir de tapis de Smyrne pour le grand salon. Il faut avoir quelque chose de mieux. J'espère que tu as bien donné la mesure pour le tapis persan qui doit être mis dans le petit salon[51].*"

"*Je ne t'ai pas demandé de tapis pour le grand salon. Je désire avoir un de Smyrne pour la salle à manger et un persan pour le tout petit salon selon la mesure que je t'ai expédiée par ma dernière. Fais-moi le plaisir de me dire si c'est ainsi que tu les as ordonnés[52].*"

Et puis c'est au tour de Nissim de restaurer les appartements qu'il a loués. Il fait ouvrir des portes, établir des passages entre différentes pièces. Abraham surveille les travaux : "*Ton bain est posé comme tu le désirais et le mur sera percé cette semaine pour passer de ton cabinet de toilette. Cela n'a pas été sans peine pour l'obtenir du propriétaire[53].*" En attendant que tout soit prêt pour le ménage de Nissim, Abraham retient provisoirement le numéro 6 de la rue Presbourg, en face de son propre hôtel. "(Un) *très joli appartement qu'en le voyant tu ne voudras pas le quitter pour aller autre part. Il y a même un petit jardin devant car c'est un rez-de-chaussée. J'ai pris cela meublé à raison de 2 000 francs par mois (...). J'espère que toi et Elise vous serez contents de mon choix. Je vais faire arrêter un domestique en attendant pour qu'Elise soit à l'aise quand en hiver elle viendra chez nous jusqu'à ce que vous vous installiez[54].*"

Si Abraham prend soin des intérêts de son frère comme s'il s'agissait des siens, Nissim semble moins prompt à transmettre les ordres de son aîné à Constantinople. Celui-ci proteste : "*Je suis bien étonné de n'avoir pas reçu par ce courrier les encaissements pour l'expédition des meubles. Ce retard me paralyse complètement car je ne puis pas faire ce qu'il me faut pour le grand salon avant de voir où je dois placer ce qui va venir de là-bas. Fais-moi le plaisir de ne plus négliger cela et de m'expédier de suite tout cela. Il y a d'autres choses qui devaient m'être expédiées, argenterie et confiture...*"

Il ne faut pas croire qu'on emporte tout le contenu des résidences de Constantinople. N'acquiert le privilège d'être emballé pour l'expédition par les Messageries que ce "*qu'il y a de mieux[55]*", ce qu'on est sûr de ne pouvoir trouver en France. Les objets que l'excellence distingue, ceux qui soulignent les origines sont bons pour le transfert. Les tapis orientaux, les châles, *sefarim*[56] et autres objets de culte, l'argenterie poinçonnée à Istanbul sont invités à orner les nouveaux intérieurs parisiens. Abraham et Nissim ne renient point leur ascendance.

Restent les attelages. Ils promettent d'être somptueux. Abraham s'en occupe : *"J'ai commandé le coupé trois quarts pour grand-papa. Je te prie de vendre tout avant ton départ, voitures et chevaux." "Mon landau est prêt, il est très beau*[57]*."* Il envoie son cocher à Londres pour acheter les chevaux. Il est *"connaisseur et capable, on peut se fier à lui. C'est un Anglais qui m'a été recommandé ici par des personnes haut placées et connaisseurs de pareille classe de serviteurs. Il a été très longtemps chez les Murat. (…) Pour les domestiques je suis bien monté. Il est vrai que cela n'a pas été sans peine, il m'a fallu du temps pour les trouver. C'est Charles qui m'a procuré un très bon maître d'hôtel et une cuisinière qui n'est pas mal. Si tu veux je m'occuperais pour toi. C'est assez délicat de choisir pour les autres (…) Réfléchis et je ferai ce que tu désires*[58]*."* Reste le problème des écuries : *"Je me suis occupé de tes écuries, il y a de quoi perdre la tête. Les loyers sont excessivement chers, on demande un prix fou… Il y a rue de Monceau des écuries pour huit chevaux, deux remises pour quatre voitures et une très grande sellerie, on demande 4 500 francs par an, très probablement on l'aurait pour 4 000, 4 200 (…) J'ai retenu provisoirement l'écurie et la remise."* Enfin, une meilleure proposition lui est faite qui donne *"(…) de la place pour loger de douze à quatorze chevaux et pour remiser dix voitures. J'ai été hier voir l'établissement (…), je le trouve bien situé et très confortable. C'est tout à fait à côté de mon hôtel et pas très loin de ton appartement. (…) Le prix aussi est diminué. On aurait ces écuries pour 6 500 francs. Comparativement je les trouve meilleur marché. (…) Tous tes chevaux seront remisés. J'espère que tu n'auras pas d'objection pour que je m'engage. Nous aurons avec les écuries huit chambres pour les cochers. Je m'arrangerai de manière à ce que mes chevaux soient séparés des tiens pour qu'il n'y ait pas de conflit entre les cochers*[59]*."*

"Les voitures sont prêtes, sur les landaus je fais mettre les armes, sur mon coupé les armes sans les supports, pour celle d'Isaac, la couronne seule. Dis-moi ce que tu veux faire pour tes coupés."

Et juste avant que le convoi ne s'ébranle d'Istanbul, Abraham annonce la bonne nouvelle : *"Les chevaux sont arrivés et les* *tiens sont très beaux. Il y a seulement que l'un d'eux a une marque blanche que l'autre n'a pas. (...) Ils sont doux à conduire. Tu jugeras de la chose*[60].*"

Happé par ces préparatifs, au seuil d'une seconde vie, Abraham néanmoins ne passe pas à Paris tout l'été 1869 uniquement à trouver de quoi loger ses cochers et surveiller la restauration de son hôtel particulier. *"Je préfère ne pas m'éloigner,* écrit-il à Nissim, *pour pouvoir être au courant des affaires importantes qui vont se traiter. Je ne pouvais pas raisonnablement m'absenter dans ce moment. Nous avons grand intérêt dans l'affaire pour m'éloigner d'ici*[61].*"* L'affaire en question est un nouvel emprunt sous forme d'avance que souhaite faire le gouvernement turc. Casimir Salvador se rend à Istanbul pour négocier, au nom du groupe de la Banque ottomane. Nissim lui sert de guide à Constantinople et d'intercesseur auprès du ministre des Finances, Sadik pacha. De Paris, Abraham, en consultation permanente avec Mallet, pilote les faits et gestes de son frère. Il conseille à Nissim de recevoir Salvador, entre deux réunions de travail, chez lui, dans la fraîcheur de son *yali*, à Yeniköy. Il suggère aussi une réception au *konak* du vieil Abraham-Salomon à Camlica, sur les hauteurs du Bosphore. En cette saison, la clarté de l'atmosphère y est extraordinairement apaisante. Cela n'empêche pas les pourparlers concernant cet emprunt d'être très difficiles. Ces dernières années, la situation politique et financière s'est tendue en France. Pendant l'hiver 1869, les quartiers ouvriers de Paris n'ont cessé de s'agiter. Les réunions politiques ayant été autorisées à nouveau, on a continué à développer, à diffuser les idées qui déboucheront sur la Commune. Abraham prend quotidiennement le pouls de l'actualité pour y débusquer ce qui influencera les cours de la Bourse. Comme lui, les experts de la place de Paris, tout absorbés qu'ils sont à examiner l'empereur dans le blanc de l'œil, ne voient pas venir le désastre politique et militaire qui va s'abattre sur la France quelques mois plus tard. La victoire allemande après Sedan et la Commune obligeront bientôt Abraham et Nissim à chercher refuge à Londres avec leur famille auprès de leurs amis Sassoon, richissimes banquiers originaires de Bagdad. Mais en juin 1869, Abraham s'illusionne encore et reste optimiste : *"la sortie de l'empereur a fait très bon effet, il a su flatter l'amour-propre national et le public, bien content de voir le courage de leur souverain, a pris le parti du gouvernement. (...)*

Depuis vendredi soir, la tranquillité est revenue et la confiance à la Bourse a augmenté. Il n'y a plus d'attroupements ni de désordres à signaler." En juillet, une crise ministérielle agite l'opinion : "*Je n'ai pas pu te parler un peu de la démission ministérielle d'ici. Elle continue encore, on ne sait pas encore comment le nouveau ministère va être constitué. Beaucoup de bruit se fait autour de cet incident qui avait pris un caractère assez grave avant-hier (...) l'opinion publique était très en faveur des libertés qu'il* (l'empereur) *a données et l'opposition même se voyait paralysée dans ses intentions (...) la Bourse se montre confiante et bien disposée.*"

A l'arrivée des beaux jours de l'été 1869, la rumeur sur l'état de santé de l'empereur amplifie la nervosité de la Bourse. "*L'empereur est sorti hier pour faire une courte promenade aux Champs-Elysées. Beaucoup de monde l'a vu et il semble beaucoup mieux pourtant ceci ne rétablira pas la confiance du public, elle est ébranlée et jusqu'à ce qu'elle revienne, il passera longtemps. (...) Enfin c'est une position bien difficile que celle que nous subissons en ce moment et pour longtemps nous allons flotter dans le bon et mauvais état de santé de l'empereur*[62]." Cette amélioration est effectivement passagère. Quelques jours passent : "*Il y a plusieurs causes qui rendent le marché si mauvais – et principalement la maladie de l'empereur. Il ne faut pas se le dissimuler, il est usé et bien bas pour lui donner une longue vie. Si cette situation continue, il faut le considérer comme un homme perdu malgré tout ce qu'on dit du rétablissement de sa santé. Le seul bon côté de la chose, c'est que cette longue maladie habitue les esprits et la crise en cas de mort ne serait pas si terrible qu'elle devrait l'être*[63]."

Tout cela est de fort mauvais augure et annonce un marché financier frileux, nerveux, bref mal disposé envers une éventuelle émission. Abraham exhorte Nissim et Salvador, occupés à faire le siège des bureaux de Sadik pacha à Istanbul, à expliquer au gouvernement turc que depuis quelque temps les conditions se sont détériorées sur la place financière parisienne : la "*situation est telle que dans ce moment toute émission serait impossible. La pénurie d'argent et l'inquiétude l'en empêchent.*" Il faut, en conclut-il, accepter les conditions proposées par la Banque telles quelles, sinon il n'y aura pas d'avance. Ses propos révèlent que les deux frères ont le souci, tout en faisant des affaires, de préserver les intérêts du gouvernement ottoman : "*Il y a la couleur du marché qui est tout à fait changée. (...) Il faut que vous vous rendiez bien compte de la situation et que vous ne soyez pas entraînés par le désir de rendre service au gouvernement* (turc). *Nous voulons tous contribuer mais il y a quelque chose avant cela. C'est la possibilité de le faire. (...) Il faut que le gouvernement se décide à les accepter* (les conditions) *car autrement rien ne sera fait. (...) Outre la maladie de l'empereur, on parle de l'abdication forcée par sa mauvaise situation de santé. (...) Ceci augmente la mauvaise impression du marché et la crainte (...) de ce qui peut arriver. Dans tous les cas, l'empereur n'est pas du tout bien et tous s'accordent à dire qu'il ne se relèvera pas[64].*"

Pendant ce temps, à Istanbul se noue un autre écheveau de difficultés.

Le Crédit général ottoman de Tubini, la tête de pont de la Société générale de France sur le territoire turc, la banque qui a semé le trouble il y a quelques mois en s'établissant dans le paysage financier d'Istanbul, tient ses promesses. Bien qu'un vent d'inquiétude ait accueilli sa création, personne n'avait soupçonné alors qu'elle jouirait d'une si grande influence auprès de la Sublime Porte et qu'elle menacerait de rafler systématiquement emprunts et émissions. Aujourd'hui, Tubini s'impose comme un rival très sérieux et complique singulièrement les conditions de la concurrence. Abraham assiste, impuissant, à l'ascension du couple Crédit ottoman/Société générale de France. Cette nouvelle étoile des affaires turco-française entame la toute puissance de la Banque ottomane auprès de la Sublime Porte. Elle évince les frères Camondo de leur rôle d'intermédiaires avec la finance occidentale. A la fin de cet été gaspillé en vaines négociations, un premier bilan oblige Abraham à constater le retournement progressif des rapports de force :

"*La Banque avait commencé par s'opposer au Crédit ottoman. Elle a cherché à l'humilier et l'écarter* (de l'émission). *Maintenant, non seulement elle fait des concessions très dures pour elle (car elle accepte que le Crédit ottoman soit en nom dans le contrat et dans l'émission) mais en arrive à dépendre de la bonne volonté de ceux qu'on a dédaignés. Tout ceci provient d'avoir voulu tout avoir au début et de n'avoir pas bien réfléchi avant le départ de Salvador[65].*"

"*La position de la Banque est bien triste. Elle a commencé par ne vouloir personne avec elle et après a accepté toutes sortes d'humiliation en acceptant le Crédit ottoman et la Générale. Elle a fini par accepter que Théodore Tubini soit l'entremetteur auprès de Sadik et qu'il sonde ses dispositions. Il assiste à ce titre dans les délibérations du comité et son importance est augmentée par la position de la Générale. Pour ma part, je suis au désespoir et je regrette de me trouver dans un groupe qui n'a plus de jeu[66]."*

Mais ce n'est pas tout. Au moment où les arbitrages semblent être rendus, le contrat sur le point d'être ratifié, une dépêche tombe. A Istanbul, Tubini a réussi à imposer que soit exclue de l'emprunt la Société générale de l'Empire ottoman. Certes, les Camondo participent depuis Paris et au titre de leur propre banque à cette avance faite au gouvernement turc. Mais Abraham, fort justement, voit plus loin. Il perçoit que si la Société générale ottomane ne participe pas à cet emprunt, il sera vain dans l'avenir d'attendre qu'elle puisse concourir à de nouvelles affaires avec l'Etat ottoman. Si elle abandonne ce coup, elle sera tout simplement balayée en quelques années.

Abraham a du charisme, il sait se montrer convaincant. En une séance, il rétablit la situation et persuade les membres du comité parisien de la Banque ottomane. Mallet et les autres administrateurs quittent la réunion totalement solidaires de la Société générale de l'Empire ottoman. Ils mettent leur veto à tout arrangement qui n'intégrerait pas cette dernière à l'emprunt. Décision courageuse et élégante à laquelle Abraham rend hommage en faisant une analyse pertinente des nouveaux rapports de force du monde financier franco-turc : *"La Banque s'est mise dans la plus triste position vis-à-vis du gouvernement* (ottoman) *et de la* (Société) *générale* (de France) *pour sauver la Société* (générale ottomane) *elle a fait son devoir si tu veux, mais il ne faut pas oublier que dans le siècle que nous vivons on cherche toujours à se sauver avant de sauver le prochain. Or, pour la Banque rien n'était plus facile que de ratifier le contrat Salvador avec Tubini et laisser la Société à l'écart. Que serait-il arrivé ? La Banque aurait fait alliance avec le Crédit ottoman et toutes les affaires seraient faites par les deux établissements au détriment de notre Société qui aurait perdu tout son crédit et son avenir. Si la Banque agissait ainsi elle perdait, il est vrai, comme fondatrice de notre Société mais gagnait doublement avec l'alliance que la Générale lui proposait et par les sympathies du gouvernement qui est dorénavant contre notre Société. (...) Cette conduite me touche beaucoup[67]."*

Ainsi les obstacles à la ratification semblent levés et la signature est imminente puisque le 23 septembre, Abraham se réjouit : *"(…) pour l'emprunt, cette fois l'entente avec la Générale est bien faite. Il faut espérer que cette fois il n'y aura plus de changement et que tous les quatre établissements* (la Banque ottomane, la Société générale de France, le Crédit général ottoman de Tubini et la société générale ottomane) *marcheront bien d'accord. Il a été convenu ici que tous feront partie contractante et figureront dans le contrat d'emprunt. De cette façon, l'amour-propre de notre Société est sauf et elle occupera la position qu'elle doit avoir dans toutes les affaires qu'on traite avec le gouvernement."*

Pendant quelques jours encore, Abraham reste convaincu que la ratification de ce contrat est imminente. Il se trompe. De nouveaux coups de théâtre relancent les négociations qui s'éternisent, s'étirent au fil des télégrammes que reçoivent Mallet ou Djemil pacha, ambassadeur ottoman à Paris. L'infatigable Abraham est atteint, découragé. La lassitude l'a gagné : *"Quant à l'emprunt, si dans 10 jours rien n'est fait il faut l'abandonner et faire comme les autres, attendre que l'affaire soit faite pour participer. Se fatiguer inutilement pour ne pas aboutir c'est très contrariant et c'est ce qui nous arrive en ce moment[68]."*

Et puis survient l'inattendu. Une divine surprise vient dissiper la grisaille qui commençait à ternir l'éclat de cette incomparable aventure, l'installation parisienne. Nissim, grand-papa et les autres ont déjà le pied sur les marches du train lorsqu'une nouvelle tombe : l'impératrice Eugénie part pour présider les cérémonies d'inauguration du canal de Suez et fait escale à Constantinople. Elle a choisi la maison Camondo pour lui servir de banque sur les terres ottomanes. Abraham se jette sur sa plume : *"(…) Lundi, je reçois un mot de la part du baron Alphonse de Rothschild me priant de passer chez lui. J'étais loin de penser que c'était pour l'impératrice. Il me dit qu'à sa demande, il avait ouvert un crédit illimité chez nous et qu'elle avait l'intention d'en faire elle-même usage. En conséquence, le baron me recommandait de donner les ordres nécessaires là-bas pour que quelqu'un des nôtres passa tôt les matins et tous les soirs au palais pour prendre les ordres et les exécuter de suite. (…) Tu comprends que cette nouvelle m'a tout bouleversé. (…) En dehors de l'honneur que ce crédit nous procure là-bas vis-à-vis des Turcs et du reste du monde, il pourra nous servir pour obtenir des décorations. L'impératrice est plus facile que l'empereur à accorder les signes honorifiques et dans cette occasion elle fera certes les choses en grand. (…) Je pensais qu'il fallait faire le sacrifice de quelques jours et que tu devais rester là-bas jusqu'au 19[69].* "

Nissim reste donc à Constantinople. Quant à la famille et grand-papa, il ne faut pas qu'ils ajournent leur voyage *"à cause de la saison avancée"*. Ils partent avec le Dr de Castro et un autre accompagnateur. Abraham les accueille à Vienne et rapporte la suite des événements à son frère : *"Le crédit ouvert à l'impératrice sur notre maison a fait du bruit ici, au cercle surtout, où le prince Murat l'a publié et ceci me fait bien plaisir, car il y a plus d'un jaloux. J'espère que le même effet sera produit là-bas et que nos ennemis seront désappointés. J'attends là-dessus des détails intéressants de ta part. J'ai oublié de t'annoncer par le dernier courrier que le prince Joachim Murat et le comte Clary accompagnent Sa Majesté. Tous deux sont des personnes de notre connaissance, tu pourras t'adresser au prince Murat pour te présenter à M. Davillié qui est le premier écuyer de l'impératrice et avec qui tu dois avoir affaire pour les paiements. (…) Le comte Clary est l'officier d'ordonnance, charmant garçon que je connais très bien. Fais à tous deux mes compliments et dis-leur que j'ai beaucoup regretté de n'avoir pas pu leur serrer la main avant leur départ[70].* "

S'il est difficile d'évaluer le crédit apporté par l'impératrice Eugénie à la maison Camondo, il est plus aisé de constater que cette visite contribue fortuitement au succès des négociations concernant l'emprunt souhaité par la Porte. "L'originalité d'une telle entrevue, la splendeur de la réception, dont le souvenir ne s'est pas encore effacé chez ceux qui ont assisté à ces brillantes fêtes données en l'honneur de la souveraine des Français, tout le faste déployé à cette occasion ne pouvaient qu'impressionner agréablement l'opinion en France et ramener à la Turquie les sympathies du marché à Paris[71]." Ces sympathies lui sont à ce point acquises que le nombre de soumissionnaires pour l'emprunt augmente brusquement. Alors que Sadik pacha était aux prises jusque-là avec la Société générale de France, la Banque ottomane et leurs créatures respectives à Constantinople, il a maintenant l'embarras du choix. "(…) entre tous ceux qui se disputent l'honneur de prêter de l'argent à la Turquie, c'est finalement à un nouveau venu que revient l'adjudication de cette opération financière. Au commencement de novembre, M. Pinard, président du conseil d'administration du Comptoir d'escompte, arrivait à Constantinople, et ce fut lui qui, quelques jours après, signait avec le gouvernement une convention stipulant à son profit un prêt de 300 millions de francs effectifs[72]."

Tout le travail d'un été, tant de lettres qui n'économisaient aucun détail, tant de télégrammes, toutes ces allées et venues entre les bureaux de la Banque et ceux de l'ambassadeur Djemil pacha... tout cela pour rien ? Pas tout à fait ! Le Comptoir d'escompte de Paris cède une partie de son contrat à la Société générale de l'Empire ottoman, la banque des Camondo et des Zarifi à Galata. Cette dernière finalement se charge de l'émission à Constantinople. L'Ottomane et le Crédit général demeurent réservés et s'abstiennent de participer à cette opération. "Cet emprunt, conclu quelques mois à peine avant la guerre franco-allemande, assurera les exigibilités de juillet et novembre, et diminuera l'intensité d'une crise qui eût pu devenir des plus redoutables à Constantinople[73]."

Une fois encore, la Société générale ottomane est tirée d'affaire, sauvée de l'ostracisme. Mais en l'absence des Camondo, les administrateurs ont le champ libre pour tenter de les éliminer, de les humilier. Cela commence dès que Nissim quitte Istanbul. Fernandez, le fondé de pouvoir de la Banque I. Camondo est mandaté pour représenter Abraham et Nissim. Eh bien *"ces messieurs"* de la Société ne l'admettent pas aux réunions du conseil, prétextant divers vices de forme ! Les lettres officielles d'Abraham confirmant que Fernandez est bien habilité à parler et agir en leur nom n'y font rien. Ullman est le seul à garder, avec les transfuges parisiens, des relations amicales qui rendent possibles les reproches, au demeurant fort dignes, et les explications d'Abraham : *"Je connais il est vrai les dispositions jalouses et irritantes à notre égard de la part du cher président, mais j'étais loin de m'attendre à cela. Je ne vous cacherai pas pourtant que ce qui m'étonne encore plus est de voir mes autres collègues l'approuver et (...) je croyais avoir le droit à un peu plus d'égard de leur part.*

(...) Non mon cher, le droit n'y est pour rien dans cette prétention. C'est une chicane proprement dite. Leur seul but est de se débarrasser de nous et rien de plus. Dans ce cas pourquoi ne pas parler franchement, pourquoi ne pas me le dire clairement pendant que j'étais à Constantinople ? Notre intention d'ouvrir aussi une maison à Paris n'est pas une nouvelle chose mais au contraire connue déjà par tout le monde depuis six mois. Nous ne l'avons nullement cachée puisque nous n'en avions pas besoin. (...) Je ne vous parlerai pas d'emprunt, les dernières lettres de mon frère pour la Société vous ont assez mis au fait de tout ce qui a été fait ici et combien nous avons contribué, une fois de plus, à relever la position de la Société dans cette combinaison[74]."

Abraham précise pour Fernandez : *"ces messieurs prétendent à tort que j'ai déclaré avant mon départ que désormais notre siège serait à Paris. C'est une erreur, la seule déclaration que j'ai faite c'est qu'à l'occasion de mon départ, personnellement et comme* maison prochaine *à Paris, je me mettais entièrement à leur disposition*[75]*."

Et il écrit officiellement à Zafiropoulo, président du conseil d'administration de la Société : *"La maison Camondo qui a concouru à la fondation de la Société générale reste et demeure sans changement aucun à Constantinople et ne subira aucune translocation. Durant notre absence, toujours temporaire, la gérance est confiée à notre fondé de pouvoir général Moïse Fernandez*[76]*."

Sur quoi s'appuie cet acharnement contre Abraham et Nissim ? N'y a-t-il rien d'autre que de la jalousie professionnelle comme semble le croire Abraham ? Il est vrai que les Camondo constituent un pont entre la Société générale ottomane et la finance européenne sans laquelle, on l'a vu, on ne pèse plus rien auprès du gouvernement turc. La gratitude que cette situation est supposée engendrer auprès de leurs associés grecs est-elle trop lourde ? Abraham abuse-t-il de l'excédent de pouvoir que cette position lui confère ? On est irrésistiblement tenté de penser aussi à l'anti-judaïsme, très répandu parmi les Grecs orthodoxes de l'Empire. Or, non seulement Abraham et Nissim n'évoquent jamais cette hypothèse pour expliquer l'hostilité de leurs collègues, mais eux-mêmes, dans leurs plus noires colères et déceptions, ne font guère intervenir, comme cause des trahisons qui pleuvent, les origines religieuses de leurs associés. Simplement victimes d'inimitiés trivialement professionnelles, de détestations ordinaires, les banquiers de Galata évoluent dans un univers que la haine communautaire a épargné.

Toujours est-il que les aléas financiers qui entourent le grand départ altèrent quelque peu la vision euphorique et triomphale que Nissim et Abraham avaient partagée. Restent intactes leur énergie, la rigueur de leur éthique. Et l'innocence. Au plus dur des conflits et des complots ourdis contre eux, on les a vus tempêter, menacer... Mais à aucun moment leur jugement ne s'est entaché de cynisme, leurs répliques n'ont grincé d'amère ironie. Leurs actions sont conduites par des principes cohérents et moraux. Leurs désirs, leur volonté de réussir baignent dans une innocence qui confine à la naïveté et que fera voler en éclats un prochain et tragique épisode.

IV

LES PARVENUS

"Après l'office nuptial, il y eut réception dans les salons de l'hôtel Camondo – un des types les plus merveilleux des riches habitations du quartier Malesherbes. Devant les peintures de maîtres et sous les lambris millionnaires de cette somptueuse demeure, ont défilé jusqu'à la nuit tout ce que notre capitale possède d'élevé dans le monde de la finance et des arts. On admirait sur une table le bouquet de la mariée – colossal faisceau de roses et de lilas blanc. Un lunch a été servi dans la salle à manger, et là, comme dans la serre et dans les salons, les toilettes des femmes, les dorures des uniformes, la tenue de gala des valets faisaient un effet absolument imposant et pittoresque[1]."

Les superlatifs se bousculent sous la plume du journaliste du *Figaro*, visiblement ébloui par le faste du mariage d'Hortense Halfon et Alexandre Elissen. La réception a lieu chez Abraham qui laisse à sa mère, la comtesse Raphaël de Camondo, le soin de recevoir pour sa petite-fille. La chronique mondaine du *Gaulois* ajoute que l'union a été précédée d'une "soirée de contrat" à laquelle assistaient cent personnes "triées sur le volet du monde de la haute finance et de la haute société. A cause du deuil récent qui a frappé la famille Elissen et la gravité des affaires en Orient, la comtesse, avec tact, avait interdit toute danse. Il y eut une simple comédie de paravent par la charmante Mlle Savary et M. Coquelin[2]."

Nous sommes loin de Galata en ce mois de novembre 1877. Tout est allé très vite car Abraham s'est installé voilà tout juste deux ans au 61, rue de Monceau, dans la demeure de ses rêves – un écrin opulent pour de fastueuses réceptions où le Tout-Paris se presse, mais aussi un lieu de rassemblement familial : *"Je*

vous réitère tout mon contentement pour la construction de mon hôtel
que je trouve parfait et répondant complètement à mes désirs", affirme-
t-il à l'architecte Denis-Louis Destors, qui en est l'auteur[3].

Mais reprenons. Nullement effrayés par les rumeurs de
guerre qui, pourtant, allaient bon train, Abraham et Nissim
ont acheté, les 27 et 28 juin 1870, l'un, un terrain de près de
quatre mille mètres carrés au 61, rue de Monceau, l'autre la
parcelle voisine, au 63, sur laquelle se dresse déjà un hôtel particulier[4]. Quelque temps après, leur sœur, Rebecca Halfon, est
venue s'installer en face, au 60, rue de Monceau. Le bloc familial s'est reconstitué.

Depuis 1860, un quartier neuf est en train de s'ériger autour
du parc Monceau. Afin de mettre en exécution les projets
d'Haussmann, la ville de Paris affecte une partie du jardin à la
promenade publique, une autre à la voirie. Elle cède le reste à
Emile Pereire qui en aménage le lotissement. Rapidement, ces
emplacements attirent la haute banque qui y pressent le cadre
idéal pour des demeures grandioses. C'est le cas des Rothschild, de Cernuschi, de Menier… L'endroit est donc à la mode,
il convient de s'y établir. Dans leur schéma d'une intégration
parisienne bien comprise, ce choix s'impose.

La série d'événements très graves qui suivent cette acquisition – Sedan, la chute de l'Empire, la Commune – fait fuir les
Camondo vers l'Angleterre. Ils sont accueillis à Londres par
leurs amis Sassoon. Ils sont ébranlés, inquiets. Leur destin est
désormais lié à la France. Dès la mi-août 1871, Abraham rentre à
Paris et se lance, à peine arrivé, dans la nouvelle bataille qui agite
les milieux financiers : l'armistice signé, le gouvernement français doit payer 200 millions à titre de contribution de guerre
due par la ville de Paris pour sa résistance devant l'envahisseur,
auxquels s'ajoutent les 5 milliards réclamés en indemnités par les
Allemands. Tout de suite, Abraham alerte ses relations :

"me voici arrivé en bonne santé pour jouir d'une chaleur tropicale,
cela n'empêche pas que j'ai à vous parler d'affaire.

La Banque de Paris, Stern, Haber et Schnapper ont fait une affaire
avec le gouvernement français, ils donneront au Trésor pour 200 mil-
lions de traites à trois mois sur l'étranger, moyennant 1/2 % de com-
mission. Le gouvernement déposera la contre-valeur à la Banque de
France dès à présent et il charge les contractants à acheter, pour un

compte, la couverture nécessaire. Le cours n'est pas fixé et tout sera fait pour compte du gouvernement (…)[5]. " Un syndicat doit être formé pour acheter des valeurs et couvrir les traites avant l'échéance. Abraham essaie d'y intéresser ses relations londoniennes, Reuben Sassoon en tête. *"La Banque de Paris a fait cette opération pour enlever à Rothschild l'affaire",* leur précise-t-il peu de temps après. En effet, la révolte gronde contre les Rothschild et la haute banque[6], qui ont évincé tous les organismes de crédit de cet emprunt de 200 millions. Forts de leur succès, ils continuent de plus belle et monopolisent la direction des opérations pour celui des 5 milliards ! Et Dieu sait si ce crédit provoque des délires de convoitise. En août 1871, une coalition s'organise, Banque de Paris en tête, afin de retirer aux Rothschild l'exclusivité des affaires traitées depuis la guerre. Ce mouvement de rébellion donne naissance à un syndicat, "le Groupe Paribas" et atteint son but en obtenant une part nettement plus consistante du festin lors du second emprunt. Depuis les années soixante, le paysage des affaires est façonné de ces "syndicats" dans lesquels, selon les circonstances, banquiers privés, banques d'affaires et organismes de dépôts collaborent. Des noyaux durs se constituent autour des Rothschild, du Crédit lyonnais, de la Banque de Paris et les Pays-Bas[7]. Dès 1872, I. Camondo et Cie sera associée à ce dernier groupe.

Pendant que leurs liens avec la finance parisienne se resserrent, leurs investissements à Constantinople se diversifient. Cette fois Abraham et Nissim s'engagent dans les transports urbains. En 1851 déjà, grand-papa avait créé avec la mère du sultan et des ministres comme Rechid pacha le fameux *Sirket-i Hayriye*[8], entreprise semi-publique dont les bateaux avaient bousculé le rythme de la vie à Istanbul. Ils faisaient la navette entre Europe et Asie trois fois plus vite que les barques à rames. L'installation en plein cœur de la ville du tramway tracté par des chevaux est une autre innovation qui accélère le temps dans la cité du sultan. Avec les financiers du groupe grec et l'inévitable Banque ottomane, Abraham fonde, en 1870, la Société des Tramways de Constantinople dont il orchestre minutieusement la gestion depuis Paris. Il impose un des fondateurs, Constantin Carapanos, au poste d'administrateur délégué, contrant la candidature de son rival et néanmoins associé, Aristide Baltazzi[9]. Il exige des éclaircissements sur le peu de rendement des petites voitures car il est convaincu

Un tramway, rue Woïvoda, actuelle rue des Banques à Galata.

"que l'on doit beaucoup attendre de l'avenir, lorsque l'usage de ce moyen de locomotion sera mieux apprécié et sera entré dans les habitudes[10]". Il ne ménage pas ses efforts pour ce tramway auquel il croit fermement et dépêche à Istanbul un ingénieur parisien, spécialiste de la question, avec la mission d'explorer la possibilité d'installer *"un atelier de réparation à Constantinople qui pourrait même devenir un atelier de construction de voitures[11]".*

Pendant cette première décennie, le brio de la finance parisienne n'a pas détourné les Camondo des affaires de Constantinople. Elles restent au cœur de leurs activités bancaires. Mais le contexte ottoman a changé. L'Empire a reçu de plein fouet la défaite, en 1870, de la France, son plus solide soutien en Europe. Aali pacha, premier ministre réformateur, francophone et proche d'Abraham est mort l'année suivante. Les réformes entamées en souffrent, le sentiment anti-occidental d'une partie de l'opinion occupe la scène. Une période de chaos débute pour la Turquie, marquée de famines en Anatolie, d'instabilité administrative et de crises financières. Le sultan Abdül-Aziz n'a pas caché sa satisfaction de voir disparaître l'incorruptible Aali, gage de stabilité de l'administration ottomane depuis plus de dix ans. Il compte mieux s'immiscer dans le gouvernement de l'Empire, mais son comportement permet de douter de son équilibre mental. Son violon d'Ingres, la contemplation d'oiseaux rares gazouillant dans de précieuses cages, était, somme toute, inoffensif et la férule d'Aali pacha contenait sans mal ses imperceptibles égarements. Flanqué d'hommes d'Etat complaisants, les manies d'Abdül-Aziz commencent à se teinter de paranoïa. Abraham est consterné : *"On nous affirme que le sultan mû par la peur d'un incendie a acheté toutes les propriétés qui entourent ses palais de Dolmabagtché et de Tchiragan, sept cents maisons environ afin de se garantir contre tout risque du dehors. S'il en est ainsi, cette acquisition doit avoir occasionné un débours très considérable et il n'est pas sans intérêt pour le public à l'étranger de connaître l'emploi que l'on fait des fonds qu'il fournit avec tant d'empressement[12]."*

Avec ses anciens amis du gouvernement, les relations d'Abraham sont plus confiantes que jamais. Il écrit à Sadik pacha, ministre des Finances qui vient, en cet été 1874, de démissionner : *"Je n'ai pas besoin de vous entretenir des errements dans lesquels celui-ci* (le gouvernement) *persévère ; sa résolution d'intenter un procès aux contractants de l'avance de 40 millions y met le comble, et les débats, s'ils se poursuivent, achèveront de compromettre à jamais le crédit de la Turquie. Ne participant pas à cette affaire et animé uniquement d'un souci réel de la prospérité du pays, mon appréciation ne peut être suspectée de partialité. Plus que jamais il est à regretter que les plans financiers que vous avez conçus n'aient pas été appliqués et exécutés car nous venons de traverser deux mois exceptionnels durant lesquels l'abondance du numéraire aurait facilité, au-delà de toutes nos prévisions, la réalisation de vos projets*[13]*."*

On peut lire, dans l'inquiétude qu'expriment ces lignes, la prophétie de la défaillance ottomane qui mènera à l'établissement, en 1881, de la Dette publique et privera la Sublime Porte de sa souveraineté politique. Cette organisation octroie à l'Angleterre, la France, l'Autriche et l'Allemagne le droit de percevoir et d'affecter les principaux revenus de l'Empire. En font partie l'impôt de la pêche, la dîme de la soie, et les rentes du sel, des timbres et des spiritueux. Ainsi privé du contrôle de ses principales ressources, l'Empire s'enfonce dans la colonisation. "L'avance" de 40 millions dont parle Abraham est destinée à payer les intérêts d'un autre crédit précédemment contracté et ne constitue qu'un des paliers du gouffre dans lequel s'abîme progressivement l'Empire.

Voilà six ans qu'Abraham est sous les feux de la rampe à Paris et il tente de faire jouer encore toute son influence pour que lui soit délivrée l'autorisation d'installer une machine à vapeur dans sa briqueterie d'Istanbul. Voilà six ans également qu'il écrit chaque semaine au directeur de son école à Hasköy, qu'il spécifie ses directives *"en ce qui concerne les pauvres honteux (...) je recommande (...) spécialement à la sollicitude du comité, cette classe d'indigents et au fur et à mesure des vacances, je tiens à donner la préférence à des pauvres enfants de familles honteuses. Je partage également l'avis de M. Bloch relativement aux examens auxquels il veut soumettre les élèves pour juger de leur aptitude aux études et de leur degré d'intelligence dans le but d'écarter les incapables, les impuissants, pour les remplacer par des sujets donnant de meilleures espérances. Nous parviendrons peut-être ainsi à former une pépinière de jeunes gens ayant pris goût à l'instruction et au travail, qui voudront se faire leur place dans la société et dont l'exemple servira d'émulation à leurs coreligionnaires. Je vois que vous voulez étendre l'enseignement au dessin et à la physique ; quoique cela sorte un peu du cadre que nous nous étions tracé au début, j'apprécie trop l'utilité de ces connaissances pour critiquer votre projet, je compte beaucoup sur le savoir-faire de M. Bloch pour les cours (…). Dès que vous aurez tout organisé (…) tu m'adresseras un tableau général et un budget des frais de cette institution, avec toutes les prévisions pour que je puisse m'en rendre bien compte et pour ma gouverne.*

Je vois avec plaisir d'autres écoles se fonder autour de vous. Quelque défectueuses qu'elles puissent être à leur début, elles produiront toujours quelques bons résultats et elles doivent être encouragées. Tu feras donc bien de donner suite à tes intentions concernant l'école de (illisible)*.*

Continue à me tenir régulièrement informé de tout ce qui se rattache à notre école et généralement à la question de l'instruction de nos coreligionnaires à laquelle j'attache une grande importance[14]. "

Si Abraham n'était intéressé que par l'instruction de ses coreligionnaires, une fois installé à Paris, il se serait engagé beaucoup plus profondément auprès des instances communautaires françaises et aux côtés des états-majors de l'Alliance israélite universelle. Il ne le fait pas. Aurait-il l'impression qu'on n'a pas besoin de ses services en France, que l'œuvre de l'émancipation y est achevée ? La mission d'Abraham est politique : il doit avancer dans le courant des réformes ottomanes avec les juifs de Turquie, pour que leur statut, ainsi que celui de tout Ottoman, aboutisse à la citoyenneté.

A lire la correspondance de ce transfuge d'Istanbul pendant ces années soixante-dix, on en est convaincu : ses préoccupations demeurent centrées sur Constantinople. Il y reste profondément engagé, professionnellement et politiquement. Il ne s'en est jamais éloigné. Et pourtant… Il est en train de se forger la place qu'il avait toujours convoitée. Paris scintille des feux de la seule réussite qu'Abraham daigne ambitionner. Dans un dédoublement parfait, en y consacrant plus d'énergie encore qu'il ne met à conclure un emprunt avec la Sublime Porte, il se métamorphose en membre de la Haute banque française. Abraham a le don de l'ubiquité. Il est porté par une force vitale titanesque. Cela lui permet de mener de front une existence de banquier mondain et de collectionneur à Paris tout en s'absorbant dans l'œuvre de sa vie l'éducation de ses coreligionnaires à Istanbul.

Son frère et lui savent que la magnificence d'une demeure est le symbole le plus visible de la réussite sociale à laquelle ils aspirent. Pour la mise en œuvre d'une telle entreprise, ils exige-ront le meilleur. En accord sur tout, ils choisissent tous deux le même architecte, Denis-Louis Destors – diplômé des Beaux-Arts dont le talent est déjà auréolé de nombreuses médailles. Celui-ci va réaménager l'hôtel de Nissim et, dès 1871, concevoir des projets pour la demeure d'Abraham, ce qui lui vaudra "la médaille d'argent de l'architecture privée" décernée par la Société centrale des architectes, ainsi que l'admiration du public en 1878, lorsqu'il en présente les plans à l'Exposition universelle.

La mode d'alors est à l'éclectisme : on emprunte à tous les styles pour édifier un monument. Quelques motifs à l'antique, des fioritures gothiques, certains détails Renaissance, un zeste de baroque allié à une pointe de classicisme aboutissent à un résultat le plus souvent confus mais dont l'opulence est le reflet d'un mode de vie. Charles Garnier est le champion de cette architecture composite, Denis-Louis Destors, l'un de ses suiveurs. Sous ses auspices, va surgir de terre un hôtel particu-lier composé d'un corps de logis principal, entre cour et jardin, et d'une aile dénommée "Petit Hôtel" qui se prolonge sur la rue de Monceau. C'est là qu'est installé Isaac. Encadrée de pavillons, la façade sur rue reste relativement sobre, mais on peut déjà y lire tous les signes annonciateurs de la majesté de l'endroit : la porte cochère, dont les lourds vantaux de bois sont ornés de profils d'empereurs romains en médaillons, s'ouvre entre deux paires de colonnes baguées qui supportent un fronton cintré. La décoration sculptée du tympan révèle l'identité du propriétaire des lieux : surmonté de la couronne comtale, un écusson gravé aux initiales d'Abraham-Béhor est présenté par deux figures allégoriques. Par un passage voûté, on pénètre dans une cour pavée en hémicycle.

Au fond, monumental, se dresse l'hôtel. Abraham et son épouse, sa mère, mais aussi les Alfassa et leurs six enfants y habitent. Destors a donc vu grand. Il a imaginé une imposante bâtisse en pierre de taille, traitée différemment selon les trois étages du bâtiment. La toiture en ardoises, à combles brisés, prend appui sur une frise en pierre sculptée, ponctuée aux angles par des médaillons couronnés au chiffre d'Abraham. Elle est percée de lucarnes à frontons. A son sommet, trône un lanternon. Chaque ouverture, de forme et de taille différente, donne lieu à un foisonnement d'ornementation : balustrades, balcons de pierre ajourée ou de fer forgé, linteaux ponctués

L'hôtel particulier d'Abraham de Camondo, 61, rue de Monceau.
(*Le Moniteur des architectes*, 1880.)

de masques de satyres, frontons cintrés et sculptés, corniches à modillons en volutes… La façade sur jardin est plus exubérante encore : des cariatides représentant les saisons encadrent les croisées du premier étage. Enfin, l'armature métallique et le verre de ses parois distinguent la serre basilicale du reste de l'architecture.

L'aménagement intérieur[15] répond aux exigences de la vie sociale. Le rez-de-chaussée est réservé aux pièces de réception qui se distribuent autour d'un monumental escalier, modèle réduit de celui de l'Opéra ! Une paire de colonnes en marbre rose, de puissants atlantes sculptés par A. Schoenewerk[16] – un artiste en vogue, protégé de la princesse Mathilde – en marquent le départ. Eclairé par des torchères à gaz en forme de vases montées sur des consoles à cariatides en bronze doré, il reçoit la lumière du jour au travers d'un vitrail sur le palier du premier étage : Abraham, entouré de sa famille, y reçoit des mains de son architecte les plans de son hôtel. Vastes ou intimes, cabinet de travail, boudoir, salons, salles à manger se succèdent en enfilade et donnent sur le jardin. La décoration de ces pièces, dans lesquelles plafonds peints, moulures, dorures, arabesques sont de rigueur, détermine parfois leur appellation : dans le salon Henri Lévy, une toile de ce peintre célèbre *Les Bienfaits du commerce.* Tandis que *Le Triomphe de la civilisation, La Science* et *L'Industrie,* des peintures de l'artiste Blanc, grand prix de Rome en 1867, sont mises en exergue sur toute l'étendue du plafond du grand salon. A côté, dans le salon Tiepolo, s'exposent les œuvres de Giambattista. *L'Apothéose de san Barbaro, procureur de Saint-Marc* décore le plafond, tandis que les dessus de portes représentent *Rebecca à la fontaine* et *Moïse sauvé des eaux*[17]. Non, vraiment, on ne badine pas avec la décoration. Les maîtres de ces lieux en profitent pour afficher une morale qui correspond à ce siècle de progrès et de capitalisme triomphant, ils prennent, en outre, l'occasion de signifier leur reconnaissance envers l'Italie, garante de leur anoblissement.

"Notre siècle n'a point de formes. Nous n'avons imprimé le cachet de notre temps ni à nos maisons, ni à nos jardins, ni à quoi que ce soit. Aussi les appartements des riches sont des cabinets de curiosités : l'antique, le gothique, le goût de la Renaissance, celui de Louis XIII, tout est pêle-mêle. Enfin, nous avons de tous les siècles, hors du nôtre, chose qui ne s'était jamais vue à une autre époque ; nous prenons tout ce que nous trouvons, ceci pour sa beauté, cela pour sa laideur même : en sorte que nous ne vivons que de débris comme si la fin du monde était proche[18]." Ainsi se lamente Alfred de Musset. La mode est au mélange des styles, à la confusion des genres, au fouillis de pacotilles. Dans les deux hôtels Camondo, on retrouve un vestibule Renaissance, orné de tapisseries flamandes du XVIIe siècle, de petits ou grands salons garnis de meubles de style Louis XIV ou Louis XVI couverts de peluche, une salle à manger immense "en bois noir moderne". La décoration défie parfois les lois les plus élémentaires de l'harmonie : chez Abraham-Béhor, dans le salon Tiepolo, un mobilier de style Louis XIV, des meubles d'appui "genre Boulle" voisinent avec "un canapé couvert d'étoffe orientale bleue et d'une broderie japonaise[19]", et parmi les bibelots de porcelaine et de bronze doré, quelques précieux narghilés en argent ciselé et cristal jettent les reflets d'un récent passé oriental. La richesse de l'ensemble est frappante. Les étoffes qui garnissent fenêtres et mobilier proviennent de chez Tassinari et Châtel, célèbre soyeux lyonnais. Dans la salle à manger, le service de table en argent ciselé comporte environ trois cents pièces, quatre candélabres, vingt pieds de compotiers. Décoré "de guirlandes, mascarons, godrons et feuillages en relief ou rondes-bosses avec pieds à griffes de lion et volutes", il vient de chez Odiot, le fournisseur de l'empereur[20]. Dans le grand salon trône une colossale pendule dont les personnages sculptés symbolisent... la prospérité !

*

L'art est devenu "comme le sport, une des occupations recherchées des gens riches[21]", fulmine Huysmans. "Les gens riches peuvent devenir des amateurs, ce seront toujours de pauvres amateurs[22]", déclare, péremptoire, Edmond de Goncourt, qui se croit seul détenteur du bon goût. Certes, dans une fièvre de rivalité et de surenchères, les grands financiers emplissent leurs demeures d'un invraisemblable "bric-à-brac" d'œuvres d'art. Connus pour leur antisémitisme, ces auteurs feignent d'ignorer que leurs cibles favorites, les Rothschild ou les Pereire, à force de pratiquer ce "sport", sont devenus de véritables esthètes. Il n'est qu'à étudier les inventaires érudits, fastueux et éclectiques de leurs collections pour constater qu'elles sont de la meilleure qualité. Et si Drumont, idéologue de l'antisémitisme français fin de siècle, ne voit en Ferrières qu'un "prodigieux bazar", l'épithète laisse deviner cependant des relents d'admiration et d'envie. Le marché de l'art, en cette deuxième moitié du XIXᵉ siècle, est prospère : par le biais des ventes révolutionnaires, de nombreux objets exceptionnels, parfois naufragés des demeures royales, sont entrés dans le circuit commercial. L'élite de l'argent sait y prélever le meilleur et, surtout, l'exhiber avec ostentation. C'est probablement ce qui frappe Abraham et Nissim lors de leurs premiers séjours à Paris. Appliqués et soucieux de perfection, une fois achevée l'étape de leur installation dans la plaine Monceau, les voilà lancés dans les péripéties d'une nouvelle phase de leur intégration : il leur faut devenir collectionneurs. On les rencontre alors dans les galeries les plus fameuses, aux ventes les plus prestigieuses. Rapidement, les deux hôtels regorgent des témoins variés de l'histoire de l'art. Chez Abraham, un portrait de *Mademoiselle Sallé* par Lancret, provenant des collections

Pereire, voisine avec deux vues de Venise… copiées d'après Guardi, une *Bacchanale* en terre cuite de Clodion côtoie un petit bas-relief en ivoire du XVIIe siècle représentant une scène évangélique. Une *Jeune fille à la fontaine*, sculpture en marbre blanc de grandeur nature, par Schoenewerk, trône devant une tapisserie de la suite des *Chasses du roi François*[23]. Car c'est forcément à tâtons, et plus au gré du hasard, de la mode ou d'une envie passagère qu'ils entassent avec jubilation objets d'art ou tableaux. En peinture ancienne, les écoles française, italienne du XVIIIe siècle, flamande et des Pays-Bas du XVIIe composent l'essentiel de leur collection. Des œuvres de l'école de Barbizon, des orientalistes et des pompiers témoignent de leurs goûts en matière de peinture contemporaine. Ils expriment dans ce domaine leur préférence pour des peintres reconnus et si possible médaillés ! A sa mort, Abraham possède plus d'une centaine de tableaux. Nissim en laisse une soixantaine. Leurs héritiers les dispersent dans des ventes.

Le ton est donné : les deux frères se sont pris au jeu de l'art et de la collection. Abraham ambitionne une notoriété, comme en témoigne cette réponse au peintre J. Vibert : *"Je possède votre lettre par laquelle vous me demandez de vous prêter, pour l'exposer, mon aquarelle faite par vous. Bien que cela dégarnisse un peu mon salon, je ne veux pas vous refuser ce service et donne des ordres pour que cette œuvre vous soit remise. (…) Il est entendu que vous vous chargez d'assurer cette aquarelle pour 10 000 ou 12 000 francs, que la police sera à mon nom, qu'elle me sera remise, que je n'aurai aucun frais et que le livret mentionnera ce tableau comme m'appartenant*[24].*"* Etre reconnus ! Voilà ce qui les anime, ce qui les grise : appartenir au cercle restreint des collectionneurs de goût, des découvreurs de talents. Le "japonisme", fort à la mode à partir des années 1870, leur apportera modestement cette gratification. Tous deux ne tardent pas à être connus pour l'intérêt fébrile qu'ils manifestent pour ces objets venus d'Extrême-Orient. "Propagé par les frères Goncourt, la princesse Mathilde, Judith Gautier – fille de Théophile –, Philippe Burty et Louis Gonse, et soutenu par la large diffusion que lui donne les expositions universelles[25]", le Japon est partout. Il attire aussi bien un public populaire, curieux et friand de bibelots exotiques, qu'une frange d'artistes, d'intellectuels et de mondains. Un des points de ralliement de ces initiés est *La Porte chinoise*, mais les Goncourt repèrent surtout les deux frères chez

Auguste et Philippe Sichel, marchands d'objets d'art qui diffusent des "japonaiseries". Des céramiques, meubles et objets d'Extrême-Orient viennent garnir leurs pièces de réception, agrémentant la décoration des demeures de la rue de Monceau. Abraham pousse son engagement jusqu'à aménager un lieu approprié pour exposer ses laques, bronzes, émaux et jades. Le "boudoir chinois" est une petite pièce du rez-de-chaussée de son hôtel particulier, éclairée par deux fenêtres garnies "de rideaux bordés de soie ponceau de la Chine, brodés à fleurs et oiseaux en soies de couleurs[26]". "Un divan arrondi, couvert de soie havane, garni de coussins en tissu japonais à fond bleu", permet au visiteur de s'asseoir pour s'émerveiller de cet endroit dont les murs sont revêtus de panneaux de laque rouge[27]. Un paysage animé de personnages, d'échassiers, d'oiseaux aux yeux de verre et de branchages fleuris s'en détache dans des tons dorés et argentés. Un encadrement noir agrémenté de fleurs les sertit. Deux meubles-vitrines de style chinois contiennent des bibelots. Dans l'une sont exposés *netsuke* et ivoires sculptés qui feront le bonheur d'Emile Zola[28], lors de la vente qui les dispersera. L'autre vitrine présente brûle-parfums, pots à tabac, trousses à médecine, pitong, coupes, en laque, émail ou jade... Des bouteilles et jardinières de bronze sont également disposées dans ce boudoir du Soleil levant.

En revanche, chez son frère, dans l'hôtel voisin, aucun endroit n'est consacré à l'art de l'Extrême-Orient : les objets de cette provenance sont disposés un peu partout, sans ordre ni suite logique, notamment dans le grand salon et dans la serre. De ce jardin d'hiver, véritable pièce d'habitation, on conserve un précieux témoignage : le peintre Alphonse Hirsch, japoniste et ami des Camondo, y a représenté des enfants de la famille avec leur gouvernante. Le pinceau minutieux de l'artiste a détaillé la végétation luxuriante, le mobilier noir, tarabiscoté "genre japonais", les torchères-cigognes perchées sur des tortues. Il s'est aussi attardé sur les frimousses farceuses, sur les jouets épars, témoignant ainsi d'une intimité familiale sereine et chaleureuse[29].

Du fruit de cette passion, les Camondo retirent beaucoup de fierté et une gloire certaine. Abraham, requis par l'écrivain et critique d'art, Louis Gonse, n'hésite pas à mettre à sa disposition plusieurs pièces de sa collection pour les présenter à l'exposition *Rétrospective japonaise* que celui-ci organise à

Paris en 1883[30]. Il a "fait appel à tous (…) les «japonistes», les experts depuis M. Burty jusqu'à M. Alphonse Hirsch, le peintre, en passant par Proust[31] et M. de Nittis et tous ont répondu à son appel. Le japonisme est devenu pour certains amateurs très artistes, les Ephrussi, les Camondo, comme une sorte de religion[32]." On les prend au sérieux, ils en sont flattés. Même si parfois le jugement des spécialistes reste teinté de scepticisme : "A coup sûr, les collections de MM. Bing, Burty, de la Narde, de Camondo, E. Guimet, sont curieuses à bien des titres. Mais à l'exception de celle de M. Guimet qui a un caractère exclusivement religieux, le pêle-mêle des autres et le défaut de classification raisonnée, tout en leur laissant une haute valeur de dilettantisme, leur retirent toute valeur d'étude[33]", affirme sans détour le très sérieux Ernest Chesneau dans *La Gazette des Beaux-Arts*.

*

De majestueuses demeures, des collections de prix, le cadre est planté et se prête à une hospitalité que les deux frères s'emploient à rendre fabuleuse. Abraham et Nissim reçoivent beaucoup. "Aux fêtes qu'ils offraient, se pressaient les gens les plus huppés et titrés de la capitale, curieusement mêlés à des gens de finance dont les épouses étaient parées comme des châsses[34]." Tout devait y être éblouissant : bijoux, assauts d'élégance – Mmes de Camondo, bien que très réservées, sont habillées par Worth –, atmosphère parfumée, raffinée, mais aussi argenterie étincelante, bouquets de fleurs fraîches, mets délicats et abondants, vins des plus grands crus servis par une armée de domestiques en livrée de gala. Dîners et bals se succèdent. Ils font sensation. On le comprend aisément : entre autres magnificences, chez eux, le cotillon est accompagné d'une distribution de bijoux[35] ! Chaque alliance est l'occasion de réceptions fastueuses, ainsi en est-il du mariage de Salomon Halfon avec Alice Pereire. Abraham est le témoin de son neveu. *Le Figaro* décrit avec enthousiasme la cérémonie "d'une pompe inusitée" où l'on remarquait "toutes les notabilités de la finance ainsi que presque tout le cercle des Champs-Elysées

Nissim de Camondo (1830-1889).
(Musée Nissim-de-Camondo.)

où MM. Pereire et le comte de Camondo ont tant d'amis[36]".
Très introduits dans le monde, ils sortent dans les milieux parisiens aristocratiques les plus brillants. Les chroniques mondaines et dithyrambiques de l'époque, qui, à chaque bal,
inauguration, ou mariage, se désolent de ne pouvoir citer les
noms de toutes les personnes de l'assistance, déclinent cependant une liste toujours impressionnante des invités rencontrés

"au hasard". Aux côtés des représentants de la plus ancienne aristocratie française, d'artistes en vogue, d'ambassadeurs et d'altesses, ce "hasard" reconnaît bien souvent les comtes de Camondo, en bonne place.

Des deux frères, Nissim semble avoir été le plus mondain, le plus en vue, notamment dans l'univers particulier de la finance, dont il adopte avec brio les us et coutumes. "Les financiers ne dédaignaient pas alors de venir faire un tour à la Bourse après le déjeuner, cette promenade leur paraissait hygiénique et instructive. On pouvait se montrer le baron Mallet avec son parapluie légendaire, MM. Louis et Jacques Stern, le comte Nissim de Camondo et plus tard, son neveu Isaac... Quant à MM. Louis et Raphaël Cahen d'Anvers, ils se tenaient en permanence dans l'angle qu'ils avaient adopté de midi à trois heures[37]." "Il est chic, révèle de son côté *Les Coulisses de la Bourse*, de présenter la cote à MM. Stern, de Camondo, Ephrussi, de Cahen d'Anvers[38]" et de se retrouver, après la séance au *Café anglais*, chez Champeaux ou au *Café de Paris*. "Il y a au *Café anglais* une table bien connue : elle est au fond à droite, le comte Nissim, bien connu à la Bourse, s'y montre très souvent avec Stern, Broleman ou Bamberger. Depuis quelque temps, il fréquente davantage le *Café de Paris*[39]." Chacune de ses habitudes, de ses manies, chacun de ses éternuements est donc observé, commenté, amplifié par les chroniqueurs de l'époque, et, revers de la médaille, haineusement caricaturé par les antisémites. Auguste Chirac le trouve "grand, brun, crâne, une sorte de Thersite (...)", prétend que "son rêve est l'élégance. Etre pris pour un Parisien est pour lui un bonheur, il y fait tous ses efforts, il en a l'air sinon l'esprit[40]."

Le meilleur passeport en matière de vanités mondaines consiste à être repéré par *Le Gaulois*. Ce journal bien pensant, lu par tout le faubourg Saint-Germain est dirigé par l'ineffable Arthur Meyer. Un curieux personnage aux favoris à l'archiduc, pomponné et théâtral. Ce fils d'un petit tailleur juif du Havre débute son cursus comme secrétaire d'une demi-mondaine, Blanche d'Antigny, célèbre pour ses bains de champagne. Avec un talent qui force l'admiration, il s'introduit peu à peu dans la meilleure société aristocratique et s'impose comme l'arbitre obligé de l'élégance parisienne. C'est sûrement à ce titre qu'il rencontre les Camondo et s'inscrit rapidement parmi leurs relations. Le volage Nissim, amateur de jolies dames, est certainement le plus séduit par ce personnage qui sait jouer à merveille les entremetteurs. Cela permet à Edmond de Goncourt de railler "l'ironique intérieur de Louveciennes, là où habita Mme du Barry et où habite aujourd'hui Mme de Lancey et où le banquier Camondo remplace Louis XV[41]". L'écrivain poursuit en se moquant : "Un homme se donnant à tous moments de petits coups de peigne dans les favoris devant la glace mène la maison et la femme. C'est Arthur Meyer (...)[42]." La belle Alice de Lancey est une riche Américaine de Baltimore qui a acheté le pavillon de musique du château de Louveciennes construit pour la comtesse du Barry. Une collection d'épingles de cravates acquises chez le célèbre joaillier Boucheron, cadeau de cette fastueuse maîtresse à Nissim, reste le témoignage de prix de leur liaison[43].

Les talents d'Arthur Meyer ne se limitent pas à favoriser les bonnes fortunes de Nissim. Il sait aussi l'intéresser à ses projets : "La veille du jour où je devais signer (pour acquérir *Le Gaulois*), je réunis à dîner Emile de Girardin, le général Fleury, le comte de Camondo, le marquis de La Valette (...) et Félix Duquesnel (...), ils s'accordèrent à me conseiller de hâter les négociations projetées et, gravement, on but à la prospérité du *Gaulois*[44]."

Plusieurs années plus tard, pendant "l'affaire", Meyer affichera avec virulence ses positions antidreyfusardes, confirmera son antisémitisme et donnera libre cours au travers qui le caractérise : la "haine de soi". Nissim était-il devenu un de ces parvenus qui subordonnent l'ensemble de leurs intérêts au paraître, pour entretenir une amitié durable avec ce bouffon mondain ? Sans doute éprouvait-il la célébrité, la gloire des Camondo comme une protection, une "aura dans laquelle on pouvait se mouvoir en toute liberté, et même avoir des antisémites pour amis[45]".

En 1882, les deux frères se font portraiturer. Abraham a choisi le robuste Bonnat[46], tandis que Nissim s'adresse à Carolus-Duran[47]. Ces peintres, au métier habile, connaissent un succès inouï pour leurs portraits qu'ils exécutent avec le réalisme et la précision d'un photographe. Ils laissent de leurs modèles une effigie officielle et guindée. Tous deux sont debout, en costume sombre, l'accent est mis sur le visage et... leur légion d'honneur fraîchement décernée ! Drumont perd tout sang-froid devant le portrait de Nissim "ce turcaret levantin, dont Carolus-Duran exhibait, au cercle des Mirlitons, l'image cauteleuse et blafarde[48]".

La fortune, si elle est nécessaire pour donner accès "au monde", n'est, dans certains cas, pas toujours suffisante. Ainsi le Jockey-Club leur restera fermé. Auguste Chirac raconte avec satisfaction qu'on y raillait le chapeau gris de Nissim et prétendait que "les neuf perles de leur couronne comtale étaient simplement en feutre[49]"... ! N'entre pas qui veut dans ce cercle, bastion de l'aristocratie chrétienne fortunée. Les Rothschild ont quand même réussi à en forcer la porte, non sans efforts : le candidat Alphonse de Rothschild a été repoussé deux fois avant d'y être admis en 1852. C'est pourtant la passion du cheval qui a provoqué la fondation de ce club, créé en France par Lord Seymour avec l'aide de la Société d'encouragement à l'élevage des chevaux pur-sang. Et dans ce domaine, les écuries Rothschild sont incomparables. Celles des Camondo n'ont rien à leur envier et font les délices, une fois de plus, des journalistes qui notent, à Auteuil, leurs mails "les plus élégants" et s'extasient sur leurs "grands carrossiers bais, un peu trop solennels, mais si beaux[50]" ! Quant à Drumont, il s'étrangle de rage en voyant Nissim triompher "avec un mail-coach noir-bleu attelé de quatre chevaux bai-brun" et frôle l'hystérie en découvrant la splendeur de ses écuries. "Il y a quatre couronnes en cuivre sur les stalles, les couvertures sont bleues bordées de rouge, aux angles des armoiries brodées à la main avec cette devise *Caritas et Fides*." Grâce à sa concupiscence qui inventorie chaque détail on sait que, dans ces écuries, logent vingt-quatre chevaux, "dont seize sont au harnais toute l'année et huit sont des chevaux de selle[51]". La haute silhouette de Nissim se profile immanquablement sur les champs de courses. En 1886, il s'associe à M. Ephrussi : "*suivant notre entente verbale, vous me cédez la moitié dans les poulains et pouliches achetés aux haras de Menneval et de Montgeroult au prix de trois mille francs chaque. Votre entraîneur a choisi dix-sept produits. (...) Ces chevaux courront sous votre nom et vos couleurs[52].*" L'histoire ne dit pas si Folichon, Fulminante ou Douillette méritent l'espoir dont ils sont l'objet en raflant les plus belles victoires...

*

Le mode vie d'alors répond aux exigences d'une étiquette immuable que les Camondo s'approprient sans hésiter. La saison mondaine s'étend de décembre à Pâques et la bonne société quitte Paris fin juin "où l'on ne peut plus se montrer décemment après le Grand Prix[53]". On s'installe alors dans sa propriété à la campagne, on séjourne au bord de la mer, ou bien on va prendre les eaux. Une vie thermale brillante se concentre sur une trentaine de stations. Les Camondo portent leur préférence sur Vichy ou Contrexéville. Là, entre une douche et un verre d'eau minérale, ils renouent avec les mêmes distractions et habitudes mondaines qu'à Paris tout en ayant la satisfaction de croire préserver leur santé. Cette migration estivale dure jusqu'en novembre, voire décembre. Octobre est réservé à la chasse, et le monde huppé et cosmopolite auquel se mêlent les Camondo débute l'hiver sur la Côte d'Azur. A cet effet, une villa a été achetée à Nice.

Quant à la chasse, "indice de notabilité autant que facteur d'intégration[54]", ce rite est une obligation au premier rang des divertissements que l'on se doit de pratiquer. Là encore, les deux frères ressentent vite le besoin impérieux de se sentir châtelains, de recevoir amis et relations dans une propriété de campagne entourée d'un domaine giboyeux. C'est chose faite en 1880, ils louent le château de Saint-Ouen, dans la commune de Favières, en Seine-et-Marne. Ferrières est à quelques kilomètres et la propriété jouxte les terres d'Armainvillers qu'Edmond de Rothschild achète en 1881. On a malheureusement peu de détails quant à l'installation de cette résidence campagnarde. On augure cependant que tout est mis en œuvre pour obtenir les critères de luxe et de confort indispensables lorsque l'on découvre que Nissim n'hésite pas à écrire au ministre des Postes en personne, pour demander la pose d'un télégraphe.

Régulièrement, de septembre à février, les frères Camondo convient leurs relations à venir tirer du gibier. Sur un registre prévu à cet effet, un garde-chasse note le nom des invités – essentiellement des personnalités du monde des affaires et de la politique, auxquelles se mêlent des voisins et des membres de la famille – et révèle leurs exploits. Le 20 novembre 1882, cent quarante-neuf lapins, trois cent vingt-neuf faisans et trois chevreuils sont au tableau. Les journalistes, eux, sont à l'affût car "sur l'omnibus superbement attelé qui transportait les invités au château, étaient installés MM. Gambetta, Arnault de l'Ariège, Léon Renault, Antonin Proust, Dugué de la Fauconnerie, Pignatel et Alfassa[55]". La présence de Gambetta, invité d'honneur, ne saurait étonner. "Au début de la Troisième République, l'entourage politique de Gambetta comprenait un nombre considérable de juifs. Attirés à la fois par le libéralisme de ce dernier et par sa réputation de patriote républicain, ils soutenaient en lui le symbole de la république et de la résistance à ses ennemis qui étaient en même temps les leurs[56]."

Quelques jours après, Gambetta meurt accidentellement en manipulant une arme à feu. Ses obsèques sont grandioses. Drumont, qui voit en lui "l'empereur des juifs", trouve, là encore, une occasion d'épancher son fiel : "La franc-maçonnerie juive, avec l'habileté de mise en scène qui la caractérise, n'épargna rien pour les funérailles de l'homme qui l'avait servi. Bischoffsheim mit un drapeau noir à son hôtel. Camondo loua tout un étage de l'hôtel *Continental*, pour voir défiler le cortège[57]."

La fin du siècle dernier voit en effet l'anti-judaïsme traditionnel se transformer en antisémitisme violent. Edouard Drumont en est l'un des plus virulents porte-parole. Son principal ouvrage, *La France juive*, devient la bible de ce qui va apparaître comme une véritable doctrine. Il affirme que "les juifs représentent le mal absolu, et sont à l'origine, tout à la fois, du capitalisme, des révolutions, de la dégradation des mœurs, de la pornographie, de la prostitution, du déclin de la famille, du divorce, ainsi que des maladies elles-mêmes qui attaquent encore plus sûrement l'âme française[58]". Ce livre obtient un succès inédit. Il établit la grammaire de décennies d'antisémitisme virulent qui aboutit à la Shoah. Diffusé à des milliers d'exemplaires, il est réédité près de deux cents fois ! Bien sûr les Rothschild sont amplement cités. Les Camondo le sont presque autant, ce qui tend à prouver au moins une chose : ils sont maintenant les financiers parisiens en vue qu'ils rêvaient de devenir…

V

LA FÊLURE

14 avril, soir. (1885)

Ayez pitié de vos petits-enfants. Quand vous recevrez ces lignes je ne serai probablement plus !

Je ne veux vous donner ni le spectacle ni les ennuis cruels d'un drame sous vos yeux. Ce qui est arrivé est horrible. En m'infligeant la fin affreuse qui met un terme à mes souffrances, je vous aurai prouvé à vous qui êtes l'honneur même que je connais les sacrifices que je dois à l'honneur. De grâce, par pitié pour la pauvre Clarisse qui en deviendrait folle, ne lui communiquez pas cette lettre, qu'elle reste pendant quelques jours du moins dans le doute sur la vérité. Je crois bien lui avoir écrit de façon à ne pas la lui laisser soupçonner. Je ne vous demande même pas de pardonner à ma mémoire, j'implore votre générosité pour votre fille, pour mes enfants. L'espoir que vous l'accorderez rendra mes derniers moments moins atroces. J'ai été amené petit à petit par suite d'événements et de circonstances qu'il serait trop long d'énumérer ici, à prendre aux Bourses de Paris et de Londres une position formidable en fonds égyptiens, Suez et extérieur. A travers mille péripéties, mille difficultés et crises, j'étais presque parvenu il y a six semaines à entrevoir le moment proche où je pourrais sortir indemne pour tous des difficultés inextricables et irrégulières dans lesquelles je me débats depuis trois ans, lorsque les récents événements sont venus créer une dépréciation et un état de crise sur les marchés qui ont amené la catastrophe que je paye de ma vie et qui vous causera des ennuis et des difficultés, des chagrins et des souffrances dont ma mémoire n'ose vous demander pardon (...) mes derniers moments sont empoisonnés par la pensée de vos souffrances, des dangers qui menaceront peut-être une maison que vous avez su rendre une des plus honorées et des plus respectées au monde (...) que Dieu vous donne du courage, que votre fille ignore ce que cette lettre contient, elle en mourrait.

Léon[1]

Quels sont les sentiments qui saisissent Abraham à la lecture de cette lettre confuse et désordonnée que lui adresse son gendre ? L'incrédulité ? La fureur ? Parvient-il à contenir sa rage, taire son impuissance, ou laisse-t-il libre cours à son indignation, serrant les poings, suffocant et maudissant le jour où ce "gentleman à l'œil bleu et à la moustache blonde[2]" est entré dans la famille. Comment a-t-il pu lui faire confiance ? Léon avait déjà eu des "difficultés" à ses débuts à la banque pour l'établissement du bilan. Abraham et Nissim s'étaient consultés sur les aberrations du document de fin d'exercice annuel. L'inexpérience du jeune homme avait été la seule explication invoquée. Néanmoins un doute avait persisté. Un sourd pressentiment avait traversé l'esprit du beau-père, et puis le charme et l'intelligence du jeune homme avaient joué. Sa méfiance s'était endormie. Déçu du peu d'intérêt qu'Isaac portait aux affaires, Abraham avait laissé Léon Alfassa prendre de l'importance. Très vite, il était devenu fondé de pouvoir chez I. Camondo et Cie, et depuis quelques années il y agissait comme bon lui semblait. Dans le monde de la Bourse, il était certes connu pour son goût des opérations risquées, mais son caractère enjoué et sympathique et le sérieux de la maison Camondo lui assuraient une bonne réputation et désarmaient les soupçons. Abraham et Nissim, absorbés par leur mission philanthropique et leurs occupations mondaines, ne s'étaient rendu compte de rien... Jusqu'à ce funeste 15 avril 1885 où le bureau de Léon s'est trouvé assiégé par une multitude d'agents de change qui sont repartis bredouilles en laissant des missives des plus alarmantes :

Paris, le 15 avril 1885

Monsieur Alfassa,
Sans instruction de vous ce matin pour la liquidation qui a lieu demain, je me suis présenté à votre bureau et à votre hôtel où il m'a été répondu, des deux côtés, que vous étiez absent et qu'on ignorait l'époque de votre retour.
Or, vous êtes acheteur chez moi en liquidation du 15 avril d'une grande quantité de valeurs et je n'ai reçu de vous ni les fonds nécessaires pour en prendre livraison, ni instructions quelconques à ce sujet.

Il m'est absolument impossible de faire reporter une position sem-blable, surtout dans l'état actuel du marché.

Je me vois donc dans la pénible nécessité de vous demander vos instruc-tions car sans nouvelles de vous aujourd'hui à midi, avant la bourse, je me verrai forcé de liquider votre position à vos risques et périls. (...)

P. Raveneau [3]

Monsieur Alfassa

(...) Il reste à liquider 9 750 francs de rente roumaine, cinq cents actions du Gaz pour l'étranger et mille deux cent soixante-quinze actions du Crédit foncier hongrois, valeurs qui n'ont en ce moment aucun marché à la Bourse et qu'il me serait, par suite, impossible de vendre sans pro-voquer un véritable effondrement des cours. Ayant besoin de tous mes fonds en liquidation et ne pouvant par suite faire l'avance de la somme considérable qu'il me faut pour lever ces titres, je me vois dans la nécessité de vous informer que faute d'avoir reçu les fonds ou les ins-tructions nécessaires pour me faire compenser cette position je me trou-verai dans l'obligation de vendre ces titres à tout prix, ce qui dans la circonstance pourrait constituer un véritable désastre.

Agréez, monsieur, mes saluts empressés [4].

Mais où est-il ce couard, cet imbécile qui prétend mettre fin à ses jours ? Qu'a-t-il fait ? Combien a-t-il perdu ? Toute la nuit puis toute la journée du 15 avril, jusqu'à deux heures du matin, une ambiance d'anxiété fébrile a exténué les locataires du 31, rue Lafayette, le siège de la banque. Il s'agit maintenant de connaître l'ampleur du désastre, de comprendre comment ils ont tous été bernés, mystifiés... A l'aide des documents laissés par le fugitif, on vérifie tous les ordres d'achat, on met au jour les malversations, puis on additionne des chiffres astro-nomiques. Le bilan des pertes effroyables s'étale dès le lende-main en gros titres dans tous les journaux...

UN SINISTRE FINANCIER

M. Léon Alfassa, gendre du comte Abraham de Camondo, a été exécuté hier à la Bourse pour n'avoir pu régler ses différences sur soixante-cinq mille titres unifiés égyptiens. Dans la soirée, le bruit a couru que M. Alfassa s'était suicidé, mais ce suicide a vite été démenti. On a dit ensuite que M. Alfassa était parti pour Londres, puis pour Cannes, où il a une propriété. Ses amis le croient simplement enfermé chez lui où il attendrait que la bourrasque fût passée.

M. Alfassa a quarante ans à peine. C'est un Constantino-politain, parfaitement élevé et de manières distinguées. Il a été élevé à Vienne et n'avait que fort peu de fortune person-nelle lorsqu'il est devenu, après son mariage, directeur de la maison I. Camondo et Cie. C'est lui qui faisait tout, d'ail-leurs, dans la maison de banque de son beau-père et de son oncle par alliance ; mais il spéculait beaucoup aussi pour son compte personnel et avait une maison au numéro 51 de la rue Lepelletier. (...)

On assure que M. Alfassa perd à la liquidation du 15 avril six millions à Paris et quatre millions à Londres. Selon d'autres, le total de cette somme non payée serait de seize à dix-sept millions. Ce sinistre a produit un effet désastreux sur le marché. (...)

On ne peut encore se décider à croire à la Bourse que MM. Camondo laisseront sauter leur gendre et neveu. Par les circonstances graves que traverse le marché, peut-être serait-il plus habile de leur part de venir à son aide, dans l'intérêt même de leur maison de crédit[5].

Plus qu'un désastre, c'est une tornade qui détruit la réputa-tion de sérieux et de respectabilité de la maison Camondo. Certes, personne ne s'y trompe, "le beau-père paiera[6]". En effet, le coupable refait surface et Abraham, mortifié, l'aide à honorer ses dettes :

Paris, le 2 mars 1886

Vous avez eu l'extrême bonté d'intervenir une première fois pour le règlement de ma dette envers les agents de change près la Bourse de Paris et vous m'avez personnellement fait une avance de cinq cent mille francs afin de me permettre de me libérer vis-à-vis de cette catégo-rie de créanciers. En outre et bien que je sois débiteur envers votre maison de banque sur différents comptes de sommes s'élevant dans son ensemble à environ six millions six cent mille francs, vous voulez bien concourir à la libération de ma dette vis-à-vis des brokers de Londres. La somme que je me suis engagé à verser à ces messieurs d'ici au 30 mars 1886 est de 450 000 francs. (...) je viens par la présente (...) vous remercier encore pour le nouveau service que vous consentez à me rendre.

Léon Alfassa[7]

Isaac seconde son père dans ses efforts pour colmater la brèche. Il est généreux, se montre magnanime. Le poids de la gratitude est écrasant pour Léon Alfassa qui confie à son avocat :

Vous avez été témoin, à différentes reprises, de l'émotion profonde que je ressentais en apprenant par vous les efforts sublimes faits par le comte Isaac pour arriver à conjurer les dangers au prix de sacrifices dont mieux que personne j'apprécie toute l'immensité. Vous comprendrez donc à quel point il m'importe que je ne sois ni accusé ni soupçonné d'agissements dont je ne suis pas coupable et que je trouve aussi odieux que bêtes et maladroits[8].

Tout en ne s'épargnant aucun effort pour alléger le drame, Isaac garde vive sa rancune envers Alfassa. Il ne lui pardonnera jamais d'avoir semé les larmes et la douleur dans sa famille, d'avoir ébranlé pour toujours leur forteresse dans ses intimes fondements.

Les journalistes, avides de détails dramatiques, ont décrit Clarisse se jetant aux genoux d'Abraham et le suppliant de mettre à la disposition de son mari sa fortune personnelle afin de le sauver du déshonneur[9]... Les jours qui suivent, elle endurera la muette colère de son père, elle verra la mine inquiète et sévère des courtiers venant frapper avec insistance aux portes de l'hôtel pour réclamer leur dû ; elle devra faire face aux pressions obséquieuses des agents de change soucieux d'un remboursement rapide, aux lettres de chantage...

Le choc est immense et répercutera interminablement ses ondes malfaisantes. Sournoisement, il fragilise Clarisse, puis il atteint son équilibre nerveux, la plongeant dans une anxiété irréversible et destructrice. Son état oblige son entourage à la mettre "sous tutelle", obscurcissant les affaires familiales et compliquant les héritages jusqu'à l'inextricable.

Le tremblement de terre a fait voler en éclats l'innocence, la candeur qui enveloppait la gloire de la famille. Par cette tragédie qui a fait irruption dans leur existence, Isaac a découvert qu'ils étaient vulnérables. Ce sentiment ne le quittera plus. Les Camondo sont désormais fragiles.

L'hôtel, morose et taciturne, ne sera plus jamais le cadre enchanté de ces bals éblouissants. Plus de réceptions, plus de chasses... ce qui fera fredonner dans la cruelle société qui les observe "Ah ! quel malheur d'avoir un gendre !" sans se douter qu'une page est définitivement tournée.

VI

VICTOR

Moïse de Camondo disait de Victor Mizrahi qu'il lui manquait une case, et il répétait "il n'est pas bête mais il lui manque une case". C'est Victor Mizrahi lui-même qui rapporte le trait avec ironie et une pointe de triomphe amer dans une de ses lettres dont il inonde depuis Istanbul les bureaux parisiens des Camondo. Son style est véhément, souvent alarmiste, toujours sans retenue et revendicatif. Il argumente, il exige, il tempête pour que soient reconnus ses exceptionnels talents de négociateur, son large réseau d'influence, son flair pour démasquer l'imposteur parmi ceux qui, embusqués dans les sombres bureaux du nouveau quartier financier de Constantinople, prétendent servir les intérêts Camondo. Du reste, on n'en serait pas là, en cette année 1894, réduits à liquider l'activité bancaire de la maison d'Istanbul si l'on avait prêté une oreille plus attentive à ce que lui, Victor, disait. Mais "Victor sera toujours Victor", comme il l'écrit lui-même dans la missive où il négocie auprès de ses patrons l'autorisation de créer, en son nom, une petite maison financière. Il s'agit certes d'une banque modeste mais qui bénéficierait du soutien des grands comme les Rothschild. Intacte, la verve de ses plaidoiries reste tellement convaincante que Moïse et Isaac finissent par prendre son projet financier au sérieux. Et si Victor ne réussit pas vraiment à réaliser son rêve, cette initiative lui sert de prétexte à retrouver une fonction auprès de la famille Camondo et à s'attacher un salaire annuel de dix mille livres, en contre-partie d'informations politico-financières sur la place de Constantinople qu'il continuera à délivrer en écrivant ses rapports... ou plutôt ses aventures hebdomadaires.

Peut-on vraiment faire confiance à Victor ? Ni Abraham ni Isaac, son fils, ne semblent avoir pu trancher. Mais ils n'ont jamais pu se passer de ses services. Tout en craignant que ses débordements ne nuisent à leurs intérêts, ils lui ont confié leurs affaires les plus délicates. Isaac était incapable de cacher son irritation, l'extrême agacement que les humeurs de cet Oriental désordonné suscitaient en lui. Abraham, au contraire, connaissait bien son homme dont les registres à tonalités levantines lui étaient familiers. Il savait envelopper de son autorité tranquille les états d'âme de Victor et les contenir.

> *Mon cher Victor,*
> *J'ai sous les yeux votre lettre du 7 et qui m'indique que votre état nerveux est à soigner.*
> *Vous me dites que vous vous êtes monté après réception de mes lettres (…) et que vous avez été dire au ministre tout ce qui vous passait par la tête. J'espère bien que vous exagérez, car si, lorsque j'ai une observation à vous faire, je dois craindre que vous détendiez vos nerfs sur les personnes que nous avons intérêt à ménager, il ne me conviendra plus de vous écrire quoi que ce soit[1].*

Qu'à cela ne tienne. Pas susceptible pour un sou, Victor saute sur l'occasion, propose de venir à Paris pour aller consulter… Charcot. Décidément "Constantinople est dans la banlieue de Paris[2]", les modes, les noms célèbres et les réputations parisiennes atteignent sans encombre le cœur de la capitale ottomane. Mais le spécialiste de l'hystérie, inspirateur de Freud, n'aura pas l'occasion de compter l'énergique scribe de Galata parmi ses patients. Accaparé par des considérations tout autres, Abraham esquive la proposition de Victor en prenant grand soin de ne point le blesser.

> *En parlant de votre état nerveux j'entendais dire que vous étiez moralement nerveux et non physiquement et je ne crois pas à un besoin, pour vous, de rencontrer le Dr Charcot. Du reste, nous avons aussi besoin de vous à Constantinople. L'affaire drap qui peut surgir à nouveau, les créances à recouvrer, la briqueterie à surveiller font que, malgré le plaisir que j'aurais à vous voir, je préfère vous laisser à Constantinople[3].*

Victor est loin d'être fou. Voilà treize ans qu'il est au service des Camondo en cette année 1889. Il s'occupe principalement de vendre leur drap à l'Etat ottoman, de presser les fonctionnaires pour être payé, de négocier l'étalement des encaissements. Les temps sont durs, les caisses de la Sublime Porte sont vides. Victor se démène, multiplie le nombre des intermédiaires et augmente la quantité des cadeaux distribués pour n'obtenir que des promesses de *havale** tirés sur la province. Pendant ce temps, des kilomètres d'étoffes menacent de pourrir dans les greniers marécageux qui appartiennent à l'Etat. Ce qui se passe autour de cet entrepôt, le fameux *anbar*, alimente régulièrement le premier chapitre de sa correspondance hebdomadaire. Officiellement rédigées pour informer, ces lettres sont noyées de détails picaresques, elles se diluent dans de baroques intrigues et sont plutôt vouées à démontrer la maestria héroïque, l'infini dévouement de leur auteur.

Le drap ! vieille histoire entre les grandes familles juives et la Porte ottomane ! Le gouvernement turc avait pris l'habitude, depuis le XVIᵉ siècle, d'acheter aux drapiers saloniciens les tissus nécessaires au vêtement des janissaires. Il se faisait payer en remises d'impôts. Un barat** de 1568 officialisa ces habitudes ; l'impôt serait désormais versé en nature. Voilà donc institué un troc qui aura des conséquences des plus avantageuses en protégeant l'industrie textile de Salonique contre l'arbitraire d'un changement de fournisseur. Pendant ce temps, à Istanbul, des dynasties juives comme celle des Zonana et des Carmona se spécialisent dans l'affermage des fournitures aux janissaires. Il n'est pas difficile de les imaginer remplissant leurs fonctions en y associant leurs cousins drapiers de Salonique. Mais l'étoile de tout ce petit monde s'éteint brutalement lorsque le sultan Mahmut II fait canonner les casernes des janissaires en 1826, bannissant ou décapitant les fermiers de cette armée indisciplinée.

Fournir du drap pour l'armée. Voilà une des fonctions dont doit s'acquitter le juif d'exception dans l'Empire ottoman, et même si ce drap provient désormais d'Angleterre ! En cette année 1887, la maison orientale des Camondo possède des kilomètres de tissus entassés dans les entrepôts de l'Etat[4]. Elle les a importés de Manchester en s'assurant, à Istanbul, les services

* Traites.
** Décret qui octroie une autorisation particulière.

de l'entreprise Fresco et Rosa. Le frère de M. Rosa est établi à Londres d'où il suit le déroulement de leurs affaires. Le patronyme "Fresco" figure en second rôle dans tous les récits décrivant le ballet perpétuel du personnel Camondo entre les entrepôts, le domicile du ministre des Finances à Ortaköy, et la Banque I. Camondo à Galata. Parce que le drap est destiné à vêtir l'armée ottomane, l'agitation entre ces trois pôles s'intensifie à l'approche de l'hiver. Ces marchandages rocambolesques, ces allées et venues incessantes, sont dus aux difficultés budgétaires de la Porte qui n'en finit pas d'étaler ses paiements dans le temps et sur tout le territoire ottoman. Et le personnel Camondo de rivaliser de zèle pour ne pas autoriser l'ouverture des balles avant que le tissu ne soit intégralement payé.

Constantinople, le 26 août 1887

Monsieur le comte,
Nous avons à l'anbar 67 balles de drap renfermant 45 130 43 mètres. Aujourd'hui à midi, Abraham Fresco est venu au bureau pour me dire que le chef de l'intendance ali pacha a ordonné hier, à l'anbar, d'ouvrir les balles malgré nous. Je croyais qu'il plaisantait. Victor était absent. En attendant j'ai dit à Fresco de s'abstenir d'envoyer ses hommes. (…) Deux heures après, arrive Victor, je l'interpelle il me dit que c'est pour après Baïram[5] qui commence lundi prochain. Une heure plus tard, arrive le frère de Fresco tout pâle pour me dire qu'on a commencé l'ouverture des balles à l'anbar malgré le vendredi. Je prends Victor et cours à l'anbar. On avait déjà ouvert 39 balles et inscrits dans les registres. Je proteste. L'officier présent me montre la lettre du chef de l'intendance. Je m'empare des morceaux de drap (…), les enferme dans une armoire qui est cachetée avec mon cachet et celui du président de la commission afin d'empêcher l'analyse. Je cours chez le ministre à Ortakeuï. Victor ne veut pas venir, je me plains à Ali pacha. Il me répond que cela a été fait au su et avec le consentement de Victor effendi, et s'il ose dire le contraire je le chasse. (…)
Si vous approuvez, monsieur le comte ce que Victor a fait, tant mieux. Mais si vous ne l'approuvez pas, veuillez prendre vos précautions pour l'avenir, vous ne manquez pas d'énergie. C'est un excès et un accès de folie de la part de M. Victor.
J'ai dit au Séraskier[6] que Victor allait vous télégraphier le fait, il m'a répondu "s'il ose, je le chasserai de ma maison, de ma chambre".
J'ai obtenu du Séraskier un sursis pour les 28 balles qui restent.

Votre dévoué Agiman

Parmi ses états de service acrobatiques, il est au moins un domaine où Victor fait merveille. Il sait choisir et convoyer depuis Constantinople la qualité de boutargue et de *caschcaval** qui ravit le comte Abraham dont les papilles de gourmet sont restées nostalgiques.

J'ai bien reçu le fromage blanc que vous m'avez envoyé. Il est délicieux, je dirai même plus : il y a longtemps que je n'en avais mangé d'aussi bon. Je vous prie aussi de m'en envoyer une nouvelle provision de vingt à trente ocques**. Mais qu'il soit exactement pareil. Vous avez oublié de m'envoyer les bamias*** *que j'attends*[7] *(...)*

Je vous prie de m'envoyer de la bonne *lakierda****. Je souligne bonne parce que je la voudrais délicieuse*[8].

Cette tâche récréative ne le distrait pas de ses préoccupations drapières. Victor Mizrahi est chargé d'obtenir les traites et d'en négocier les échéances – ce qu'il fait furieusement – et à plein temps. Il n'obtient que des promesses de paiement sur des revenus qui échoient dans plusieurs mois, dans des provinces éloignées. Il triomphe lorsqu'il arrache des *havale* tirés sur Smyrne, Adana ou Andrinople en contrepartie d'une diminution substantielle du prix des tissus. Dans ses lettres pour le comte Abraham, il s'épuise à détailler les raisons des retards, à décrire les caisses vides de l'Etat, la situation des fonctionnaires qui sont privés de salaire depuis des mois. Il s'embrouille dans les intrigues qu'il trame, provoque des tempêtes dans des verres d'eau et relate tout cela comme des machinations diaboliques. Apparaît alors, entre ses lignes, le dénuement effrayant des finances ottomanes qui plongent d'emprunts en émissions et d'émissions en conversions monétaires. On imagine que dans ce contexte où tout le monde ne pourra être payé, les liens avec les divers fonctionnaires décident de qui sera rétribué. Victor déploie des ruses de grand stratège pour établir et nourrir ces liens qu'il facture en frais divers.

Il y a quelque temps, Victor a touché une fois 25 et une autre fois 50 livres à destination du chimiste, et il s'est amusé à faire inscrire

---

* Fromage de la famille des gruyères.
** Une ocque équivaut à 1 kilo 283 grammes.
*** Petits légumes verts, appelés en français gombeaux.
**** Poisson salé, fumé.

mon nom dans les registres. Quinze jours après il me l'a dit, je n'ai ni touché, ni vu ces deux sommes. En d'autres termes et en peu de mots je ne suis ni consulté ni informé de tous ces frais ou dépenses[9].

On paie en effet le chimiste qui teste la résistance du drap au dynamomètre, à l'ouverture des balles dans les entrepôts de l'armée, pour qu'il déclare que la qualité de la marchandise est conforme. On graisse la patte des gardiens pour qu'ils ajournent l'ouverture des balles. On en soudoie d'autres pour que le tissu soit rangé au sec, et si jamais il devait être gardé à ciel ouvert, pour qu'il soit bâché. Et ainsi de suite. A remuer comme cela ciel et terre, à mettre en scène son dévouement, Victor entre en conflit souvent violent avec son intraitable supérieur Agiman qui a l'oreille du comte Abraham :

Si je ne craignais pas d'augmenter votre chagrin, j'aurais arrangé Victor dans l'affaire des 67 balles, physiquement et moralement. Mais j'ai trop de dévouement et d'affection pour tout ce qui vous touche. Il s'est amusé à me moucharder et à me calomnier dans tous ses rapports. (…) Je viens de découvrir un ingrat en lui. C'est le troisième emploi que je lui procure avec celui qu'il occupe aujourd'hui. Sans compter que je l'ai assisté en le nourrissant et en l'habillant[10].

Dans les bureaux lambrissés et sombres de Galata s'aiguisent des rivalités et s'accumulent des rancœurs impossibles à départager depuis Paris. Elles viennent s'entasser sur les sédimentations d'antiques conflits familiaux qu'elles contribuent à réveiller et à reconduire de génération en génération. Il se trouve que les directeurs de la Banque Camondo à Constantinople se recrutent dans le milieu tout proche de la famille. Joseph Molho, par exemple, est le beau-frère du comte Abraham, il est marié à la sœur de Regina Baruch, la comtesse Abraham de Camondo. Fort de ces liens de parenté, Joseph Molho a détourné, en toute impunité, en 1874, d'importantes sommes à la Banque. Cela lui a valu d'être licencié sans ménagements par Abraham mais n'a pas empêché son fils, Isaac Molho, d'être embauché quelques années plus tard et de faire carrière dans les mêmes bureaux que son père, au siège constantinopolitain. Il n'y a que Victor pour s'indigner, s'offusquer de cette situation. Il en profite pour surveiller le jeune Molho de près, pour le persécuter de sa jalousie hargneuse. De surcroît, Isaac Molho est également le beau-frère d'Agiman.

C'en est trop, cet encerclement familial achève d'exacerber la passion de servir chevillée au corps de M. Victor Mizrahi.

Les tensions culminent en une crise particulièrement violente en mars 1890. Toujours zélé, Victor a décidé d'appliquer des conditions plus strictes aux clients de la Banque. Il en profite pour supprimer les privilèges que ses collègues concèdent à certains débiteurs. Saturée de rancœurs, l'atmosphère s'embrase instantanément. Explosent insultes et âcres accusations que Victor étale sans inhibition dans sa lettre à Isaac de Camondo.

(…) Isaac Molho venait un peu furieux me dire que je n'avais pas le droit de suspecter la bonne foi de Delorme. Je lui ai répliqué que je ne suspectais la bonne foi de personne en faisant les conditions de tout le monde. Là-dessus il frappait violemment d'un coup la table en rentrant en grande colère dans la chambre de la comptabilité, il appelait Medina et lui donnait ordre de modifier la note Delorme disant ces propres mots : "Moi aussi je commande ici et si on s'imagine à la direction qu'on continuera comme par le passé on se trompe, je vais écrire à Paris." Cette sortie était la négation de toute autorité, de toute discipline et je ne pense pas monsieur le comte que même indirectement vous ayez encore donné à Molho des pouvoirs pour contrecarrer ceux de la direction. S'il en était autrement, votre intérêt exige que vous nous le disiez tout de suite. Et en cela je crois que même Agiman, son beau-frère, s'associe à moi.

(…) comme Isaac Molho est un tempérament un peu exalté (…) je lui ai dit d'un ton plus animé : ne nous menace pas, je te prie, à chaque instant de nous rapporter à Paris comme le faisait Hermann, besogne que tu caractérisais alors toi-même d'espionnage. (…) C'est au moment où je lui disais de ne pas imiter Hermann que Molho me lançait à la figure cette apostrophe : "L'espion du bureau c'est vous qui avez toujours dénoncé des innocents ; tenez-vous maintenant en garde, l'ère des manigances ténébreuses est passée[11]."

Outré de voir son autorité contestée par ce "fils de voleur", insulté publiquement, Victor trépigne pour se rendre immédiatement à Paris et tout raconter du scandale, de la fabuleuse injustice qui lui est faite, à lui, défenseur sans faille des intérêts Camondo. Il met sa démission en balance, envoie télégramme sur télégramme pour prendre congé d'Istanbul, afin d'aller plaider sa cause mais s'explique déjà très longuement dans ses lettres :

J'ai répliqué ces mots textuellement : "Je n'ai jamais dénoncé que des voleurs et des coquins, les honnêtes gens n'ont rien à craindre" et lui de répondre : le plus grand voleur c'est vous et je le prouverai ; cela étant dit devant tous les employés. (…)

Je comprends sans peine que M. Is. Molho comptant sur des puissants appuis à Paris menace de me faire du mal. Je lui en ai fait beaucoup je le confesse. J'ai contribué à éliminer l'honnête M. Fernandez son beau-père. Je l'ai empêché lui-même de s'associer avec les courtiers de change. J'ai empêché son frère de tripoter avec votre briqueterie. Je limite ses attributions à son métier en l'empêchant d'avoir des pouvoirs sur notre caisse. Si c'est cela que vous entendez changer, je vous répète qu'il n'y a pas de place pour moi et pour lui. Je dois constater avec grand regret que vous êtes pour beaucoup dans cette situation anormale. C'est votre système de vouloir décentraliser qui fait le mal. Décentralisez mais choisissez vos hommes, ne donnez pas de pouvoirs à des gens dont le passé et la tradition vous éclairent sur l'avenir. Le meilleur de Molho se trouve décrit dans la lettre de feu le comte votre père dont ci-inclus copie[12].

Et de joindre la lettre par laquelle, seize ans auparavant, Abraham Camondo faisait congédier Joseph Molho, qualifiait son détournement de vol et le menaçait de poursuites judiciaires :

Constantinople, le 23 février 1874

(…) S'il se fût agi d'une tout autre personne, nous n'aurions pas hésité à déférer le coupable à la justice et lui faire infliger <u>les peines prévues par le Code</u> pour les abus de confiance, les détournements de ce genre, mais certaines considérations nous empêchent de donner à notre indignation toute la satisfaction voulue, nous devons nous limiter à chasser l'employé infidèle. Veuillez donc au reçu de la présente licencier immédiatement M. Joseph Molho, en vous faisant remettre par lui toutes les reconnaissances, obligations et autres pièces ou garanties représentant les sommes détournées par lui[13].

La démesure de Victor, sa débauche argumentaire n'épargnent rien. En déclinant les antécédents familiaux d'Isaac Molho, il l'enferme dans un cycle de fatales répétitions : "Il finira bien par succomber au vice familial, ce n'est qu'une question de temps." Victor n'en reste pas là. En communiquant au comte Isaac cette ancienne lettre semonce envoyée par Abraham, en le replongeant dans ces histoires de traîtrise, il le somme d'honorer la mémoire de son défunt père, d'étendre sur Molho fils l'attitude intransigeante qu'Abraham Camondo avait adoptée en 1874 au sujet de Joseph Molho, l'infidèle.

Or, il y a à peine un an, Isaac a perdu non seulement son père mais aussi son oncle. La génération des Constantinopolitains est désormais éteinte. Il n'existe plus personne en cette année 1890 qui sache trouver les mots justes, chuchoter à l'oreille d'Isaac les formules magiques à prononcer, seules capables de délivrer les haines qui macèrent dans les bureaux de Galata. Plus personne qui puisse dire ce qu'il faut avec ce qu'il en coûte d'autorité pour que s'évaporent les tensions qui obsèdent ces scribes orientaux, francophones et sans retenue.

Il faut avouer, et je le dis très franchement, vous nous donnez beaucoup de mal du point de vue de l'organisation de votre direction ; les questions de caractère, d'animosité et d'amour-propre jouent un grand rôle chez vous et nos intérêts en pâtissent[14].

Que demandent-ils donc ces clercs sentimentaux ? De quoi ces lettres sont-elles avides ? Comment combler cette étrange quête ? Rédigées en un français pittoresque qui préserve un ton *a la turca*, elles ne revendiquent jamais des hausses de salaires, négocient rarement de nouveaux avantages. Comment alors satisfaire, calmer, répondre à ces pulsions désordonnées, qui débordent de Constantinople, envahissent la correspondance, entament la tranquillité parisienne ? Et puis quelle insolence ! non seulement Victor et tout ce monde dérogent au code de la discrétion, mais ils exigent encore des comptes, et, sous des dehors déférents, contestent les décisions prises dans les hautes sphères, à Paris, par les tout-puissants comtes.

Des dieux ! Oui des dieux. Quelque chose dans l'interpellation de ses patrons par Victor fait penser au peuple élu s'adressant à Iahvé. "Très bien, Tu es Celui qui est et Tu es tout-puissant, mais regarde dans quel état je me trouve – peut-être d'ailleurs, le fait que Tu m'aies choisi n'est-il pas étranger à ma souffrance –, et interviens, fais quelque chose, honore ton contrat. Tu ne peux que reconnaître la fidélité avec laquelle j'en respecte les clauses."

Regarde-moi disent ces lettres, regarde-moi et reconnais ma loyauté, mon dévouement, avoue aussi que je suis rusé, malin et plus encore.

C'est donc cela ! C'est d'amour qu'il s'agit ! Et de dévotion. Voilà pourquoi répondre à ces lettres est impossible. Le désarroi d'Isaac et de Moïse en est presque touchant. Seuls à présent à la tête de la Banque pour laquelle ils n'avaient jamais nourri d'intérêt particulier, ils souhaitent avant tout s'épargner une visite de

Victor à Paris. Comment diable se fait-il que les conflits, rue La-fayette, ne débordent jamais des bureaux du personnel alors que les querelles de Galata contaminent jusqu'à l'air de Paris ? Les disputes des clercs parisiens ont le bon goût, la décence de s'arrêter devant les portes capitonnées des comtes Camondo. Ici, nul n'aurait l'incongrue idée de prendre Moïse ou Isaac à témoin d'injustices cruelles qui lui sont faites, des furieuses rivalités dont il est victime. Ici, personne ne leur demande d'arbitrer des querelles éphémères, de signifier des préférences entre des employés envers qui ils ne nourrissent, tout compte fait, qu'une identique indifférence.

Ainsi que je l'ai écrit hier à la maison, mon oncle est actuellement gravement malade. Il est atteint de la même maladie que mon pauvre père avec la seule différence que la fièvre est moins forte chez lui, et nous sommes très inquiets.

Moïse de Camondo adressait cette lettre à Victor Mizrahi, le 12 décembre 1889. Le lendemain, Abraham avait quitté les siens. Comme une malédiction qui prend toujours les mêmes traits pour bien se laisser reconnaître, "la fluxion de poitrine" qui avait emporté Nissim quelque dix mois plus tôt devait vaincre les résistances de l'aîné à l'âge de soixante ans.

Cette mort est venue nous frapper d'une façon tout à fait inatten-due. Lundi soir mon oncle s'est senti indisposé et est allé se coucher à cinq heures. Mercredi nous étions fixés sur la terrible maladie dont il était atteint et vendredi soir il succombait sans souffrances[15].

Ainsi, Abraham ne devait survivre que de quelques mois à ce frère dont rien jusqu'alors ne l'avait réellement séparé. Tout au plus quelques petits voyages. Après la mort de leur père Raphaël, grand-papa les avait couvés ensemble. Plus tard, ils s'étaient construit leur vie côte à côte. Adultes, ils s'étaient installés, avec leur famille respective, dans des maisons voisines à Galata. A Paris, ils avaient emménagé dans les hôtels particuliers contigus du 61 et 63 de la rue de Monceau. On disait d'eux que "leurs magni-fiques palais se touchaient comme leur cœur[16]". Comme un bateau berceau, la Banque Camondo les avait portés ensemble de port en port, d'emprunts tunisiens en concessions espagnoles. Il n'y avait peut-être pas lieu d'être surpris à les voir ainsi prendre congé des leurs, à quelques mois seulement l'un de l'autre.

(…) cette seconde partie (…) de ma fortune, je la donne (…) à mon fils Isaac que j'aime de tout mon cœur, pour qu'il puisse avoir une fortune digne du nom pur que je lui laisse, à condition qu'il doit faire à sa mère, indépendamment du droit légal qu'elle a sur la première moitié de ma fortune, une rente de 25 000 francs annuellement sa vie durant.

La conduite de mon fils est un gage pour moi, qu'il transmettra aussi dignement ce nom à ses descendants, que notre famille a acquis depuis un siècle. Si je puis faire un vœu, c'est que je désire qu'il se marie.

Je termine en priant le bon Dieu d'accorder à tous mes héritiers une bonne santé et tout ce qu'ils désirent. Je les prie de ne pas m'oublier.

Fait à Paris, le 4 juillet 1889
Cte A. de Camondo[17]

A la mort de son père, Isaac a trente-neuf ans, une magnifique collection d'objets d'art et il persévère dans le célibat. Une impérieuse pulsion s'empare alors de lui qui le conduit à tourner la page constantinopolitaine au plus vite, sans ménagements. Commence donc un processus qui le désengagera progressivement d'Istanbul. Au début, cela ressemble à cet élan par lequel, souvent, la jeune génération entend faire enfin ses preuves, saisir l'occasion qu'elle attendait en trépignant d'impatience pour organiser les choses sa manière, pallier des vices de fonctionnement chroniques auxquels il était impossible jusque-là de toucher. Tout d'abord, Isaac semble vouloir reprendre énergiquement en main les affaires de Constantinople pour y mettre bon ordre et rationaliser. Il souhaite, sans doute, en finir avec cette nostalgie poisseuse qui ne lui appartient pas et qui l'envahit quand même. Quinze jours après la mort de son père, Isaac dicte ses nouvelles consignes :

Mon cher Victor,
Je viens vous prier de noter les instructions suivantes au sujet des dépenses faites à Constantinople (…)
1) Transfert de ce compte en mon nom à partir du 1er janvier.
2) Suppression de tous envois de comestibles sauf demande spéciale.
3) Suppression de toutes réparations au yali *sans me consulter au préalable sans envois de devis.*

4) Suppression de tous frais pour le jardin excédant 1 livre par mois. (…)

5) Suppression à partir du 1ᵉʳ janvier de la moitié de la pension mensuelle de Sultana laquelle sera réduite à 80 piastres seulement tout au plus à 1 livre.

6) Suppression de tous frais pour la serre tels que bois, charbon et autres.

Finis les envois de boutargue, de *lakierda*, de *loukorino*, il n'y aura plus de barils de fromage blanc, de *cashcaval* sec, plus de *bamia* séchés. Isaac a raison. Le goût, l'odeur… N'est-ce pas l'essence même du souvenir, les latitudes où se nichent les empreintes de la lointaine enfance. Déterminé à se détourner de cette mémoire, le jeune banquier sait qu'il faut s'abstenir d'en activer les traces irradiantes, source d'énergie maléfique.

D'ailleurs Victor et les autres ne profitent-ils pas de ces colis pour facturer des sommes aberrantes ?

Et le *yali*, cette demeure princière qui flotte sur les eaux du Bosphore comme vogue un palais vénitien. Adolescent, Isaac a certainement été ravi par la lumière de la mer envahissant la demeure. Pendant de languides villégiatures qui s'étiraient jusqu'à mi-novembre, il s'est certainement perdu en méditations abstraites et agitées à contempler les vagues jouer de leurs reflets sur les plafonds et les murs. *Bosphorescence* sera le titre d'une des compositions musicales d'Isaac et la seule circonstance où il se laissera aller à une évocation publique des rives qui l'ont vu naître.

Mais voilà, l'entretien de cette demeure coûte cher. Cher ! Que signifie donc ce vocable lorsqu'il est prononcé par un Camondo qui simultanément n'hésite pas à dépenser des fortunes pour posséder un tableau ou une pendule ? Ces frais sont pesants parce que jugés inutiles. Il y a longtemps que le Bosphore ne figure plus sur la carte des stations balnéaires fréquentées par Isaac et Moïse. En leur absence, c'est le gotha de la finance à Constantinople qui se dispute le privilège de louer la résidence pour l'été. La Fuente, directeur adjoint de la Banque impériale ottomane, est sur les rangs en cette année 1892 où il a devancé Agop pacha, ministre des Finances[18]. Ainsi le *yali* de Yeniköy revit, s'anime, scintille de réceptions chaque année, le temps d'une saison. Un tel palais reste un gouffre financier. A commencer justement par la serre qu'il faut sans cesse réparer. Les demandes de restauration émanent du jardinier. Il y cultive les fleurs qu'il vend en gros. Ses appointements font l'objet d'âpres tractations, sans aucune commune mesure avec l'insignifiance des sommes dont il est question. Isaac est pris d'une fièvre d'économies à l'endroit d'Istanbul, qui ne témoigne pas seulement d'un désir de reprendre en main les affaires. Istanbul lui pèse.

Pour l'instant, en 1892, Isaac est encore tiraillé par des sentiments contradictoires à l'égard de cette ville et de ce qu'il peut y faire. Certes, il harcèle ses directeurs à Galata pour obtenir des informations détaillées sur la place financière, mais ne met guère à profit les données qu'on lui communique. Il ne prend aucune nouvelle initiative, s'abstient de participer aux syndicats qui se constituent pour émettre ou convertir la monnaie. Il est ravi qu'Irène de Camondo, la jeune épouse de Moïse, reçoive la décoration de grand officier en 1892 de la part du sultan Abdül-Hamid mais il refuse de jouer le jeu et de procéder à la distribution rituelle des cadeaux. Victor, lui, ne lâche pas. De missives en lettres, il insiste sur tous les tons pour qu'Isaac consente à prêter 500 livres turques sans intérêts à Hadji Ali pacha. C'est à lui que l'on doit la décoration d'Irène. Isaac se raidit, refuse ces coutumes qui datent, selon lui, des temps où son grand-père était *sarraf.* Il répugne à ces pratiques archaïques de "juif de cour", indignes de la banque moderne et dont il croit pouvoir se passer. Les effets de sa forte ambivalence ne tardent pas à se faire sentir : fidèle à son tempérament, Victor est le premier à s'alarmer, à protester, à menacer.

Constantinople, le 20 janvier 1892

(…) Je suis d'avis, si jamais vous deviez venir à Constantinople, que vous vous décidiez à le faire maintenant ; de cette façon vous aurez l'occasion d'étudier la place (…) et de donner, si possible, un peu d'extension à nos affaires car pour ma part, je vous avoue que je meurs d'impatience et que je finirai par me démoraliser. Je veux travailler, j'ai des dispositions mais je me trouve attaché au rivage. En attendant le temps passe et la vie et l'âge avec.

Votre tout dévoué serviteur
Victor Mizrahi[19]

Découragés, les directeurs sont de plus en plus circonspects à Galata, leurs lettres se font concises, dépourvues d'états d'âme mais aussi d' informations. Isaac est furieux.

Chers messieurs,

(…) Je ne suis tenu au courant de rien et malgré toutes les recommandations que je vous ai faites, je n'ai pu, jusqu'ici, obtenir de vous d'être renseigné et mis au courant de tout ce qui se passe. Je constate ce fait avec beaucoup de regret, je ne vous le cache pas.

Je désire, je vous le répète encore, que vous m'écriviez une fois par semaine tout ce qui se passe et si vous n'êtes pas tous trois d'accord sur le fond de votre rapport transmettez-nous individuellement et périodiquement vos impressions. Cela vaudra mieux encore que de ne rien savoir du tout, ce qui est le cas en ce moment.

Recevez, messieurs, mes meilleures salutations

et il ajoute de sa propre calligraphie rageuse :

En résumé, ou écrivez-moi collectivement ou chacun séparément. La correspondance avec nous se résume à enregistrer les notes de comptabilité. Il n'y a que M. Victor qui, de temps en temps, met un mot dans les lettres. (…) Cela ne me suffit pas. Il y a matière à écrire non seulement en ce qui concerne nos intérêts engagés sur votre place mais encore sur ce qui s'y passe. Ainsi il y a en cours des négociations avec le gouvernement au sujet de la dette ottomane. Nous sommes à les connaître par les étrangers et nous avons un gros déplaisir[20] (…)

La réplique s'organise comme une charge de cavalerie. Aux audaces de Victor s'adjoint cette fois la signature de Léon Piperno, administrateur des immeubles Camondo sur les terres ottomanes. Les directeurs de la Banque I. Camondo à Galata n'attendaient que cette occasion pour dire leur fait :

(…) Il faut que de part et d'autre nous apportions dans la discussion la plus grande franchise et que pour un moment vous oubliiez que vous êtes notre chef et que nous sommes vos employés, que vous ne teniez compte que de l'intérêt souverain des deux maisons absolument associées. (…)

Vous vous plaignez de la forme restreinte de nos lettres qui se bornent à des notes de comptabilité. (…) Vous dites qu'on ne vous croirait plus outillé pour connaître ce qui se passe à Constantinople. Nous ne partageons pas votre avis. A notre sens, il n'y a pas en Europe une maison ayant une filiale en Orient qui ait été renseignée depuis deux ans sur les choses de notre pays plus que vous ne l'avez été.

*(...) Prenons pour le moment un fait isolé (...) : celui des pourpar-
lers avec le gouvernement en vue de nouvelles combinaisons sur la dette
ottomane. Nous vous écrivîmes le 16 janvier 1892 une longue lettre
vous donnant les détails les plus complets, les plus précis, puisés à la
meilleure source, sur les combinaisons projetées alors et qui servent
encore de base, avec des variantes, à toutes les combinaisons projetées
aujourd'hui. Nous vous prions de chercher dans vos archives (...) et de
nous dire ce que vous nous avez répondu : ce n'est qu'un simple accusé
de réception. (...)*

*Prenons un autre exemple, la Régie ottomane. Alors que les
actions voguaient aux environs de 270 francs, nous sommes les
premiers à vous signaler la formation d'un syndicat et l'augmenta-
tion des recettes. Arrivées aux environs de 320 francs, nous vous
informons, avant tous les autres, de la formation d'un nouveau
syndicat. (...)*

*Non seulement nous vous avons parlé de toutes les concessions de
mines de gaz, de quais, etc. en Orient, mais même, sur plus d'une
affaire qui surgissait à Saint-Pétersbourg ou à Berlin.*

*Comme la plupart du temps, vous passez nos lettres sous
silence, nous avons fini par craindre que toutes ces longues missives
n'aient pas de valeur pour vous. (...) Certainement en dehors de
toutes les affaires dont nous vous parlons plus haut, nous avons
eu connaissance de plus d'une autre que nous n'avons pas osé
vous signaler parce que nous avons toujours craint de vous
importuner.*

*(...) Il ne faut pas oublier (...) que personne n'a le devoir de venir
se mettre à notre disposition. Les renseignements s'obtiennent par des
attaches, par des relations. (...) Or, toutes les dispositions que vous
nous avez obligés à prendre dans ces derniers temps tendent à nous
isoler et à nous isoler complètement. Plusieurs mois d'avance, vous
avez prévu le cas où nous pourrions dépenser quelques sous au
Baïram et vous nous avez recommandé de couper les câbles. Des amis
puissants et qui nous affectionnaient d'une amitié solide (...) n'ont
pu obtenir de nous le moindre service[21] (...)*

Victor invite ses supérieurs à la cohérence. Il sent que lui
font face des héritiers qui ne savent plus très bien ce qu'ils
entendent devenir, des prétendus entrepreneurs dépourvus de
ligne de conduite claire et qui ignorent tout de l'art d'affecter
des responsabilités aux membres d'un personnel, si dévoué
et capable soit-il. Léon Piperno, personnage d'une discrétion

exquise et qui gère les immeubles Camondo, est lui aussi exas-
péré de voir les cousins dépêcher à Constantinople Giuseppe
Molho, un collaborateur parisien, pour procéder à la vente
d'un de leurs *han*. Il l'écrit à Léonce Tedeschi :

*Je sais déjà que tous les immeubles sont à vendre ! Mais en trouvant le
prix avantageux. (…) J'ai donné à Giuseppe tous les détails, vente et frais.
Il s'est adressé à des courtiers en les prévenant de s'adresser à lui directement
sans me souffler mot, et dans le cas de conclusion de l'affaire, elle serait réglée
par dépêche entre lui et Paris. Je possède ces détails des courtiers mêmes.*

*Je souhaite bonne chance à Giuseppe et à ses mandants, mais cela
n'empêche que c'est assez humiliant pour moi. Je ne vois dans cela qu'un
manque de confiance à mon égard comme si je m'opposais aux ventes.
(…) L'année dernière (…) Giuseppe (…) avait, à tort et à travers,
cherché des courtiers et (…) le bruit avait couru que vous vendiez tous
les immeubles, et des personnes aussi stupides que méchantes avaient fait
circuler le bruit que cette vente était faite par suite de gêne financière.
Tous ces courtiers croyaient trouver du* kielepir* *chez nous et voilà l'af-
fluence. (…) J'ai du ficher tout ce monde à la porte. Cette comédie est en
train de se reproduire cette fois-ci encore*[22].

Avant même qu'Isaac achève de prendre conscience de son
propre désir de désengagement, Victor a tiré les conséquences
de la situation. Il a pressenti que les chefs de la maison Camondo
se détournaient de Constantinople. Il essaie, modeste petit clerc
de Galata, d'en saisir les raisons, hasarde des interprétations et se
perd en conjectures. Impuissant à ébranler Isaac, il adresse au
comte Moïse une requête où vacille encore une envie d'espérer.

*(…) Nous sommes en ce moment à recueillir, et à faire rentrer tous nos
placements, j'aperçois le moment où toute activité cessera, car soit excès
de méfiance de votre part, soit une autre considération qui a sa source
chez nous, nous tendons vers l'immobilité la plus absolue ; d'un autre côté
– et je tiens le premier à le reconnaître – votre personnel ici ne répond pas
suffisamment au travail actif d'un grand établissement. (…)*

Et de faire une peinture plutôt alarmante du personnel de
la banque à Galata.

*(…) Vous me répondrez peut-être que je suis moi-même à vous faire
un tableau qui justifie votre résolution à laisser les choses en l'état à*

* Marchandise dévalorisée, soldée, occasion.

Constantinople. Je me permettrai de vous faire remarquer que la surface de ce tableau peut disparaître par un coup d'éponge et tout dépend de votre volonté. Ce qui m'inquiète surtout, c'est que d'un côté, votre personnel est trop vieux et de l'autre, trop jeune. C'est comme un fruit provenant d'un arbre très beau et très vigoureux mais attaqué par une gélivure prématurée, fruit pourri d'un côté et trop vert de l'autre.

Je ne désespère pas parce que l'arbre est vigoureux[23].

Le rusé Victor piétine et s'étiole. D'autant plus qu'après la débâcle financière de 1891 et après de nombreuses faillites, la place de Constantinople connaît une embellie. Les valeurs turques sont en hausse, le gouvernement négocie une importante conversion, un syndicat de banquiers va sans doute se constituer. *"Depuis quelque temps, la fermeté de toutes les valeurs ottomanes dénote une confiance plus accentuée dans la gestion des finances[24]."* Imperturbable, Isaac continue de prôner statu quo et immobilisme tout en concédant que *"la situation financière de la Turquie s'est sensiblement améliorée ces dernières années, et qu'elle s'améliorera encore[25]"*. Contraint de s'expliquer face aux assauts de Victor, Isaac cède vers la fin de cette année 1892, et confesse :

(…) Pour ce qui est de l'affaire d'assurances que vous me proposez, je ne vous cacherai pas que j'ai une certaine répugnance instinctive en quelque sorte à entrer dans toute affaire nouvelle.

De même que je préférerai toujours acheter un immeuble tout construit que de m'en rapporter à un devis d'architecte, de même je préfère m'intéresser à l'affaire lorsqu'elle a fait ses preuves seulement.

Je puis alors l'étudier à fond, la mûrir et ne me décider qu'à bon escient.

Dans le fond, je ne tiens pas à augmenter ma fortune, je me contente de conserver, si je puis, celle que j'ai, et c'est ce qui fait que je n'aime pas à risquer.

L'engagement qui existe sur les tombacs s'est également produit sur les tramways, les tabacs, la Société générale et sur tant d'autres valeurs que j'ai oublié et vous voyez ce qu'il en est aujourd'hui.

J'attendrai donc que la société d'assurances fasse ses preuves et si à un moment donné je désire m'y intéresser je le ferai[26]. (…)

Ne pas souhaiter augmenter sa fortune, ne prendre aucun risque. Etranges propos pour un banquier ! Justement, il n'y a plus de banquier. Isaac est en pleine mue. Il est en train de troquer sa peau de financier contre celle de l'artiste et du collectionneur. Ses difficultés à asseoir son autorité à Istanbul ne peuvent que le pousser en ce sens. Tout en clamant un dévouement irréprochable, ses directeurs n'en font qu'à leur tête. Ils ne tiennent guère compte des consignes qui, de Paris, leur arrivent de plus en plus restrictives. Isaac étouffe de rage, il tempête, il menace. A la lettre qu'il vient de dicter, il rajoute de sa main pour cacher l'impudeur de sa colère à son secrétaire :

Nous vous avons dit, redit les dangers du papier à une signature. C'est simplement absurde, pour gagner une bribe, de risquer une grosse somme.

(…) Nous avons été désagréablement surpris de la légèreté avec laquelle vous prenez des risques sans même l'excuse d'un bénéfice éventuel à peu près rémunérateur. C'est décourageant et ce n'est pas votre façon de répondre qui modifiera notre sentiment ; tout au contraire vous croyez que des phrases ramènent la confiance. Non, votre gestion est par trop aventureuse pour notre goût et nos caractères. Ceci est dit très sérieusement. Nous serons amenés à transformer nos dispositions pour Constantinople si nous n'arrivons pas à obtenir un état d'esprit que nous n'avons plus[27].

Peine perdue, tout est à recommencer quelques mois plus tard.

Vraiment on dirait que la gestion de la maison à Constantinople est faite dans le but de nous créer des soucis. Voyons, entre nous, trouvez-vous que je n'ai pas assez de tourments sans qu'il m'en soit procuré de nouveaux.

Je ne veux pas avoir pour votre compte plus de 9 000 francs d'engagements, d'acceptations et vous en êtes à 1 100 000 malgré ma défense réitérée[28].

(…) Dans quel but et pourquoi ne suivez-vous pas nos instructions ? (…) De quel droit disposez-vous de notre capital sans notre consentement ? (…) Je ne crois pas qu'il y ait, dans aucune maison de banque, une situation semblable où les gérants outrepassent les instructions et ne tiennent aucun compte de leur chef.

Prenez toutes les mesures énergiques (…) revenez à 9 000 francs, nous l'exigeons à tout prix. Si cela n'a pas lieu et prochainement, nous allons envoyer à Constantinople un de nos fondés de pouvoir (…) avec des instructions et pouvoirs nécessaires pour arriver à notre fin[29].

*

Un autre domaine contribue à nourrir ce sentiment d'impuissance qui atteint Isaac à l'endroit de sa ville natale : celui de l'immobilier ou de "la succession" comme l'évoque pudiquement la correspondance. Ce patrimoine fait l'objet de plusieurs procès dont les origines se perdent dans la nuit des générations, et dont les dossiers achèvent de se fossiliser sous des sédiments de paperasse bureaucratique. Comme des feux follets maléfiques, ils exhalent périodiquement des bouffées persécutrices qui s'envolent jusqu'à Paris et blessent Isaac.

(...) Depuis que nos parents ne sont plus, nous voyons que l'on exhume plusieurs affaires que nous ne connaissons qu'imparfaitement et nous sommes surpris des réclamations de cette nature visant principalement ceux qui ne sont plus là pour répondre[30].

La jalousie qui avait jadis persécuté Abraham et Nissim à Constantinople sévit encore. Elle escompte qu'ayant grandi à Paris, les comtes Moïse et Isaac soient dépourvus de ce mystérieux savoir-faire dont il faut être doté pour mener à bien toute démarche dans la capitale ottomane. Sans doute a-t-on l'intuition qu'Abraham n'a pas réussi à transmettre le fil d'Ariane qui lui servait à s'orienter dans le dédale administratif turc. Et on n'a pas tort. Isaac s'égare dans les méandres de ces procès épiques qui l'offensent, qui n'en finissent pas de rebondir d'épisodes victorieux en appels interjetés, et de père en fils. Aucune prescription ne semble devoir y mettre un terme. Leurs adversaires n'ont pas tort de suspecter une faille dans le dispositif Camondo à Istanbul et souhaitent mettre cette intuition à profit. Ainsi font les Baltazzi qui harcèlent de leurs procédures la famille Camondo et relancent leurs poursuites à chaque décennie.

(...) Nous avons depuis des années et des années soutenu un procès intenté par Pierre et Paul pour le seul motif que nous avons eu jadis la malchance de prêter notre argent au premier et de vendre au second une partie du gage qui nous a été attribué en paiement de notre créance.

Chacune des juridictions par lesquelles nous avons dû passer nous a donné gain de cause mais, comme par un fait exprès, nous étions constamment appelés à comparaître devant elles et par suite les frais allaient bon train.

Gagnant en première instance et en appel, nous espérions en avoir fini. Pas du tout. L'affaire réapparaît il y a deux ans en première instance ! Nous gagnons de nouveau, non sans de nouveaux débours, mais M. Théodore Baltazzi (frère d'Aristide) *interjette appel et nous sommes, à cet égard dans l'alternative de savoir :*

– s'il continuera son action en appel ;

– si, ne l'ayant pas fait jusqu'ici, faute de moyens, il pourra encore le faire lorsqu'il en aura trouvé, ou

– si au bout d'un certain temps il y aura eu prescription ;

– si oui ou non nous sommes débarrassés de l'affaire.

Voilà le premier acte.

Le deuxième acte se présente, hélas, sous les mêmes auspices que le premier.

Nous voilà en effet maintenant poursuivant un nouveau procès par-devant le tribunal ottoman entre M. Baltazzi et Mme Naoum, et cela simplement parce que nous avons vendu, il y a un quart de siècle, une propriété à la mère de cette dernière.

C'est la répétition du premier procès avec la seule différence que les personnages ont changé. Mais nous sommes, comme la première fois, derrière le rideau, faisant fonction de payeurs.

C'est là une bien triste perspective, d'autant plus triste qu'il nous est impossible de savoir, qu'il vous est impossible de nous le dire et que nous ne pouvons demander qu'à Mizzi[31] *quand cela va finir.*

Jusqu'ici, ça a été des milliers de livres que nous avons eu à débourser. Maintenant ça recommence. Mais nous en avons assez et nous ne tenons nullement à être les dupes des Théodore, des Evangelos, des Smaragda et des Naoum.

Mizzi, depuis le temps que cela dure, doit avoir les moyens par ses différentes victoires de couper court à toute nouvelle réclamation d'où qu'elle nous provienne[32]*.*

Tout devrait rapprocher les Baltazzi et les Camondo. Issu d'une famille de *sarraf* grecs orthodoxes, Aristide Baltazzi préside le conseil d'administration de la Société générale de l'Empire ottoman où siégeait également Abraham Camondo avant de s'exiler à Paris, en 1869. Après avoir fait fortune en affermant les impôts des six *vilayet* des Balkans, et plus tard le péage du pont de Galata, les Baltazzi quittent Constantinople, tout comme les Camondo… mais pas pour Paris. A Istanbul, après la guerre de Crimée, la protection du baron Prokesh-Osten, internonce d'Autriche, avait contribué à leur prospérité.

Ils iront donc s'installer à Vienne sous de si bons auspices qu'ils s'y feront aussitôt une situation exceptionnelle. "M. Aristide Baltazzi fait courir (...) et le cheval on ne l'ignore pas est un animal aristocratique qui anoblit[33]", disent d'eux les mauvaises langues qui classent le mariage de la comtesse Stockau avec Aristide parmi les mésalliances notoires. Pourtant, tout porte à croire que le grand monde adopte rapidement cette famille issue du Phanar. Ils sont admis à la cour, et cela ne leur portera pas bonheur. Marie Vetsera est une de leurs descendantes[34], elle est aussi l'héroïne de ce drame qui frappera l'imagination de l'opinion européenne fin de siècle ; la tragédie de Mayerling.

La similitude entre les destins Camondo et Baltazzi, – deux dynasties enracinées sur le même terreau et qui se déploient en brillantes trajectoires symétriques, des deux côtés du Rhin –, cette ressemblance et les rivalités qu'elle engendre n'expliquent pas tout. La question de la "succession" alimente l'obstination procédurière qui harcèle les intérêts d'Isaac à Istanbul. Elle creuse la fêlure et réactualise périodiquement le drame Alfassa, elle réactive la rage froide qui habite le comte à l'égard de ce beau-frère dont l'indélicatesse continue sans fin de les assassiner. Léon Alfassa a ébranlé l'honneur de la famille, englouti une partie de sa fortune et causé le désordre dans lequel a fait naufrage la raison de Clarisse. Sa pauvre sœur est maintenant sous tutelle et son mari en droit de réclamer sa part de la succession d'Abraham. Aucune vente, aucune transaction immobilière ne peut se faire sans son consentement. Alfassa serait d'ailleurs plutôt consentant, mais pour Isaac, il est hors de question de permettre à ce beau-frère catastrophe de s'associer encore aux bénéfices Camondo. Et même s'il se résignait à partager, Isaac, qui n'adresse plus la parole à Alfassa, serait amené à négocier avec lui, à faire appel aux bons offices d'un médiateur, à veiller à ce que soit préservé le bien-être de sa sœur. Tout cela est infiniment douloureux, corrosif. La question "immeubles-succession" entrave la cicatrisation de la blessure. Elle fait plus. Elle coûte à Isaac son poste de consul général de l'Empire ottoman à Paris, fonction qu'il occupe, non sans fierté, depuis 1891.

Constantinople, le 8 juillet 1895

Mon cher comte,

Il se passe ici quelque chose dont je viens vous entretenir très confidentiellement. On a fait au sultan un rapport secret sur votre compte, pour lui apprendre que vos avocats à Ancône ont plaidé des horreurs sur le compte des Turcs, de la Turquie, de leurs lois, religion, et calife. On veut naturellement vous mettre mal avec Sa Majesté et l'on vise évidemment votre qualité de consul général de Turquie, fonction incompatible avec le langage de vos avocats et donc on voudrait vous faire destituer.

D'où part le coup, dans quel but on l'a monté, je n'ai pu rien savoir que le fait brutal du rapport. J'ai protesté en haut lieu, j'ai dit que vous n'étiez pas responsable des intempéries de langage de vos avocats ; mais quel effet le rapport fera-t-il sur Sa Majesté ?

Malheureusement le fait est vrai ; on a tapé donc sur les anciens temps, mais vous êtes innocent de ce fait et ne devriez pas en pâtir.

Je crains que le mieux serait de garder le silence le plus absolu et voir comment le sultan prendra la chose. Je tâcherai d'être informé, de vous tenir au courant ; mais je vous en supplie discrétion.

Mille amitiés de votre dévoué
Pedrelli[35]

Le sultan en question est Abdül-Hamid II, célèbre pour avoir instauré un régime policier inédit dans la capitale ottomane et pour avoir institutionnalisé, par ce système de "rapports", une surveillance drastique de la population. De bonnes âmes se sont dévouées pour dénoncer le verbe d'un avocat, Danielli, plaidant les démêlés de "la succession" qu'Isaac, en désespoir de cause, avait portés devant des magistrats italiens. Tenu pour responsable des propos proférés par son défenseur à la barre, il est destitué sur-le-champ de son poste de consul général de Turquie. Pour désagréable qu'il soit, l'événement ne constitue pas un traumatisme majeur dans son existence. Pourtant, il s'était acquitté de ces responsabilités avec un réel enthousiasme. Il avait désiré ce titre et effectué les démarches nécessaires pour l'obtenir. Cela n'avait pas été trop difficile car *"la candidature du comte (…) devait absolument réussir malgré les hautes protections des concurrents"*, affirmait Isaac Molho. Et il continuait : *"Je ne puis pas admettre que l'influence du nom ne puisse pas plus que les recommandations et même que l'argent, car en somme il s'agit* (de faire en sorte) *que le gouvernement soit dignement représenté*[36].*"*

146

Isaac de Camondo a représenté en effet dignement le gouvernement turc à Paris de juin1891 à juillet 1895. Surpris par ce très contrariant "rapport" de délation fait à son sujet, il se défend, le 18 juillet, auprès de l'ambassadeur ottoman à Paris :

L'affaire a été menée me dit-on par un parent à M. Elia de Castro, représentant de mon beau-frère avec qui j'étais en procès. Il s'est servi d'une plaidoirie faite par mon avocat en Italie (…), plaidoirie dont je n'avais pas pris connaissance et dans laquelle il a extrait des pensées de mon avocat qui doit être bien malheureux, j'en suis sûr, du mal qu'il m'a fait indirectement et involontairement[37].

Maintenant Isaac n'en doute plus. Ça ne finira jamais. La faillite Alfassa continuera sans cesse d'émettre son venin contre lequel il n'a que sa fatigue intime à opposer. Il la confie à Victor :

Mon cher Victor,
Merci pour votre lettre, j'en ai été touché. Voyez-vous dans ma vie j'ai déjà subi bien des coups dont je n'ai aucune responsabilité. En voici un nouveau. Ceux qui ont fait ça ont commis une mauvaise action. La plaidoirie de Danielli m'étant inconnue, je n'ai jamais eu connaissance que du résultat, le reste regardant mes avocats, chacun son métier. Or, Danielli a dit des appréciations en contradiction avec mon poste de consul. Les a-t-il dites d'après mes indications ? Non, D'après des notes à moi ? Non. Comment voulez-vous qu'avec un procès à Constantinople, un à Paris, un en Italie je puisse canaliser les pensées et les dire de mes avocats ; il y en avait un Turc et trois étrangers à Constantinople, et à Ancône trois, à Paris deux. Depuis quand est-on responsable du dire de ses avocats ? (…)
Depuis longtemps mon consulat était en butte à des attaques. Si j'avais su je ne l'aurais jamais occupé. Vous savez bien que les honneurs me touchent peu, que Dieu merci je vois la vie telle qu'elle est avec ses petitesses et que je la traverse n'ayant rien à reprocher à mes actes "fais ce que tu dois, advienne que pourra[38]".

Abraham a bien songé à protéger son fils et sa fille après le séisme Alfassa et à séparer nommément les parts de ses deux enfants. Il a exploré les artifices juridiques susceptibles de permettre, de son vivant, la séparation en deux parts de son héritage immobilier à Istanbul. Mais la mort l'a surpris sans qu'ait abouti la démarche que Piperno proposait à Isaac :

J'ai pris connaissance de la lettre que M. le comte Abraham a écrite à M. Agiman ; l'idée de vous délivrer un acte tel qu'il l'indique se passe de tout éloge, attendu que, sans cela, les héritiers directs du comte pourraient devant la loi vous contester les propriétés.

Dans son dernier voyage à Paris, M. Agiman a donné l'idée du tevsi-intikal* ce que vous avez mis en pratique de suite. Le tevsi-intikal ne fait qu'étendre les droits de succession du propriétaire lorsqu'il n'y a pas d'héritiers directs.

A mon avis voilà ce qu'il y a à faire dans le cas où <u>vous auriez un mariage en vue.</u> Abandonner l'idée du tevsi-intikal et avec les mêmes frais transférer en votre nom la demi-part qui vous revient. Si vous avez en <u>horreur</u> le mariage, dans ce cas contentez-vous de l'acte que M. le comte Abraham vous délivrerait.

(…) Le comte Abraham a beaucoup d'héritiers qui sont les fils de sa fille, et c'est contre ceux-ci qu'il faut prendre ces mesures et ce n'est pas par le tevsi-intikal que vous pourrez les prendre.

(…) Si le comte Abraham vous délivre un acte par lequel il sera dit que la demi-part indivise des immeubles A. B .C. (…) vous appartient et qu'elle reste en son nom à titre de prête-nom, cela peut à tout moment vous mettre en possession de vos droits.

(…) En perspective il vous reste donc deux choses : ou le mariage, ou la déclaration (du comte Abraham). J'espère que vous opterez pour le premier[39].

Isaac avait le mariage en horreur. C'était un trait connu de tous. Il avait traversé les frontières et fait le tour d'Istanbul. Le sujet préoccupait jusqu'aux gérants de la Banque Camondo qui se permettaient, avec une chaleureuse familiarité, d'orienter, d'indiquer à l'héritier à peine quadragénaire l'attitude convenable à adopter.

*

Pendant qu'il chipote sur le salaire du jardinier, qu'il se crispe sur des économies de bouts de chandelle à Galata, pendant qu'il s'épuise à endiguer des procès à répétition avec les

---

* Disposition légale qui étend la transmission de l'héritage à sept degrés de parenté.

Baltazzi, Isaac découvre, en ces années 1892-1894, l'impressionnisme. Il inaugure une nouvelle et somptueuse collection de peinture à Paris. Peu à peu, il apparaît que son aversion ne se limite pas au lointain Istanbul mais concerne aussi l'activité bancaire tout entière. Les deux cousins multiplient les lettres à leurs clients leur demandant de solder leur compte ou de le transférer dans d'autres maisons financières. Ils leur expliquent que leur entreprise se limite désormais à gérer la fortune familiale. Dans le même geste, Isaac prend les initiatives qui font de lui un collectionneur de premier rang sur la scène parisienne. Quelques années plus tard, les milieux de la création artistique reconnaîtront en lui un des plus importants mécènes de la fin du siècle.

La philanthropie communautaire ne s'inscrit pas dans le déroulement d'un tel destin résolument individualiste. Le futur mécène n'est nullement tenté de poursuivre la mission éducative. Depuis la mort d'Abraham, sa famille a cessé de financer son école de Hasköy. Mais leur maison, sise rue Camondo, est louée à l'Alliance israélite universelle qui y a installé l'école de garçons de Galata. Or, le comité régional de l'Alliance a des difficultés à faire face aux dépenses comme en témoigne la lettre d'Isaac Fernandez :

Comme tu le sais, mon cher Isaac, nous avons en location ta maison de Galata, pour l'école de garçons de l'Alliance. Nous payions jusqu'à présent 200 livres de loyer, mais les affaires ici vont si mal, la misère est si grande, que nos recettes ont baissé de moitié. (…) C'est pourquoi je viens te prier de mettre le loyer à 150 livres. Cette école a été créée par vos parents et mon père : c'est donc à nous de continuer leur œuvre si éminemment utile et c'est pourquoi j'ose t'adresser cette prière avec le ferme espoir que tu feras bon accueil à ma demande. Merci d'avance[40].

La réponse d'Isaac à son homonyme est sans ambiguïté :

Je suis désolé de ne pouvoir accéder à votre désir. Je vous en ai déjà écrit les motifs. Ma location faite à l'école n'était pas un acte de bienfaisance mais acte commercial et ne doit pas, par un ricochet, dénaturer le point de départ[41].

On ne peut être plus explicite. Rideau sur la philanthropie communautaire !

Volontairement, Isaac quitte la route qui était toute tracée pour lui. En abandonnant la banque, en refusant le mariage, il cesse d'être un maillon du destin familial. Continuer à faire prospérer la fortune léguée par Abraham-Salomon et la transmettre n'est pas le but de son existence. Assurer la pérennité du nom ? Sans doute, mais pas à la manière bourgeoise et en générant une descendance multiple, mâle de préférence. Et puis, la haute société "israélite" n'est pas le milieu de référence du jeune comte. Hors du tissu juif, à l'extérieur de la communauté des banquiers, Isaac se choisit et se dessine une trajectoire individuelle, loin des groupes constitués. Dans la langue de la tradition juive, cela signifie comme le rappelle Hannah Arendt, que désormais "ni le ciel ni la terre ne constituent plus une protection contre le meurtre, et que l'on peut être chassé des rues et des places que l'on arpentait librement autrefois"[42]. Au sens d'Arendt, Isaac est devenu "un paria".

*

1894 est l'année de la fermeture de la Banque I. de Camondo à Constantinople. Cette décision est irrévocable. Léon Piperno est le premier à être prévenu :

> (…) La maison telle qu'elle est constituée à Constantinople est ruineuse, sa gestion est telle que nous renonçons à entreprendre une affaire quelconque et que par suite nous aurons à la modifier en réduisant les frais. Gardez ceci pour vous. Je vous entretiendrai en temps et lieu[43].

Cette annonce n'ayant entraîné aucun cataclysme, Isaac revient à la charge un mois plus tard, le 8 août.

> Mon cher Piperno,
> Le passé dans la gestion de notre agence à Constantinople, aussi bien par le malheureux emploi de nos capitaux que par l'incompatibilité de caractère entre certains de nos dirigeants, a rendu la liquidation inévitable en ce qui concerne le personnel. (…)
> Vous resterez vous avec vos employés à l'administration des immeubles en ajoutant à votre personnel Namer. Vous serez donc le lien qui unira la maison ici avec celle de Constantinople.
> Il n'y aura plus de raison sociale par procuration à Constantinople mais vous aurez une procuration spéciale pour ce qui regarde votre nouveau mandat.
> Je transfère toutes mes affaires de banque proprement dites et celles des clients qui voudront me suivre à la Banque de change et de valeurs.

Je me suis entendu avec Eugénides qui me prendra en compensation deux de mes employés avec appointements existants : MM. Is. Molho et Medina.

Je désire que le 1ᵉʳ octobre, la fusion de mes intérêts ait eu lieu avec ceux de la Banque des changes et des valeurs.

Voilà officialisé un désengagement qui, jusque-là, n'avait fait que planer en menace chronique et confuse, inarticulée. Commencent les grandes manœuvres pour recaser le personnel de la banque et pour négocier les montants des pensions et indemnités diverses. Suivent les lettres aux clients pour le transfert de leur compte dans d'autres banques. Isaac prend soin de déguiser sa décision et de la présenter comme une conséquence de la mauvaise ambiance qui règne dans les bureaux de Galata.

Les incompatibilités d'humeur entre Molho, Victor et les autres ont bon dos. Elles furent certes exaspérantes, déroutantes. Elles ont sûrement contribué à rendre Istanbul opaque et comme prisonnier d'une alchimie impénétrable. Mais ces chamailleries ne sont pas à l'origine de la démarche par laquelle les deux cousins donnent congé à leur état de banquier.

Une fois n'est pas coutume, Isaac exprime sa décision sans ambiguïté :

Mes chers amis,

(...) nous voulons, mon cousin et moi, liquider tout ce qui est opérations de banque proprement dites (dépôts, acceptations, escomptes), rester probablement avec la firme, mais dans le seul but de gérer conjointement notre fortune.

La Banque de Paris et des Pays-Bas qui est un établissement ami a pris la suite de plusieurs de nos affaires[44] *(...)*

(...) la maison ne liquide pas mais se transforme (...) elle fait à Constantinople ce qu'elle fait à Paris (...) elle se désintéresse de l'affaire Banque proprement dite, se réservant une gérance de ses biens ici comme là-bas, plus conservant dans les deux endroits des attaches représentatives lui permettant de conclure, de prendre des affaires[45].

Il est parfois délicat de liquider les comptes d'amis banquiers. Isaac prend des pincettes et informe Galata :

Je vous ai télégraphié d'envoyer la lettre que vous avez envoyée à tous les correspondants, à Rothschild. J'ajouterai moi, après, un mot explicatif au baron Edmond.

(...) Quant à Allatini* et à Halfon**, il est difficile de leur faire demander leur compte. Préparez-les et envoyez-les quand même. Comme ils sont avertis de nos intentions, l'expédition du compte sera naturelle[46].

La Banque de change et de valeurs à Constantinople, la Banque de Paris et des Pays-Bas à Paris, deux maisons dans lesquelles les Camondo possèdent d'importantes participations, prennent ainsi le relais de "l'activité bancaire proprement dite".

Mais qui prendra le relais pour permettre au personnel, aux directeurs de la maison Camondo de poursuivre leur carrière à Istanbul ? Pour régler cette épineuse question, Isaac et Moïse dépêchent à Galata Léonce Tedeschi, leur fidèle secrétaire. Il est mandaté pour négocier et conclure divers contrats d'indemnisations et de pensions. Il a carte blanche pour monter toutes espèces de combinaisons et convaincre Isaac Molho et Medina de se laisser recaser dans des institutions "amies" de la capitale ottomane[47]. Tedeschi n'a pas usurpé sa réputation d'homme de confiance. Il s'est engagé dans la maison Camondo comme on épouse une cause. Dans le cas présent, il s'agit là d'une tâche franchement ingrate. Elle est d'autant plus épineuse que parmi ceux qu'il lui faudra convaincre, se trouvent des membres de sa famille, dont Victor qu'il déteste, mais qui n'en reste pas moins son beau-frère. Plein d'appréhension, accablé par la chaleur du mois d'août, il quitte Paris avec femme et enfant. Son collègue Chavanne l'encourage. Il le soutient de son mieux par ses lettres quotidiennes qu'il rédige au frais, depuis son bureau de la rue Lafayette.

(...) Du courage ! mon cher Léonce pour mener à bien la lourde tâche que vous avez assumée à contrecœur. Dites-vous bien que ce n'est pas vous qui êtes le deus ex machina *mais que vous ne faites que vous conformer aux ordres supérieurs de nos chefs qui ont des raisons d'agir ainsi, sans que nous nous en doutions[48].*

(...) J'espère que vous êtes en bonne santé et que vous arriverez à conduire votre barque au port sans rencontrer trop de grosses vagues houleuses sur votre chemin[49].

Personne ne semble vraiment comprendre les mobiles des comtes Camondo. Seul leur ancien fondé de pouvoir Agiman

---

* Banquier à Salonique.
** Banquier à Bucarest.

semble trouver ce dénouement naturel. *"Ces messieurs ont pris, en ce qui concerne la liquidation, une décision que je reconnais être absolument fondée car il était impossible de continuer un état de choses aussi désastreux ; il faut tenir compte cependant que cette maison existe depuis 120 ans, que l'on a mis 120 années pour l'édifier*[50] *!"* Mais si ce désastre était lié à Constantinople, pourquoi les deux cousins se retiraient-ils de l'ensemble de leurs activités bancaires ? Et tandis que chez les directeurs en fonction domine la stupeur, l'incompréhension se mâtine, chez Tedeschi et Chavanne, d'une confiance aveugle qui écarte les doutes.

Tedeschi ne trouvera pas Victor à Istanbul. L'oiseau s'est envolé. Sachant qu'on n'est jamais mieux servi que par soi-même, ignorant les intermédiaires, impatient de se mesurer aux strates supérieures de la hiérarchie, le scribe fiévreux s'est abstenu d'attendre sur place le lot de mauvaises nouvelles porté par un messager de mauvais augure. Il a filé vers Paris. On connaît son goût pour les explications "les yeux dans les yeux". De l'aveu même d'Isaac *"il est impossible de correspondre avec Victor ; dites-lui donc de venir à Paris*[51]*"*. Et Victor ne se trompe pas de stratégie. Il tire admirablement son épingle du jeu et transforme la menace d'une débâcle personnelle en avenir prometteur. Il obtient que lui soit alloué, dès le mois de novembre 1894, un joli traitement annuel de 12 000 francs, à charge pour lui de s'occuper de la briqueterie et de fournir les renseignements concernant l'Orient. Mais il obtient bien plus encore. Les deux comtes consentent à ce qu'il fonde une maison de banque à Constantinople : *"(...) aussi n'étant plus entravé, se met-il vivement à la besogne ; il veut avoir un capital de 300 000 francs en parts de 12 500 francs ; il a déjà l'espérance d'avoir dans sa combinaison Rosenheim, Bloch de la Banque transatlantique, Salomon Halfon, idem Banque ; il a demandé aussi à Sassoon, gendre de Gustave de Rothschild (ce dernier lui a envoyé, a-t-il dit, 6 faisans qu'il a faits cadeau au comte Moïse) à Villars, à la Banque de Paris et des Pays-Bas. Enfin il espère réussir dans ses démarches ; quant à ici, je crois qu'ils ne prendront rien dans ces parts. Il compte, si possible, partir demain ou alors au plus tard dimanche ; c'est un vrai type*[52]*."*

Décidément, Constantinople ressemble très peu à une place financière en déclin, et les comtes de Camondo n'ont rien de ces rongeurs qui auraient flairé le naufrage. D'ailleurs il n'y a pas de naufrage mais deux cousins fortunés qui ont mieux à faire dans la vie que de s'occuper de banque :

(...) Le comte Isaac (...) et le comte Moïse prennent ce matin le train à 9 heures pour aller chasser à La Muette près de Maisons-Laffitte où une voiture les attendra pour les mener chez M. Albert Dehaynin. (...) Le comte Isaac n'a même pas voulu que je lui parle de ta lettre, disant qu'il tenait à être libre d'esprit et de corps et qu'il aurait bien le temps demain de se refourrer dans ces affaires rasantes et irritantes de Constantinople[53].

VII

ISAAC

C'est pourquoi dans le monde juif, l'aspiration à la richesse s'épuise presque toujours après deux, tout au plus trois générations d'une même famille ; et les plus puissantes dynasties trouvent justement les fils peu enclins à reprendre les banques, les fabriques, les affaires prospères et douillettes de leurs pères. Si un Lord Rothschild est devenu ornithologiste, un Warburg historien de l'art, un Cassirer philosophe, un Sassoon poète, ce n'est pas un hasard. Ils ont tous obéi à la même tendance inconsciente à se libérer de ce qui a rétréci le judaïsme, de la froide quête de l'argent et peut-être même que par là s'exprime la secrète aspiration à échapper, par la suite dans le spirituel, à ce qui n'est que juif pour se fondre dans la commune humanité[1].

STEFAN ZWEIG

Une suite de renoncements ! Voilà le fil tragique qui conduit l'histoire des Camondo. Chaque génération abandonne un élément qui constitue l'identité originelle de la famille. Déjà Abraham-Béhor et Nissim s'étaient éloignés de l'Orient, mais s'étaient maintenus dans le judaïsme. Rue de Monceau, hormis les tapis persans et quelques précieux narghilés, il subsiste peu de traces de penchants orientaux. Cependant il existait dans ces demeures oratoires et somptueux objets de culte[2]. L'office du vendredi soir était accompli. Leur philanthropie s'adressait aux membres de la communauté juive mais exaltait l'universalisme. Leur bienfaisance éducative s'exerçait comme un engagement politique. La caste que leurs fils, Isaac et Moïse, se choisissent est tout autre : ces enfants de philanthropes se passionnent pour l'art et les artistes. La solidarité éducative est définitivement abandonnée au profit du mécénat. La banque aussi est délaissée. Par leur désintérêt pour les affaires, les jeunes comtes introduisent une rupture supplémentaire dans la tradition Camondo.

Isaac se choisit un destin individuel. Ignorant les recommandations testamentaires de son père Abraham-Béhor qui le supplie de "surtout se marier", il ne fonde pas de famille. Voilà un élément dont Stefan Zweig ne tient pas compte. Les dynasties dont il parle, celles qui ont du souffle, dans le sens où on a du souffle pour vivre et durer, sont celles où le renouvellement des générations est largement assuré. Si les Rothschild comptent des artistes, des scientifiques dans leur descendance, c'est qu'au moins un ou deux des leurs, dans une même fratrie, ont repris les affaires. Dès les débuts, cette fécondité généreuse manque à l'histoire des Camondo. Il a suffi de deux fils uniques que la banque ne passionnait pas pour que la place des Camondo dans la finance s'éclipse. Cette faiblesse de ce qui commande de durer, de se préserver, n'est pas le seul fait d'Isaac. Mais ses positions à l'égard du mariage contribuent à fragiliser la famille et à l'exposer aux tragédies de la première moitié du XXe siècle.

Mon cher Isaac, plus je pense plus je vois que j'ai eu tort de t'occasionner de l'ennui, je sais que maintenant tu dois être sérieux que tu es le plus vieux de ta famille et que tu ne dois pas te compromettre. C'est vrai encore une fois j'ai eu tort, ma tête folle ne m'a pas laissé voir que je faisais mal mais puisque je te dis que personne ne m'a reconnue et que je regrette bien fort tout ce qui arrive et te promets qu'à l'avenir tu ne me reprocheras rien, pardonne-moi encore pour cette fois, la dernière et je m'engage à te donner une preuve de ma sincérité. Tu sais si j'aime les bijoux, eh bien si tu le désires je les vendrai, je ne monterai plus à cheval et je tâcherai de faire des économies. Tu vois bien que si j'avais une aussi méchante nature que tu penses, je n'aurais pas d'aussi bonnes résolutions. (…)

(…) pardonne-moi en pensant aux bons moments que nous avons passés ensemble depuis cinq ans.

Mathilde Salle[3]

Isaac de Camondo (1851-1911).
(Musée Nissim-de-Camondo.)

Ces seules traces intimes d'Isaac nous permettent de faire le point sur sa vie sentimentale : s'il a bien le mariage en horreur, ce n'est pas certes par aversion de la gent féminine. Mais cela n'explique pas une telle prévention pour cette noble institution. Qu'il n'apprécie pas du tout les bons partis de la haute société juive qu'on lui propose est fort probable. Ces jeunes filles bien élevées aussi pâles et fades que leurs conversations, qui n'ont pas le droit de lire un roman ou d'aller au théâtre sans en référer à leurs parents, et ne peuvent sortir de chez elles sans chaperon, n'ont rien de séduisant. Il eût pourtant été facile de s'en accommoder : fonder une famille et entretenir quelques maîtresses sont des habitudes courantes dans le milieu auquel il appartient et compatibles avec une solide fortune...

Mais non ! décidément, Isaac ne veut pas entendre parler de mariage, encore moins d'une vie rangée. Jusqu'à présent, il veut profiter de l'existence, faire ce qui lui plaît. Mathilde Salle est une de celles qui lui convient pour peu qu'elle sache rester dis-crète. Mais cela ne semble pas être son fort... Cette jeune femme, pas tout à fait honorable, n'est pas de celles que l'on épouse. Elle est danseuse à l'Opéra où Degas, qui la trouve jolie, en fait souvent son modèle[4]. Elle est connue pour son esprit, ses vives reparties et son tempérament peu farouche. Isaac est son "fermier général[5]", il la couvre de diamants qu'elle exhibe à toute occasion.

Il est vrai qu'on le voit très fréquemment dans cette ruche géante qu'est l'Opéra de Garnier. Il en est l'un des fidèles abonnés. A ce titre, il jouit de l'accès privilégié au foyer, véritable salon où se côtoient hommes du monde, politiciens, artistes et journalistes. C'est sûrement là qu'il l'a rencontrée, et qu'il croise Degas, mais aussi Forain et Toulouse-Lautrec. Il y retrouve tous ses amis : Arthur Meyer, directeur du *Gaulois* accompagné d'Albert Nahmias son rédacteur financier, l'avoué Chéramy, wagnérien fervent et collectionneur d'impressionnisme, le comte Adhéaume de Chevigné[6], Ernest May[7], Gabriel Astruc et bien sûr Pedro Gailhard, le directeur de l'Opéra.

La missive de Mathilde Salle n'est pas datée, on peut cepen-dant la supposer des années 1890. A cette époque, Isaac habite encore dans le "Petit Hôtel" attenant à la grande demeure construite par son père en 1874 au 61, rue de Monceau. Mais qui est-il vraiment, cet opulent séducteur, ce dandy noctam-bule et prodigue ? Pas de lettres pour nous éclairer, si ce n'est une correspondance d'affaires, pas de témoignages person-nels non plus depuis son arrivée à Paris, à part les inquiétudes qu'Abraham et Nissim nourrissaient quant à ses études, sa santé fragile ou sa virginité !

Les bonnes fées se sont penchées sur son berceau : d'une physionomie agréable, de taille moyenne mais svelte et sportif, l'esprit fin et enjoué, curieux, extraverti, il est un très riche héritier auquel tous les caprices sont permis. Enfin, il est à Paris depuis l'âge de dix-sept ans et pourquoi résister à ses lumières ? Le voilà projeté dans le décor particulièrement luxueux que s'offre sa famille afin de s'ouvrir les portes de la haute société. Son père et son oncle y ont mis le prix : les deux hôtels particuliers de la rue de Monceau brillent d'une magnificence conformiste mais sans restriction. Il y dispose de ses appartements et mène sans aucun doute une joyeuse existence de célibataire. Suivant l'exemple des siens, il adopte avec brio les us et coutumes de la vie mondaine : les réceptions, les courses, les beaux attelages que l'on exhibe au Bois, ainsi que la chasse, indispensable occupation de la vie aristocratique. A partir de 1885, il loue à la princesse de Beauvau un domaine giboyeux à Sainte-Assise, en Seine-et-Marne – département à la mode – voisinant avec les domaines de Vaux-le-Vicomte, de Courances et de Ferrières[8].

Pendant les premières années qui suivent son installation à Paris, il explore, hume l'air du temps, papillonne dans tous les endroits en vogue, il apprend, observe et écoute. Paris est le centre du monde artistique et intellectuel, la capitale de la mode, des affaires. Paris donne le ton. Constamment en ébullition, cette ville est aussi un gigantesque chantier. Chahutée par Haussmann qui l'a trouée de part en part d'axes larges et somptueux, la Troisième République s'évertue maintenant à la reconstruire. On édifie à tour de bras, on bouche les trous, des monuments surgissent, Garnier achève l'Opéra qui est inauguré en grande pompe en 1875. La musique, la poésie, le drame lyrique et la danse sont désormais installés au cœur d'un quartier neuf qui s'ouvre sur ces nouveaux boulevards. D'immenses façades de banques s'y profilent, les magasins fastueusement éclairés ne ferment pas avant dix heures du soir. Quant aux cafés qui en ponctuent le cours, ils sont animés toute la nuit. Une foule élégante et enthousiaste, mêlée d'individus extravagants, s'y presse. On sort en bandes dans ces lieux de tous les plaisirs dans lesquels la cuisine est bonne, les vins sont généreux, le service zélé. Les discussions sont pétulantes, toute l'intelligentsia de l'époque y cause littérature, peinture, musique ou politique. Dans une ambiance de jubilation, on décide de l'avenir d'un talent, d'une pensée, d'une mode. Les mouvements d'idées y prennent naissance, s'agitent, émeuvent et passionnent. Chacun de ces établissements a ses habitués, Isaac, comme son oncle Nissim, a pris ses marques au *Café anglais* "où la fine fleur des gens de finance déjeune en attendant les cours de bourse apportés par des commis gantés de beurre-frais[9]". Boni de Castellane encense ce "lieu d'aristocratisme plutôt que d'aristocratie" où l'on rencontre "une société d'élite, des poètes, des hommes de lettres, des financiers, des étrangers, de grands seigneurs" et même "de temps en temps, une hétaïre de marque, couverte de splendides joyaux, accompagnée du vieil imbécile qui l'entretient[10]". Au rez-de-chaussée, des cloisons d'acajou séparent les tables et protègent les confidences, à l'étage, des cabinets particuliers revêtus de boiseries abritent des indiscrétions. Mais on peut aussi repérer Isaac à la *Maison dorée*, à l'angle de la rue Lafitte où l'on rencontre les plus jolies filles de Paris[11] ou encore chez Tortoni, lieu de réunion favori des journalistes et des critiques du Salon. Il fréquente également le restaurant Paillard très apprécié par les grands-ducs Wladimir et Alexis, par Pierpont Morgan, et par l'extravagant Milan de Serbie, un personnage avec lequel les Camondo sont en relations d'affaires.

L'animation ne se limite pas à certains quartiers. Tous les onze ans, par exemple, Paris est bouleversé par des expositions universelles. On voit surgir des palais, des pavillons, des édifices bizarres. Congrès, concours, banquets, attractions se succèdent et attirent une foule curieuse et bon enfant. On s'y émerveille sur la découverte de ces nouvelles énergies qui induisent des techniques performantes, des utilisations mécaniques qui révolutionnent l'art de vivre et transforme la façon de penser et d'agir. Tous les pays du monde exhibent leurs cultures, y compris des civilisations lointaines initiatrices d'esthétiques nouvelles – le Japon, exposé pour la première fois en 1867, fait fureur en 1878. A cela s'ajoute le Salon où s'exposent annuellement les œuvres des peintres et des sculpteurs sélectionnés par un jury qui manifeste une ouverture d'esprit plutôt limitée et condamne les artistes "refusés" à créer périodiquement un autre Salon, pour soumettre leurs œuvres au jugement du public. Car en cette époque agitée, en pleine révolution technique et culturelle, l'art réagit lui aussi à cette mutation avec violence et "projette en image tout ce qui agite la vie psychique contemporaine[12]". Brisant toutes les traditions classiques, exprimant un besoin d'évasion, de résistance à un monde qui devient industriel et urbain, de jeunes artistes se réclament du nouveau mouvement nommé "impressionnisme". Ils se réfèrent à la nature et privilégient la spontanéité, la légèreté de touche, la rapidité d'exécution et de l'effet. Isaac fréquente tous ces endroits où se concoctent ces idées d'avant-garde qui rassemblent aussi bien les peintres que les musiciens, les écrivains, les critiques, mais aussi les marchands ou les collectionneurs.

Autres lieux de rencontres où se font et se défont les réputations sous la férule d'une femme qui détermine le choix des invités, les tendances politiques, le genre et la manière : les salons mondains. Celui de la princesse Mathilde reste le plus célèbre. On y côtoie de vieux bonapartistes, des héritiers de l'aristocratie de l'Ancien Régime et même, aux moments les plus aigus de l'antisémitisme, des juifs jugés "de bonne qualité[13]" par la maîtresse de ces lieux, permettant ainsi au jeune Marcel Proust d'y puiser son inspiration. Chez Mme Aubernon "grasse, vive, potelée, aimable et autoritaire" on est reçu "tous les mercredis et les samedis, après un dîner assemblant douze personnes à qui elle donne un sujet de conversation précis[14]". Dans certains salons, la musique est reine. On imagine Isaac tout à fait à l'aise chez Mme Lemaire, femme énergique et outrageusement fardée, qui peint des roses jusqu'à l'obsession. Elle reçoit des artistes et des gens du monde dans son atelier du 31, rue de Monceau et lance infatigablement de jeunes espoirs de la musique. Isaac a aussi ses habitudes chez l'accueillante Ernesta Stern, auteur lyrique, romancière, et protectrice des arts. Son salon, "emparadisé pour les artistes, s'ouvrait aux renommées acquises ou futures. (…) Là sous le sourire radieux et bon de cette grande Italienne, si parisienne en tout et «artiste» jusqu'au bout des ongles, la musique et ses desservants avaient droit de cité et même de tyranniser un peu l'inlassable maîtresse de maison[15]."

Isaac est un spectateur attentif. Impatient, il agit très vite et s'engage. Ses enthousiasmes de jeunesse l'emportent vers la musique et les œuvres d'art. Les prémices de sa vie de collectionneur sont dictées à la fois par l'influence paternelle et par la mode : le Japon déferle, tout ce qui s'y rapporte déclenche la frénésie. Sa première passion lui est vouée. Dès l'âge de vingt-trois ans, il réunit une panoplie d'armes orientales et japonaises[16]. Bientôt son envoûtement pour ce pays est tel qu'il projette de s'y rendre. Ce voyage ne se fera pas. A défaut, il s'entoure de céramiques, bronzes et laques qui en sont issus. Il s'approvisionne à la galerie de Samuel Bing, accompagne parfois son père chez Auguste et Philippe Sichel[17] ou à *La Porte chinoise*. Cette boutique, située rue de Rivoli, est tenue par "la grasse Mme Desoye", une figure historique. D'après les Goncourt, son magasin "a été l'endroit, l'école pour ainsi dire, où s'est élaboré ce grand mouvement japonais qui s'étend aujourd'hui de la peinture à la mode[18]". Toutes les personnalités artistiques et littéraires s'y rencontrent, Zola et Baudelaire, Degas, Manet, Fantin-Latour, les critiques Duret, Burty, les amateurs comme Cernuschi et Vever. On connaît l'importance considérable de l'art japonais dans la conception de l'impressionnisme[19]. Ce choix esthétique est donc un premier pas qui entraîne Isaac vers d'autres horizons, qui aiguise son œil et modèle sa vision. Mais il ne succombe pas encore à la nouvelle peinture.

1881 est une année capitale pour Isaac. Il est le plus gros acheteur de la vente Double. Evénement dans l'histoire des collections du XIXe siècle, à ces enchères sont dispersés ameublement, peintures et objets d'art réunis par cet esthète amoureux du XVIIIe qu'était le baron Double. Vouant un véritable culte à la reine Marie-Antoinette, il s'était attaché toute sa vie à retrouver des objets lui ayant appartenu. Un catalogue au titre évocateur *Promenade à travers deux siècles et quatorze salons* accompagnait la visite de sa collection. Aux enchères, les prix montent à des sommets jamais atteints. "La vente Double était vraiment intéressante hier. Une vraie bataille, la bataille de l'art contre l'argent. Un public ardent, ému et passionné. Des femmes délicieusement élégantes, au milieu d'une foule houleuse d'amateurs et de marchands. Tout le monde surchauffé par la lutte. L'or roulant à flots, les enchères se succédant avec une rapidité folle. Certaines choses atteignant des prix fabuleux[20]." Isaac est le plus gros acheteur : trois commodes, un bureau plat, plusieurs tables, une impressionnante série de sièges, des bras de lumières[21]… et il rafle l'objet vedette : la *Pendule des trois Grâces*[22]. Déchaînant toutes les convoitises, cette œuvre attribuée à Falconet est légendaire. Isaac tombe sous le charme de ces déesses dont Diderot aurait dit qu'elles montraient tout sauf l'heure. Il l'acquiert pour 101 000 francs, une fortune. Ce coup de tête le propulse dans la célébrité. La pendule demeurera toujours la pièce maîtresse de sa collection. Caprice tapageur et voyant ? A l'admiration qu'il éprouve pour ces œuvres portées au pinacle par les Goncourt, se mêlent d'autres raisons plus ou moins conscientes parmi lesquelles le besoin probable de s'affranchir de l'autorité paternelle, l'envie d'être reconnu comme un homme de goût. Il a compris qu'il était indispensable de suivre le diktat de la mode pour mieux s'intégrer dans la haute société parisienne.

Pendant les dix années qui suivent la vente Double, Isaac n'acquiert plus rien. Son petit-neveu, l'historien Philippe Erlanger[23], prétend qu'Abraham-Béhor, horrifié par les folles dépenses de son fils, l'envoie faire le tour du monde. Aucune preuve ne confirme ces propos romanesques. Effectivement Isaac voyage. Bayreuth, pour la première de *Parsifal*, Constantinople, où il est reçu par le sultan Abdül-Hamid[24]. Sûrement est-il aussi très absorbé par ses fonctions à la banque. Il est fondé de pouvoir et seconde son père et son oncle dans les affaires, puis leur succède dans l'administration de nombreuses sociétés. Parmi ces fonctions, lui est confiée la présidence de la Compagnie des chemins de fer andalous, établissement créé par le groupe Paris et les Pays-Bas afin d'achever la construction d'une ligne Séville-Cadix et de gérer un réseau de près de mille kilomètres. Il est également consul général de Turquie depuis 1891.

A la croisée de ces très diverses vocations artistiques, Isaac ne choisit pas, il s'engouffre dans chacune d'elles. L'éclectisme le caractérise. Le japonisme le happe, l'impressionnisme pique sa curiosité, collectionner l'exalte. Mais au cœur de ces engagements, il est habité par une passion : la musique. Isaac compose. Il ne fréquente pas l'univers des sons et de l'harmonie en dilettante. C'est un artiste, il nourrit l'ambition d'être reconnu comme tel.

Jusque-là classiques et quelque peu conformistes – si ce n'est pour Wagner –, ses goûts vont se débrider, s'émanciper sous le coup d'une série de cassures qui affectent son existence. Tout commence par la mort de son père. 1889 est une année funeste. Le décès d'Abraham suit de quelques mois celui de Nissim. La génération des transfuges d'Istanbul ayant disparu, Isaac est maintenant "le plus vieux de la famille", comme l'écrit sournoisement sa maîtresse Mathilde Salle. Le voilà chef d'un clan bien fragilisé par la banqueroute Alfassa et les délires de Clarisse, sa sœur qu'il aime tendrement. Les tremblements de ce cataclysme continuent d'ébranler l'édifice Camondo. Isaac doit faire face à une indivision douloureuse et compliquée. Il est contraint de vendre la demeure familiale du 61, rue de Monceau. En 1893, tout est mis aux enchères, de la cave aux combles : les tableaux, tapisseries, mobilier, collection d'Extrême-Orient, mais aussi les bons vins, l'argenterie, la vaisselle, les bijoux. Un acquéreur se présente pour cette grande demeure, cage dorée qui résonne de vide depuis qu'elle a été dépouillée sous les coups de marteau du commissaire-priseur. C'est Gaston Menier. Le fils du chocolatier fortuné fera disparaître les initiales d'Abraham de Camondo pour graver les siennes sur le médaillon du porche d'entrée. Une page est définitivement tournée sur des souvenirs de jeunesse dont Isaac se débarrasse sans trop y prendre garde.

Le cours de sa vie intime s'infléchit brutalement, là encore sous les ors et les marbres du palais Garnier. L'impétueuse Mathilde Salle est écartée et remplacée par une jeune femme d'à peine trente ans. Cette fois- ci, c'est une cantatrice à la voix "souple et charmante[25]" qui vient de débuter. Elle est encensée par la critique qui lui trouve toutes les grâces : "Mlle Berthet a chanté, vendredi soir pour la première fois, le rôle de Marguerite dans *Faust*. Cette jeune cantatrice qui, depuis son nouveau début dans *Hamlet*, s'est montrée constamment en progrès a été à la fois très touchante et très dramatique. Habile virtuose, elle a enlevé brillamment les vocalises du miroir. Dans les deux scènes de l'église et de la prison, la comédienne marchait de pair avec la chanteuse[26]." Voilà donc Isaac qui abandonne le foyer de la danse pour celui du chant, le cœur enflammé par cette jeune femme qu'il va aimer jusqu'à la fin de ses jours. La forme presque officielle que prend cette liaison, les deux enfants qui naissent permettent à Isaac de s'entourer d'un climat familial. Il n'est pourtant pas question qu'il épouse Lucy Berthet, ni qu'il reconnaisse leurs fils, Jean et Paul[27].

Cette période est donc propice à clore des chapitres. Isaac se détourne définitivement des affaires "rasantes et irritantes" de Constantinople, de ses chargés d'affaires orientaux, fantasques et ingérables. Il liquide ses obligations bancaires pesantes. Il a déposé ses fardeaux. Le collectionneur et le compositeur peuvent désormais donner toute la mesure de leur passion.

Chez Isaac de Camondo, 82, avenue des Champs-Elysées.
(Musée Nissim-de-Camondo.)

LE COMPOSITEUR

Au cœur de l'engagement d'Isaac dans les arts : la musique et
Wagner. Il ne fréquente pas cet univers en amateur ou en dilettante. Il compose et s'y exerce depuis son plus jeune âge. Bien
sûr, il hante toutes les salles de concert. A peine arrivé à Paris,
il s'abonne à l'Opéra. Et peu importe si le répertoire d'alors
est assez pauvre : quelques poncifs romantiques, *Aïda* et *Rigo-
letto* traduits en français, rarement des œuvres contempo-
raines. A l'Opéra-Comique, on peut plus fréquemment entendre
les œuvres de jeunes compositeurs. Il est possible d'approcher
des musiciens comme Gounod, Fauré, Widor, Delibes. Isaac est
désireux de connaître leurs opinions, de solliciter leurs conseils.
Très vite, le voilà engagé parmi la frange alors très marginale
d'admirateurs inconditionnels de Wagner. On sait les tempêtes
d'hostilité qui déferlent sur cette musique à la fin du siècle
dernier. A la fois poète, réformateur et homme de théâtre, le

compositeur allemand attire partout de violentes polémiques attisées par des animosités personnelles, amplifiées par la presse et aggravées, en France du moins, par la situation politique. Son art suscite attaques et hostilités virulentes qui freineront considérablement la propagation de son œuvre. A Paris, en 1860, "l'étonnante tempête du *Vaisseau fantôme* s'est déchaînée en rafales stridentes sur un auditoire littéralement ahuri par cet ouragan inattendu[28]". Un an après, *Tannhäuser*, monté à l'Opéra, provoque une cabale forcenée qui, espèrent ses détracteurs, "enterre la musique de l'avenir".

Le public parisien attendra huit ans pour entendre à nouveau une œuvre de Wagner. En 1869, alors qu'Isaac vient d'arriver à Paris, Jules Pasdeloup, le fondateur des Concerts populaires de musique classique monte *Rienzi* qui est plutôt bien accueilli par la critique. La guerre de 1870 va ensuite mettre un terme pour longtemps à l'écoute de l'œuvre de Wagner : l'amalgame est vite fait entre la rancœur de la défaite et sa musique. Pendant les vingt ans qui suivent, Pasdeloup, son fidèle défenseur et ami, la distille à dose homéopathique. Il est finalement contraint d'abandonner devant la fureur du public. Pour l'entendre, il faut faire partie de ces cercles restreints d'amateurs qui se réunissent comme pour une obscure conspiration, déchiffrent et jouent en privé les partitions du "maître", à l'abri des oreilles xénophobes et pointilleuses. Une autre solution consiste tout simplement à se rendre à Bayreuth. Depuis que Wagner a décidé d'y ériger son propre théâtre, inauguré en 1876, en présence de Louis II de Bavière et d'un public immense, "on va à Bayreuth comme on veut, à pied, à cheval, en voiture, à bicyclette, en chemin de fer, et le vrai pèlerin devrait y aller à genoux[29]". On ignore comment Isaac s'y transporte, toujours est-il qu'il s'y trouve en 1876 et c'est en compagnie de son ami Gaston Salvayre, du violoncelliste Fischer et du compositeur de *Coppélia*, Léo Delibes, qu'il s'y rend encore, en 1882, cette fois-ci pour entendre *Parsifal*. La découverte de ces œuvres est un choc pour Isaac. Il se décrit comme frappé par la foudre, tandis que son ami Léo Delibes sanglote bruyamment, martyrisé par des sentiments contradictoires de folle admiration qui se heurtent à un patriotisme sincère. Les meurtrissures de la guerre de 1870 sont encore très vives : "Wagner, apprenant l'arrivée des musiciens français, leur envoya, avant la représentation, un répétiteur qui, muni d'une partition de *Parsifal,* la leur joua pour qu'ils s'en péné-trassent. (…) à la représentation, le bon Delibes fut empoigné par une indicible émotion. Son visage était baigné de larmes et ses paroles entrecoupées de sanglots. L'auteur de *Coppélia* s'était prosterné devant la grandeur de *Parsifal.* Mais en sortant du théâtre (…) encore tout meurtri du spectacle, Delibes exi-geait que l'on passât devant la maison de Wagner pour montrer le poing à la demeure du maître qu'il continuait à admirer en sanglotant[30]." Les quatre compères poursuivent leur périple jusqu'à Constantinople. Sur les rives du Bosphore, Delibes donne une première audition fragmentaire de *Lakmé* qui sera applaudi par des "Turques élégantes, nonchalamment cou-chées dans leurs caïques[31]".

Composer est une passion qui dévore Isaac. Il s'y adonne avec fougue et détermination, travaille d'arrache-pied. Il est conseillé et encouragé par son professeur Gaston Salvayre, musicien toulousain et personnage "revêche, qui teignait outrageusement sa barbe en violet[32]". Isaac est également le disciple attentif de Léo Delibes, "maître de l'élégance mélo-dique et du charme harmonieux[33]" qui compose avec maestria de la musique romantique. Après le bouleversement provoqué par l'écoute de Wagner, le jeune comte est resté pantois, aba-sourdi, presque honteux de la musique simplette qu'il a commise jusqu'alors "des œuvres légères et pimpantes dont le charme facile récolte des succès de music-hall ou de salons[34]". Mesurant l'abîme qui le sépare de la perfection, il désire pro-gresser, maîtriser parfaitement les techniques difficiles qui sont la clé de la réussite. On découvre alors un personnage ambitieux, anxieux d'être reconnu et admiré. Après le choc wagnérien, le désir de composer l'a repris de plus belle. Il sou-haite maintenant rien moins qu'exprimer musicalement les émotions visuelles que lui inspire la peinture impressionniste. Il explique à son éditeur, M. Enoch, sa méthode de travail : *"Vous savez, cher monsieur, que, contrapuntiste passionné (…) et amoureux, au surplus, cela va sans dire, de l'harmonie et, notamment des for-mules* ANHARMONIQUES, *je suis convaincu que la façon d'accidenter certaines notes, tout en donnant satisfaction à l'oreille, peut en même temps satisfaire* L'ŒIL *et indiquer d'une façon évidente les intentions du compositeur ; le tout est de l'exprimer à bon escient et de pouvoir dire pourquoi. C'est ainsi que, dans le commencement de la seconde partie* (de son œuvre), *j'ai employé un* UT BÉMOL *au lieu d'un* SI BÉCARRE *pour mieux accentuer l'impression descendante de mon dessin.*

J'ai cherché, aujourd'hui dans ma composition, à être très modéré et à ne pas laisser aller mon tempérament porté aux complications, ce que vous me laissez faire, avec un louable éclectisme, dans celles de mes œuvres que vous me faites l'honneur et le plaisir d'éditer[35]*."* Isaac tente ainsi de donner *"un équivalent musical d'une œuvre picturale*[36]*".* Essayer de rapprocher impressionnisme et musique est une tendance contemporaine. Wagner est le musicien préféré des impressionnistes. Leurs productions artistiques sont d'ailleurs souvent associées et dénigrées. "C'est en couleurs ce que sont en musique certaines rêveries de Wagner. L'impression que procure les impressionnistes, c'est celle d'un chat qui se promène sur le clavier d'un piano ou d'un singe qui se serait emparé d'une boîte de couleurs[37]." La recherche de correspondances sensorielles entre l'ouïe et la vue n'est pas le seul fait d'Isaac, Emmanuel Chabrier, mais aussi Lalo, Vincent d'Indy, et surtout Gabriel Fauré s'y appliquent.

On devine Isaac très absorbé par la tâche qu'il s'assigne. A Karlsbad, où il soigne pendant de longs et fréquents séjours ses crises hépatiques, ses bronchites et ses malaises de l'hiver, un piano est installé dans sa suite du *Grand Hôtel Pupp*. Là, au grand air, le gourmet sybarite devient végétarien, se soumet à un régime sévère qui le régénère et lui donne les forces nécessaires à la création. L'expérimentation et les recherches d'Isaac aboutissent à la composition d'une vingtaines d'œuvres orchestrales, vocales et instrumentales qui mettent en musique des poésies de Maurice Bouchor et d'Armand Silvestre, tous deux écrivains liés au groupe impressionniste. Il se décide à en donner une audition le 10 mars 1904 à la salle Erard. Un public choisi, des journalistes comme Charles Joly du *Figaro*, Arthur Meyer du *Gaulois*, des proches, Moïse de Camondo, les Erlanger, Gabriel Astruc, les musiciens Claude Debussy et Gaston Salvayre assistent à la répétition privée. L'orchestre est dirigé par Camille Chevrillard, chef renommé dont la délicate sensibilité se cache sous de brusques dehors. Lucy Berthet chante *Musette, Rajeunissement, Au bord du ruisseau*, des mélodies qui alternent avec des "impressions polyphoniques" et une évocation orientale *Bosphorescence...* seul rappel, au demeurant très discret, de la contrée natale du compositeur. Isaac obtient un succès de bon aloi, son auditoire est frappé par la complication de son écriture, par sa préciosité. Arthur Meyer, dont on peut mettre en doute l'objectivité car il est très lié avec Isaac, le met "au même rang presque que les professionnels" et parle de cette soirée comme d'un "véritable événement dont se réjouissent les dilettantes[38]". La critique est à la fois touchée par la sincérité de son art et par son modernisme. Tous mettent l'accent sur la "coloration", aveuglante pour certains, de ces œuvres, et parlent "d'impressionnisme musical", ce qui doit ravir Isaac. Il reste néanmoins considéré comme un amateur, mais un amateur dont le talent séduit tout de même un des grands chefs d'orchestre de l'époque, Edouard Colonne :

Cher monsieur de Camondo,

Je viens de terminer la lecture de votre belle partition que j'apprécie de plus en plus, après les 3 (souligné trois fois) *auditions auxquelles j'ai eu le plaisir d'assister.*

Et ceci me donne le désir de jouer à nos concerts quelque chose de vous cette saison. Avez-vous quelque chose de prêt ? Où êtes-vous ? Puis-je vous voir ?

De ma femme et de moi, les plus affectueux souvenirs[39].

Les échos de son succès atteignent Constantinople d'où lui parviennent aussitôt des félicitations. A la lecture de la lettre que lui adresse l'architecte Gabriel Tedeschi, frère de Léonce, on mesure le dévouement, pour ne pas dire la dévotion dont les membres de cette famille auréolent les Camondo.

Monsieur le comte,

Je m'empresse aussitôt retourné d'un récent voyage de vous adresser mes plus vives félicitations pour le très grand succès que, de l'avis unanime, vos belles œuvres musicales vous ont dernièrement valu. Depuis longtemps déjà j'entendais mon frère, dans des conversations privées, vanter votre science de la composition et j'ai eu l'intuition très nette de cette vérité le jour où il m'a été donné de visiter à Paris vos belles collections artistiques, me disant qu'un goût si achevé en matière d'art devait puissamment se manifester sur ce que je savais être votre passion, la musique.

Je me réjouis d'autant plus, monsieur le comte, de ce beau résultat, que c'est le seul moyen que nous avons dans notre famille, à part le zèle à remplir nos devoirs envers vous, de vous prouver notre reconnaissance pour les attentions multiples que vous et les regrettés comtes nous avez depuis de longues années si généreusement témoignées. En

vous souhaitant, monsieur le comte, que votre beau succès d'aujour-
d'hui ne soit qu'une étape dans la poursuite de nouveaux lauriers, j'ai
l'honneur de vous adresser l'assurance de mon complet dévouement[40].

Isaac, en effet, n'en reste pas là. Encouragé par son succès, il se remet au travail. Il ambitionne maintenant de réaliser une œuvre plus importante et le fait savoir dans son entourage musical. C'est finalement le doux et courtois Victor Capoul, artiste lyrique, infatigable séducteur et, à l'occasion, chroniqueur au *Figaro*, qui lui écrit le scénario d'un opéra intitulé *Le Clown*. Un scénario au thème à vrai dire un peu ressassé exaltant les amours déçues d'un clown nommé Auguste pour une inconstante Zéphirine qui en aime un autre. La gestation de l'œuvre est longue et les versions sont sans cesse corrigées, parfois même *a posteriori* ! *"Ah, que n'ai-je songé plus tôt à cette chose si naturelle de ne pas faire sortir Zéphirine avec Auguste au fond. La scène ainsi a une intensité beaucoup plus tragique. Le rôle de Zéphirine y gagne d'autant et la mort du clown, raccourcie de moitié, est des plus faciles à jouer par lui et les personnages qui l'entourent. Ne prenez pas, je vous en prie, de cette nouvelle version nulle nervosité*[41]*… "* s'inquiète, après le concert, Victor Capoul auprès d'Isaac. Quant à la représentation, après beaucoup d'hésitations et d'interminables pourparlers, on décide qu'elle sera jouée fin avril, début mai 1906. Reste à trouver une salle pour la jouer, ce qui cause difficultés, inquiétudes et déceptions :

Monsieur,
Mme Sarah Bernhardt m'informe par câble qu'il lui est malheureu-
sement impossible de donner suite aux pourparlers que nous avions
entamés, car la seconde quinzaine d'avril sera prise entièrement par les
dernières répétitions et par les premières représentations de Sainte
Thérèse *de M. Catulle Mendès. Mme Sarah Bernhardt et moi nous*
regrettons infiniment qu'une aussi belle manifestation artistique ne
puisse avoir lieu au Théâtre Sarah, à moins qu'il ne vous soit possible,
à vous, de changer vos dates[42].

Reste aussi à trouver des interprètes, les meilleurs de préférence ! Isaac, nerveux et fatigué, vit les transes de la création et de la mise en scène du *Clown* dans une angoisse terrible. Son entourage s'agite avec fébrilité, Tedeschi bien sûr, mais aussi Gabriel Astruc, son éditeur et commanditaire, et Moïse son cousin.

Chacun conseille, négocie, auditionne, tente de convaincre, donne son avis :

Mlle Farrar est idéale comme voix, comme jeu, comme grâce, déclare Moïse, sous le charme, qui entend cette jeune cantatrice à Monte-Carlo, *et je me félicite du choix qu'en a fait le comte Isaac, on ne peut pas rêver mieux sous tous les rapports, elle est comédienne, tragédienne, la voix jeune, fraîche et la grâce en personne. (…) j'ai cru bien faire (en attendant de faire connaissance) en envoyant à Mlle Farrar une belle corbeille de fleurs avec un mot disant que je suis le cousin de l'auteur du* Clown[43].

Isaac, souvent en rapport avec son mentor Gaston Salvayre, requiert parfois ses conseils et l'informe de ses décisions :

Merci, mon cher maître, pour votre si bonne lettre, c'est encore de mon lit que je vous écris. (…) Quant au Clown, *les plans se modifient à tous instants (…) alors j'ai conçu que la meilleure forme serait la suivante. Etant président des Artistes et Amis de l'Opéra[44], je donne la première de mon ouvrage à leur profit, de là leur concours m'est acquis, orchestre personnel, etc. Je ne fais pas de mes représentations une chose commerciale, la première au profit des artistes de l'Opéra, une deuxième sur la demande de Coquelin à la Gaîté (théâtre où je serai joué) au profit de l'œuvre de Coquelin, enfin la troisième et dernière au profit d'une œuvre constituant une caisse pour les musiciens qui n'ont pas le moyen de se faire jouer. C'est un plan net, semblable à celui de mon concert, car en dehors des deux théâtres subventionnés on ne peut se faire jouer nulle part, à moins de payer les frais, autant le faire franchement. (…) Pourvu que ma santé se remette, j'ai cru mourir tellement j'ai souffert. Et vous comment allez vous ? (…) Je fais des vœux pour vous voir bientôt et me dit votre tout dévoué[45].*

*

Au Nouveau Théâtre, a eu lieu, le 24 avril (1906), la première représentation du *Clown*, nouvelle musicale de M. Victor Capoul, musique de M. I. de Camondo. On attendait avec curiosité cette nouvelle lyrique ; sa réalisation scénique a comblé tous les espoirs que l'on fondait sur elle[46].

Le Clown fait salle comble ! Il faut dire que tous les ingrédients de la réussite sont réunis : la mise en scène est d'Albert Carré, directeur de l'Opéra-Comique, dont le talent est indiscuté. On doit les décors à Lucien Jusseaume, un des plus grands décorateurs de théâtre de l'époque. L'orchestre de l'Opéra dirigé avec autorité par M. Catherine évite très honorablement les pièges de cette œuvre d'une "extraordinaire complication[47]". Quant à la voix "à la sonorité si veloutée, à la limpidité de cristal[48]" de Géraldine Farrar, elle fait l'unanimité. Au nombre des félicitations reçues, on compte beaucoup d'amis d'Isaac parmi les spectateurs. Certains sont dithyrambiques comme Ernesta Stern :

Mon cher comte,
Votre musique, je l'ai dans le cœur, dans le sang. J'ai été trois fois de suite applaudir votre œuvre si vivante, si humaine, si débordante de jeunesse ; trois fois j'ai vibré, pleuré, ri, souffert, avec vos personnages et j'ai vécu leurs émotions et leurs angoisses.[49] (...)

D'autres sont plus nuancés comme la comtesse Greffulhe. Elle a assisté au spectacle, escortée de Son Altesse impériale la grande-duchesse Wladimir :

Je tiens à vous remercier du très vif plaisir d'art que m'a causé votre œuvre du Clown. *J'y ai trouvé des qualités de sincérité, de vérité, de vie, de mouvement, osées peut-être mais certainement vraies et par cela même touchantes. Il m'a paru qu'il y avait des coupures à faire dans la seconde partie. Je justifierai mon impression quand j'aurai le plaisir de vous voir. (...) La grande-duchesse Wladimir m'a encore parlé hier soir du* Clown *et désire vous féliciter encore du plaisir qu'elle a eu d'entendre votre œuvre[50].*

Quant à Gaston Salvayre, son mentor, il lui conseillera, un peu plus tard, *"une simplification de sa très intéressante orchestration[51]".*

Ses jeunes neveux, Nissim et Béatrice, sont aussi venus l'applaudir, accompagnés de leur institutrice, Mlle Willemsens :

Cher monsieur,
Je tiens à vous remercier de l'excellente soirée que vous m'avez fait passer hier à l'audition du Clown. *(...)*
Nini et Béatrice ont été enchantés, et ils m'ont parlé aujourd'hui de votre jolie œuvre avec enthousiasme ; la musique leur a beaucoup plu et Béatrice voulait aujourd'hui se procurer la partition.

Je n'ai pas besoin de vous dire que j'ai bien pensé à votre pauvre mère qui aurait été si heureuse d'assister à ce grand succès, elle qui était, à juste raison, si fière de son fils. (...)

Recevez, cher monsieur, l'assurance de mes meilleurs sentiments[52].

Enfin, la presse spécialisée est là au grand complet : *"Mon cher Isaac,* lui écrit sa cousine Regina Halfon, *ma marchande de journaux a fait ce matin des affaires d'or avec moi. J'ai déjà vu :* Le Figaro, Le Gaulois, Le Matin, Le Siècle, Le Petit Journal, L'Echo de Paris, Le Journal, *etc., et tant d'autres que je ne finirais plus de citer, et qui m'apportent tous l'écho de ton beau succès*[53]. *"* Et que disent-ils ces journalistes ? Tous font écho à l'attrait opéré auprès d'un public brillant et mondain. Tous applaudissent les interprètes. Certains exècrent le livret, et beaucoup, s'ils sont séduits par la personnalité originale et généreuse de l'auteur, sont plus sceptiques quant à son talent de musicien. Mais le ton reste très courtois et plutôt mesuré. Les avis diffèrent quant aux sources d'inspiration de cette musique "composite", "raffinée", "recherchée" : "foisonnement wagnérien[54]", disent certains, "italianisme moderne", déclare-t-on dans *Musica* et *Le Théâtre*[55] où l'on lit aussi que son esthétique peut être comparée à celle de Richard Strauss. "M. de Camondo s'est résolu à toujours ressembler à quelqu'un[56]", conclut *Le Mercure musical* qui cite Massenet et Charpentier... Enfin, on souligne ses qualités de couleurs, Isaac a donc atteint son but : "M. de Camondo est impressionniste qui traduit ce qu'il ressent avec une vivacité de sons vraiment puissante. Il ne fait pas un dessin mélodique qu'il empâte de couleurs vibrantes. On devine que sa vigueur de polychromie est spontanée ; il a de la lumière dans l'imagination[57]."

L'apprenti compositeur considère son succès avec une fierté que modère une certaine frustration. Sa lucidité reste en éveil. Il attribue ce succès plus à la curiosité induite par sa personne, voire à la flatterie, qu'à la reconnaissance de réelles qualités musicales. Un peu désabusé, il s'en explique au journaliste du *Gaulois* :

Cher monsieur Fourcault,

Votre mot me cause un bien vif plaisir. J'avais grande joie, une certaine coquetterie à vous voir entendre encore une fois ma partition, et vous vous y êtes prêté très aimablement, très gracieusement. (...)

Vous êtes encourageant en me parlant d'avenir, mais c'est pour plus tard car je suis éreinté de mon métier d'impresario, de directeur et compositeur que j'ai rempli et vécu très nerveusement ces temps-ci.

Vous me dites que mes deux actes seront beaucoup joués... Peut-être oui si je ne m'appelais pas CAMONDO *mais M. Tartempion... enfin qui sait*[58].

UN "COMMANDITAIRE-NÉ"

Si *Le Clown* et les compositions d'Isaac ne marquent pas le siècle, il n'en va pas de même pour son extrême implication dans la vie de la musique à Paris. Les initiatives institution-nelles auxquelles il participe transforment de fond en comble la physionomie et l'infrastructure lyrique de la capitale.

Un *"commanditaire-né*[59]*"*! Ainsi le voient ses contemporains. Isaac est en effet très engagé financièrement dans les sociétés qui gèrent l'Opéra et l'Opéra-Comique. Le dynamique Pedro Gailhard est alors aux commandes du musée de la Musique. En 1901, Isaac prend quatre des vingt parts de la Société en commandite Gailhard qui a pour objet l'exploitation du privi-lège du Théâtre national de l'Opéra[60]. Entre Isaac et Pedro Gailhard, c'est l'entente parfaite. Tous deux sont wagnériens, Isaac apprécie ce ténor d'une vitalité débordante qui connaît parfaitement tous les aspects du métier : tout en organisant les répétitions, Gailhard fait parfois les mises en scène, et même à l'occasion chante le rôle d'un artiste défaillant depuis le trou du souffleur. Il sait prendre des initiatives. Premier à faire figurer le nom du chef d'orchestre sur les affiches, il inaugure également les spectacles en matinée[61].

Installé salle Favart, l'Opéra-Comique tient également un rôle considérable. Il est aussi géré sous forme de société en commandite. Isaac possède huit des soixante-quatre parts. "La partie administrative de ma direction est sans histoire comme les gens heureux, se souvient son directeur, Albert Carré, une personnalité théâtrale et parisienne de tout premier plan. J'avais derrière moi un commandite de 1 200 000 francs spon-tanément souscrits par des personnalités du monde élégant qui constituèrent le premier noyau de mes abonnés[62]." Haut lieu de l'activité musicale grâce aux qualités de ce dynamique personnage, créations, reprises et nouvelles présentations d'ouvrages anciens et modernes, français ou étrangers sont offertes au public. Les liens d'amitié qui unissent Albert Carré à Isaac sont à l'origine de la reprise du *Clown* sur cette scène prestigieuse en 1908 et 1909.

Les prolongements de ces implications financières d'Isaac dans l'art lyrique sont avant tout politiques. Ce mandat de commanditaire qu'il assume avec sérieux l'autorise à exprimer son point de vue quant à des choix artistiques. Il en profite pour promouvoir la musique contemporaine et encourager les créations novatrices. En 1909, il prend position officiellement, dans une interview donnée au *Temps* à propos des difficultés de gestion rencontrées par l'Opéra : "J'ai fait souvent remarquer que parmi les théâtres parisiens, il n'en est pas un où l'on découvre plus de crânes chauves qu'à l'Opéra et au Théâtre-Français. Les amateurs de théâtre qui ont des cheveux et qui par conséquent représentent les générations nouvelles s'éloignent de nos deux grands théâtres subventionnés. Je vois là un enseignement dont tous les directeurs de théâtre doivent profiter. Et notez qu'il n'y a pas d'art qui évolue plus rapidement que la musique. (…) Si l'on pouvait dresser un diagramme du goût du public (…) la ligne est ascendante pour les œuvres modernes. Donc l'Opéra doit se rajeunir et se renouveler. Pour ce qui concerne plus spécialement l'intérêt des commanditaires, je vous avoue que je ne suis qu'un mauvais avocat de leur cause. Il me semble en effet que les intentions et les préoccupations du commanditaire d'une entreprise artistique ne sauraient être les mêmes que celles de l'actionnaire d'une affaire purement commerciale. Je l'ai dit bien souvent : je n'attends des entreprises artistiques que je subventionne que «des dividendes artistiques». Mais à ces dividendes-là, j'y tiens[63]."

L'époque est au renouveau. Les lieux d'audition s'améliorent, les sociétés de concert se multiplient et participent au développement de la musique symphonique. Isaac est devenu une personnalité qui fait autorité et dont on requiert volontiers l'opinion novatrice. On le ressent, par exemple, à la lecture d'une lettre que lui envoie un journaliste du *Temps* et qui le prie "*instamment*" de lui faire parvenir son avis "décisif" sur la disposition des instruments d'orchestre pratiquée dans la plupart des théâtres. Il répond aussitôt qu'elle est défectueuse et à modifier, qu'elle est à contresens ou plutôt "*à contre-sons*" et qu'il s'agit d'une question "*d'hygiène musicale*[64]".

Très sollicité, Isaac adhère à tous les mouvements qui touchent de près ou de loin à la musique : le Comité Beethoven, les Amis de la Schola, la Société Bach... Il est aussi un habitué des dîners mélomanes de l'Ut mineur. Cette société dirigée par des wagnériens gastronomes, F. Custot et P. A. Chéramy, a l'ambition de mettre en contact les amateurs et les professionnels. Elle a pour caractéristique péremptoire... la misogynie : les dames ne peuvent en faire partie ! Ces messieurs donneront tout de même une soirée spéciale en leur honneur la première année, et assoupliront leurs règles les années suivantes. Peut-être se rendent-ils compte qu'il est difficile d'ignorer la duchesse Decazes, la princesse Edmond de Polignac et toutes ces dames patronnesses de la Société des grandes auditions de France dont la comtesse Greffulhe est la grande prêtresse.

La comtesse Greffulhe ! Les superlatifs les plus flatteurs de la langue française ne suffisent pas à la décrire... même Marcel Proust en perd son vocabulaire ! "Elle est difficile à juger, sans doute parce que juger, c'est comparer et qu'aucun élément n'entre en elle qu'on ait pu voir chez aucune autre, ni même nulle part ailleurs", écrit-il après l'avoir vue. "Mais tout le mystère de sa beauté est dans l'éclat, dans l'énigme aussi de ses yeux. Je n'ai jamais vu de femme aussi belle[65]." Elisabeth Greffulhe, née Caraman-Chimay, compte parmi les plus élégantes et les mieux nées de l'aristocratie, parmi les plus intelligentes et les plus artistes aussi. Son pouvoir de séduction légendaire n'empêche cependant pas son richissime et indélicat mari de la tromper ouvertement... Robert de Montesquiou, son cousin, attire dans le salon de l'hôtel Greffulhe toute l'élite littéraire de l'époque que le charme incomparable de la comtesse fascine et retient : Edmond de Goncourt, mais aussi José Maria de Heredia, Henri de Régnier, Edmond Rostand. Le règne d'Elisabeth Greffulhe s'étend aussi sur les personnalités les plus variées de son temps : Pasteur, Pierre et Marie Curie, l'empereur Guillaume II, Edouard VII, Félix Faure, Léon Blum, Liszt seront ensorcelés[66].

Sa passion pour la musique la pousse à dépasser élégamment le rôle exclusivement mondain ou charitable auquel une femme de la bonne société est censée se cantonner. Consciente de la difficulté pour les jeunes musiciens de se faire connaître et soutenue par son ami Gabriel Fauré, elle fonde, dans cette optique, en 1890 la Société des grandes auditions musicales de France. Le Tout-Paris y souscrit avec enthousiasme. Voilà qui ne peut que séduire Isaac et les rapprocher. D'autant que la comtesse s'est vivement intéressée au *Clown*. Depuis, ils ont fait connaissance. Elle lui rend visite, Isaac est invité à prendre le thé à l'hôtel Greffuhle, rue d'Astorg, il est sur ses listes de bienfaiteurs.

Monsieur, lui écrit-elle de sa longue et fine écriture, *je me permets de vous signaler qu'à l'occasion de l'exposition Gustave Moreau, que nous avons organisée galerie Georges-Petit, 8, rue de Sèze, j'ai reçu, des artistes et littérateurs français, des dons pour nos œuvres de travail (…). Je viens vous demander si vous voudriez bien participer à ces œuvres, auxquelles je m'intéresse particulièrement en faisant acquérir un de ces objets (…) tableaux, dessins, statues de Rodin, Monet, Gardet, Lévy-Dhurmer, etc. et autographes de tout ce que Paris compte de plus illustre. On peut y choisir ce que l'on voudra et à tous les prix. On y trouvera même des ouvrages confectionnés par de pauvres dames ruinées*[67]. *(…)*

Malgré la force de persuasion de la comtesse, on imagine cependant Isaac plus séduit par le talent de Monet que par celui de quelque marquise sans le sou. Mais Elisabeth Greffulhe trouve surtout en lui un conseiller qui peut l'aider avec efficacité dans l'organisation de ses concerts. Cette coopération sera particulièrement heureuse lors du montage de représentations lyriques voulues par l'énergique comtesse dans le théâtre de Versailles en 1908.

Monsieur,
Le hasard qui nous a réunis dimanche chez moi à des personnes qui vont être appelées à décider la question du théâtre de Versailles m'a permis de juger que vous me donneriez des conseils merveilleux pour me permettre de placer la question d'une façon plus précise devant le bureau du Sénat. Je vous donnerai aussi des détails que je n'ai pas voulu dire dimanche. Je crois que ce projet peut avoir de l'avenir, et par conséquent servir la cause de l'art que nous aimons tous les deux. Voulez-vous que nous en parlions ensemble vendredi 28 prochain soir si vous êtes libre. (…) Il faudra aussi trouver quelqu'un d'intelligent qui puisse représenter nos arguments et les défendre devant le bureau du Sénat avant le vote. Pour avoir le temps de lutter contre les récalcitrants, j'ai demandé au président d'ajourner le vote à jeudi en 8.
Et d'ici là je rassemblerai des troupes en prévenant mes amis. Je vous mettrai au courant du projet et vous lirai la demande telle que je l'ai déposée. Croyez, monsieur, à mes sentiments les plus sympathiques.
Caraman-Chimay Greffulhe[68]

177

La réussite sera complète malgré l'absence d'Isaac, probablement souffrant ce soir-là. Elle lui exprime sa reconnaissance avec toute la grâce qu'on lui connaît :

Avant de quitter Paris, j'avais eu l'imprudence d'aller à Versailles et là, dans ce beau parc, j'ai rêvé d'y entendre de la belle musique, et d'y revivre un soir le rêve des vivants du Grand Siècle. J'ai voulu éclairer la colonnade qui ne l'avait pas été depuis Louis XV, enfin, j'ai voulu que le public assemblé en ovale fut, pour lui-même, partie du spectacle au moment où les danses encercleraient les statues du milieu comme en un rite grec. Et tout s'est accompli par la plus belle nuit d'été au clair de lune obéissant, et laissant les assistants sous une impression qui ne s'effacera pas de longtemps. Vous n'y étiez pas, malheureusement, car vous auriez été de ceux qui eussent senti profondément la poésie étrangement rétrospective de ce milieu royal, et la mélancolie de l'implacable évanouissement de toute chose hormis le souvenir[69].

*

GABRIEL ASTRUC

"Je suis retenu ici encore 2 ou 3 jours à venir par une importante dépêche de la comtesse Greffulhe qui vient à Munich exprès pour me ménager une audience au prince régent. C'est très important. Ma saison en dépend. Surtout n'en dites rien, c'est le secret de mon prochain hiver[70]." Gabriel Astruc confie son enthousiasme à Isaac, son ami et mentor de toujours. Ils se connaissent de longue date. Enfant, Gabriel jouait dans la cour de l'hôtel du 61, rue de Monceau. Il attendait son père, Aristide Astruc, rabbin au temple portugais et fondateur avec Crémieux de l'Alliance israélite, qui "enseignait au jeune comte ses devoirs religieux[71]". Quelques années plus tard, il croisait Moïse de Camondo, le cousin germain d'Isaac, dans les couloirs du lycée Fontanes où tous deux faisaient leurs études. Si ces souvenirs sont à l'origine de l'amitié qui lie Isaac et Gabriel Astruc, leur indéfectible passion pour la musique en est la raison principale.

Gabriel Astruc a du charisme. C'est une personnalité formidable, enthousiaste et douée d'un dynamisme à toute épreuve. Il est intelligent, ambitieux. La parfaite connaissance du monde musical, acquise au cours de sa carrière de journaliste puis d'éditeur, lui attire toutes les sympathies, celles des musiciens et de l'élite intellectuelle et mondaine. La comtesse Greffulhe voit en lui "l'ordonnateur indispensable[72]" de ses soirées artistiques. Avec lui, elle permet au public parisien de découvrir Chaliapine en 1905. Et voilà qu'elle vient d'inviter ses amis mélomanes, dans les salons de son hôtel particulier de la rue d'Astorg, pour entendre une première lecture de *Salomé* que Gabriel Astruc a montée, et dont on s'arrache les places. Une œuvre dont le sujet et la représentation provoquent pourtant bien des émois. Pensez donc : le destin de la funeste Salomé, une figure peu exemplaire de la Bible, ranimée par le sulfureux Oscar Wilde, mis en musique par l'insupportable Richard Strauss, et qui plus est, chanté et interprété, en allemand, par des artistes allemands !! Les dames bien pensantes du Faubourg en suffoquent d'indignation. Mais la présidente des Grandes Auditions musicales de France s'en moque et étrenne le spectacle aux côtés du président Fallières[73]. Gabriel Astruc admire son audace. Il sait qu'il peut compter sur elle pour étoffer ses relations et soutenir ses projets. Il a fondé un Comité international de patronage artistique afin d'attirer maîtres et interprètes étrangers en France, afin aussi de faire inviter les vedettes françaises sur les scènes d'Europe et d'Amérique. Ce comité a besoin de l'appui des grands de ce monde. A Munich justement, la comtesse va lui présenter la future reine Elisabeth de Belgique, alors princesse de Bavière, dont il obtient sans peine la caution[74]. Toujours sous l'égide de la belle comtesse, il a émaillé son comité français de noms célèbres, tous hôtes familiers de la rue d'Astorg, les compositeurs Saint-Saëns, Massenet, d'Indy, Widor et Fauré. C'est encore elle qui va patronner et lui qui organisera le triomphe des Ballets russes à Paris.

Dans l'entourage de Gabriel Astruc, Isaac de Camondo occupe une place de choix. Contre vents et marées, Isaac soutient, conseille Astruc, discrètement mais efficacement, un peu à la manière d'un père envers son fils. Leur collaboration débute avec le siècle. Gabriel Astruc travaille alors chez son beau-père, l'éditeur de musique Enoch. On le sent vite à l'étroit, démangé par l'ambition "d'élargir au théâtre, au concert, dans la presse, le champ d'action de la Maison[75]". Il se lance d'abord en créant *Musica*, un journal chapeauté par le solide *Fémina*, le premier magazine français. Dans chaque numéro est encarté un album de partitions. Gabriel tente d'y glisser les œuvres d'avant-garde que sont à l'époque celles de César Franck, Debussy ou Ravel. De là à organiser des concerts, le pas est vite franchi, quant à envisager la création d'une grande affaire conforme à ses goûts, ce n'est plus qu'une question de moyens. Ces moyens, Isaac va les mettre à sa disposition : "J'allai voir le comte Isaac de Camondo et lui exposai mes plans. Mon avoir se montait à une cinquantaine de mille francs. Camondo me remit un chèque du double et c'est avec ce modeste trésor de guerre que ma caravelle quitta Port Enoch pour prendre le large (…) c'était en avril 1904, la Société musicale était fondée[76]." Cette société en commandite simple entre Gabriel Astruc et Isaac se donne un large champ d'activité conforme aux souhaits de son fondateur : elle a pour objet "la création et l'exploitation d'un fonds d'édition et le commerce de musique de toute espèce tant en France qu'à l'étranger ainsi que toutes les opérations se rattachant à la musique[77]".

Mon cher comte
Je veux que vous soyez le premier à apprendre mon installation défi-nitive au pavillon de Hanovre, 33 bd des Italiens. J'entre dès demain, le cœur plein d'espoir dans la maison que vous avez faite mienne et je viens encore vous remercier de l'appui paternel que j'ai trouvé en vous.
Votre entièrement dévoué,
Gabriel Astruc[78]

Tout de suite, Astruc se met à l'œuvre et informe en bonne et due forme son commanditaire de ses projets :

Monsieur le comte,
J'ai l'honneur de vous informer que la Société musicale vient de conclure l'engagement avec les Concerts Lamoureux, en vertu duquel M. Chevillard se rendra avec son orchestre, en Allemagne, en Belgique et en province, pour une série de concerts qui commencera le 3 octobre pro-chain et dont le programme comportera, à chacun d'eux, sans distinction, l'audition de votre œuvre… Et l'enfant s'endort…, berceuse pour ins-trument à cordes. (…) Il a été constitué un petit syndicat de garantie dont vous avez eu l'obligeance de faire partie à concurrence de 10 000 francs. Cette part vous sera remboursée naturellement si la tournée Chevillard n'occasionne aucune perte à la Société musicale. Dans le cas contraire,

votre part dans les pertes sera proportionnelle, et ne pourra en aucun cas naturellement excéder le montant de votre garantie[79]. (…)

Parti le cœur en fête, Astruc doit vite déchanter. Si elle est une réussite artistique, cette tournée est catastrophique sur le plan financier :

C'est un désastre, avoue-t-il à Tedeschi, je vais engloutir dans cette satanée affaire non seulement les dix mille francs que le comte a souscrits comme capital de garantie, mais encore trente mille francs des fonds de la maison. C'est déconcertant et inconcevable. Tout a été préparé avec un soin et une conscience absolus. Je n'ai pas le moindre reproche à me faire. C'est la guigne noire et contre la guigne on est désemparé. Ce qu'il y a de plus terrible, c'est que je ne sais pas comment je vais m'en tirer. Vous êtes homme de conseil, dites-moi votre avis. <u>Je ne veux à aucun prix faire auprès du comte une démarche qui ne pourrait que l'indisposer.</u> Il a agi avec moi, depuis deux ans, <u>paternellement,</u> cela suffit pour que je me refuse à le contrarier. (…)

Heureusement, il y a quand même une bonne nouvelle dans le post-scriptum : *"Joly[80] écrira ce soir au comte pour lui parler de la berceuse au concert de ce soir. Partout jusqu'à présent le succès a été complet – au point de vue artistique[81]."*

Malgré tout, l'élan est donné. Cette société va devenir l'instrument de nombreux succès. Sous son égide, pendant les années qui vont suivre, environ mille représentations se déroulent dans différents lieux de spectacle. Chaque printemps, Gabriel Astruc organise *La Grande Saison de Paris.* Artur Rubinstein y fait ses débuts, On y ovationne Caruso, Toscanini, les chœurs et l'orchestre du Metropolitan Opera de New York, Diaghilev… Pourtant le pari est parfois risqué, car si Gabriel Astruc possède bien des qualités d'optimisme, d'initiative, de flair, sa gestion est hasardeuse. L'économie est vraiment une notion qui lui échappe et qu'il traite avec mépris. Porté par un tempérament heureux et courageux, malgré les revers financiers qu'il essuie, le voilà maintenant dans la fièvre d'un nouveau projet, poursuivi par une idée qui le taraude : *"Ah ! quel Bayreuth on pourrait faire de Paris[82] !…"*

Mon cher comte,
Je ne veux pas vous laisser partir à Karlsbad sans vous remercier encore bien sincèrement de tout ce que vous avez fait pour la Société musicale.
Me voici arrivé à la fin de mon second exercice. Je voudrais pouvoir vous présenter un inventaire brillant – aussi brillant que les certitudes

de prospérité que ma maison porte en elle, mais vous savez que si j'ai connu des affaires prospères, j'en ai connu également que les risques et les événements ont faites désastreuses. Mais ce ne sont là que plaies d'argent. Je ne compte pour les guérir que sur mes propres moyens et j'ai la ferme conviction que j'y parviendrai.

Je voudrais vous parler aussi du grand projet qui vous le savez m'occupe énormément. Je vous ai déjà dit l'appui que j'avais trouvé auprès du baron Henri de Rothschild ; je suis certain maintenant d'arriver à mon but : la concession du terrain des Champs-Elysées. Mais je ne puis rien faire sans votre aide. Je ne parle point d'aide matérielle ; celle-ci me serait doublement précieuse, mais je la désire cependant moins instamment que votre aide morale. J'aimerais, en souvenir des rapports qui ont toujours uni nos deux familles, en souvenir du Clown où, vous le savez, j'ai donné avec joie le meilleur de mon énergie et de mon activité, j'aimerais que vous disiez au baron Henri de Rothschild ce que vous pensez de moi, la foi que vous avez dans mon amour du travail et mon sens des affaires.

De cela encore, je vous serai infiniment reconnaissant. Je pourrai alors construire ma salle, ce qui aura une énorme répercussion sur toute la musique en France, et sur l'avenir de tous les compositeurs.

Mais vous savez aussi bien que moi-même combien cette œuvre est utile et belle et je suis sûr que vous serez mon plus éloquent avocat.

Laissez-moi vous remercier encore, mon cher comte, pour le passé et pour l'avenir et croyez-moi votre inaltérablement dévoué,

Gabriel Astruc[83]

Un palais philharmonique, qui soit consacré "à la musique sous toutes ses formes : concerts, art lyrique et chorégraphique, et ceci en toute indépendance[84]" : voilà ce que veut édifier Gabriel Astruc. Les raisons qui l'incitent à en être le promoteur sont nombreuses. L'insuffisance des théâtres est notoire à Paris, quant aux spectacles lyriques, seules quatre scènes peuvent les accueillir dans des conditions correctes. D'autre part, il entend trop souvent les musiciens contemporains déplorer l'immobilisme des directeurs de salles ou d'ensembles musicaux qui n'osent pas produire leurs œuvres et se cantonnent dans un répertoire sclérosé. Ce palais qui comporterait trois salles, pour diminuer les risques par une diversification des programmes, serait d'un confort et d'une sécurité inédits. Où que l'on soit, on entendrait et on verrait, les sièges seraient suffisamment espacés, les dégagements seraient spacieux. La scène, plus vaste que celle de l'Opéra-Comique, devrait être dotée des derniers perfectionnements techniques[85].

Astruc a même trouvé l'emplacement idéal, avenue des Champs-Elysées, à l'endroit du Cirque d'été, démoli en 1901. Les multiples péripéties – complexité des plans, valse des architectes, concessions refusées… qui aboutissent à l'inauguration du Théâtre des Champs-Elysées, avenue… Montaigne, en 1913, n'entament pas l'incroyable ténacité de Gabriel Astruc. L'aide inébranlable que lui apporte Isaac qui approuve totalement son projet soutient sa détermination.

> Presque chaque matin, avant de me rendre à mon bureau, j'allais saluer à son lever mon grand ami Isaac de Camondo. Je le trouvais assis au piano, enveloppé dans une houppelande de ratine beige, le crayon à la main, dessinant les pattes de mouche de ses partitions d'orchestre. (…) Les conseils de ce grand financier m'étaient précieux. Mais la force des événements ne me permit pas toujours de les mettre en pratique : "Le Théâtre des Champs-Elysées, me disait-il, doit être pour vous le passé, le présent et l'avenir. Le passé, par des apports en espèces, rémunérations de vos débours ; le présent par un contrat de directeur statutaire ; l'avenir par une participation dans toutes les futures manifestations[86]."

Isaac a répondu à tous les souhaits de Gabriel Astruc : non seulement il a souscrit, avec son cousin Moïse, comme fondateur de la Société des Champs-Elysées pour 50 000 francs, mais il a aussi convaincu Henri de Rothschild qui pourtant n'aime guère la musique ! Cet homme un peu corpulent, d'une simple bonhomie est un mondain extravagant, voyageur infatigable et collectionneur de livres rares. Il est également écrivain. Il rédige des œuvres scientifiques car il est docteur en médecine, mais signe aussi des comédies divertissantes qu'il fait jouer sur la scène parisienne avec un certain succès. Grâce à l'intervention d'Isaac, il est devenu l'un des plus gros actionnaires du Théâtre des Champs-Elysées[87] ! Il a souscrit pour 175 000 francs.

Mon cher comte,

Vous avez vu, ce matin, que je ne trouvais pas grand-chose à vous dire… et vous avez compris pourquoi. Cette nouvelle preuve de sympathie, le concours si généreux que vous m'avez donné une fois de plus m'ont profondément ému.

J'ai beaucoup travaillé depuis cinq ans, dans la maison que j'ai pu fonder, grâce à vous, et qui, aujourd'hui, est connue, comme jeune et

forte, dans le monde entier. Je vais continuer, avec un champ plus
vaste, et j'espère recueillir maintenant les résultats de l'effort énorme
que j'ai donné si longtemps.

Merci encore, cher comte, du fond du cœur ; vous ne regretterez pas,
je vous le jure l'inlassable appui que vous m'avez accordé[88] !

Isaac meurt en 1911, avant l'achèvement du Théâtre.

La saison inaugurale de 1913 sera brillante sur le plan artistique : concerts, danse, soirées lyriques se succèdent. "L'ouragan
sonore" qu'est *Le Sacre du printemps* vient la clore dans un
tumulte de hurlements et de sifflets. Ce grand classique est
l'annonciateur de la "condamnation à mort" d'Astruc[89]. Les
comptes financiers sont catastrophiques et aucune subvention
de l'Etat ne vient combler le déficit creusé, entre autres, par le
loyer exorbitant imposé par la Société immobilière et par les
cachets ruineux réclamés par Diaghilev. A tout cela s'ajoute la
mauvaise conjoncture politique. Cette faillite retentissante
déclenche une fois de plus une vague de haine et d'antisémitisme. Avec la hargne du converti et une renversante cruauté,
Arthur Meyer s'en fait l'écho :

"Vous avez voulu aller trop vite, lui dira-t-il, vous autres,
israélites, vous avez le tort de monter les escaliers quatre à
quatre. Vous les redescendez de même[90]."

Bouleversé, Astruc reste malgré tout vaillant :

Je suis complètement ruiné, écrit-il à Moïse de Camondo qui,
prolongeant l'action d'Isaac, le soutiendra jusqu'au bout. *Le*
fruit de vingt ans de labeur est anéanti. La Société immobilière du
Théâtre des Champs-Elysées, <u>fondée par moi,</u> m'a <u>expulsé</u> sans que les
actionnaires aient été consultés. La société d'exploitation est en liqui-
dation judiciaire. Dans la première affaire, je perds 400 000 francs
d'apports plus 200 000 francs d'argent versé. Dans la seconde affaire
je perds 100 000 francs d'argent et je suis responsable du passif social
sur tous mes biens ; conséquence : la Société musicale du pavillon de
Hanovre, fondée par le comte Isaac et par moi, est engloutie comme le
reste. Enfin, mon domicile privé a été saisi par le liquidateur. (…) Pas
un instant, ni Mme Astruc ni moi ne songeons à vous faire tort de la
somme prêtée. Mais nous avons besoin de temps, de beaucoup de
temps. (…) Presque tous mes autres créanciers, M. Deutsch, M. de Roth-
schild, M. Menier, M. Halphen, qui comme vous ont avancé de l'ar-
gent utilisé pour le théâtre, renoncent à leur créance. Cela, je l'aurais

demandé au comte Isaac, je n'ai pas le droit de le réclamer de vous.
Mais pour vous payer, il faut d'abord que vous me laissiez le temps de
me relever, de refaire ma vie.

Voilà les explications que je voulais vous donner verbalement, ma fierté
ne souffre aucunement de vous les exposer par lettre. J'ai tant sacrifié à la
réalisation d'un rêve artistique que je croyais pouvoir devenir une réalité.
Dans cette douloureuse entreprise, j'ai tout englouti, mais j'ai sauvé mon
honneur. Si mes amis, parmi lesquels je me permets de vous compter, me
soutiennent aujourd'hui, je suis certain de me relever[91].

Ces débuts mouvementés et houleux n'empêcheront pas le
Théâtre des Champs-Elysées de connaître le rôle culturel et la
fortune que l'on sait. Et si, lorsqu'on en franchit le seuil, on se
souvient du courage, de l'imagination et du talent de Gabriel
Astruc pour l'édifier, on ignore le rôle efficace et discret d'Isaac,
dont le nom s'est fondu dans la longue liste des donateurs...

LE COLLECTIONNEUR

Isaac s'est consumé pour la musique mais cette passion ne freinera
jamais son ardeur à collectionner, au contraire, elle l'y incite,
elle en est le complément. En 1893, alors qu'il quitte la rue de
Monceau, il entame une nouvelle vie. A nouvelle vie, nouveau
décor. Celui qu'il se choisit est idéal : "le prototype de
l'abonné[92]"de l'Opéra s'installe tout contre l'entrée des
artistes du palais Garnier, rue Gluck. Cet appartement sert
d'écrin à ses collections. Libéré de la banque et d'Istanbul, sa
frénésie d'acquisition se déchaîne. Il la mène à un tel rythme
qu'il lui faut bientôt louer un deuxième puis un troisième
appartement. Ceux-là se transforment rapidement en lieu
d'exhibition où artistes, conservateurs de musée et aussi
hommes politiques se bousculent. Ils viennent admirer cette
demeure où la *Pendule des trois Grâces* trône au milieu du raris-
sime et précieux mobilier de la vente Double. Parmi ces merveilles, les quatre cents estampes japonaises que lui a procurées
son ami Michel Manzi. Isaac les a installées avec amour, "(...)
il avait longuement cherché, avec raffinement, quel genre
d'écrin pouvait convenir à ces œuvres précieuses et délicates,

et il avait trouvé une natte extrêmement fine, comme celle qu'effleurent, dans les maisons japonaises, les pieds gantés de fine toile et qui y répand une douce odeur de miel. Les murs étaient tendus comme des pupitres et cette harmonie blonde était charmante pour permettre à ces fleurs délicates, à ces orchidées rares d'Harunobu, de Kiyonaga et d'Outamaro de s'épanouir à l'aise dans le milieu renouvelé de leurs origines[93]." Tous veulent admirer son intérieur d'où les souvenirs de sa Turquie natale ne sont pas encore parfaitement effacés et qu'il utilise comme un attrait supplémentaire de séduction. Il les reçoit fastueusement comme le rapporte avec grandiloquence son ami Gabriel Astruc qui y introduit Georges Clemenceau et Louis Barthou : "La salle à manger, chez Camondo, était comme ses salons, une galerie de tableaux. Nous y goutâmes après un verre de samos velouté, des œufs à l'orientale, cuits dans l'huile brûlante pendant quarante-huit heures, et certain turbot à la turque, presque confit d'avoir mijoté. Ces grands plats perpétrés par un cordon-bleu de Constantinople, installé depuis trente ans dans la famille Camondo, apparurent comme des œuvres d'art dignes des tableaux suspendus aux murailles[94]."

Isaac acquiert maintenant à tour de bras des peintures impressionnistes dont il se soucie peu du manque d'honorabilité. En 1892, il se lance : il achète un premier pastel de Degas qui représente une gracieuse *Danseuse tenant un bouquet*[95], à laquelle, l'année suivante, il adjoint huit autres toiles ! Une *Femme dans sa baignoire, Les Repasseuses, Le Champ de courses*[96]... A la fin de sa vie, il possédera une trentaine d'œuvres de ce peintre, préféré entre tous, avec lequel il n'aura eu, paradoxalement, que peu de rapports. Il est vrai que Degas est d'un abord difficile. Il est antisémite. On lui prête un caractère amer et intransigeant qu'accentue une cécité grandissante. Voilà donc Isaac envoûté, grisé, qui sillonne les galeries, découvre peu à peu les autres tenants de cet "impressionnisme" encore bien décrié. Car il faut un certain goût du risque pour acheter ces peintures dont on se moque publiquement, qu'on dénigre encore avec virulence. Cela ne semble guère l'affecter. Il suit son instinct, tout en écoutant souvent les conseils du perspicace marchand Durand-Ruel, qui depuis plusieurs années "avec une confiance et un estomac admirables entassait Monet, Sisley, Pissarro, Degas, Guillaumin, Renoir[97]". Chez cet inlassable défenseur des impressionnistes, Isaac va acquérir quelques-uns des fleurons de sa collection : *Le Fifre* de Manet[98], *Le Parlement* de Monet[99], *La Barque pendant l'inondation* de Sisley[100]... Il y découvre Boudin et Jongkind auquel le marchand consacre une remarquable exposition qui entraîne le succès commercial de ce dernier[101]. L'enthousiasme d'Isaac est tel qu'il achète les aquarelles de Jongkind par douzaine[102] ! En 1895, il découvre Cézanne chez le marchand Ambroise Vollard qui l'expose. "Cette cauchemardesque vision" indigne les avis autorisés et emballe Isaac. Il achète, cette année-là, cinq aquarelles du peintre[103].

Renoir et la jeune génération du postimpressionnisme, Van Gogh, Toulouse-Lautrec, Matisse ou Cross, devront attendre le tournant du siècle avant d'attirer son attention.

*

Monsieur le comte, toujours très désireux de visiter votre admirable collection, je viens vous rappeler que vous m'en avez depuis longtemps déjà accordé la permission. J'avais cru pouvoir en profiter au mois de mars : c'était prématuré. Maintenant peut-être pourriez-vous m'indiquer quel jour je puis me présenter chez vous ? Mon plus grand plaisir serait d'avoir l'honneur de vous y présenter mes hommages. Veuillez...

Auvers-sur-Oise
L. Van Ryssel (Paul Gachet[104])

Le bienveillant protecteur de Van Gogh n'est pas le seul à solliciter cette visite. Tout ce que Paris compte comme amateurs et artistes s'y presse. Isaac a son "jour" : les portes du sanctuaire sont ouvertes le dimanche. Il y reçoit avec bonhomie et cordialité, parfois revêtu d'une robe de chambre plus délabrée que celle de Diderot, au dire de Félix Fénéon[105]. Grillant d'envie d'admirer cette collection, celui-ci utilise un bon prétexte : *"Monsieur, nous connaissions depuis quelque temps une très belle toile de Cézanne, chez un particulier qui maintenant consentirait à le vendre. Il s'agit du* Jas de Bouffan *(deux arbres au premier plan, maisons et verdures au fond), analogue par sa composition à certain Cézanne dont vous vous êtes défait, mais qui est d'une force et d'un charme particulier et même exceptionnels, son prix est = 30 000 francs."*

Maintenant qu'il compte parmi les amateurs de la "nouvelle peinture", Isaac est fréquemment sollicité par les marchands qui en sont les promoteurs. Félix Fénéon, personnage brillant et subtil, est le directeur de la galerie Bernheim où sont exposés les peintres du postimpressionnisme. Il tente de sensibiliser Isaac aux nouveaux talents. Avec habile persuasion et sens commercial de bon aloi, Fénéon parvient parfois à le convaincre. *"Monsieur, quoique, dans les circonstances, ce soit anticommercial, nous nous faisons un plaisir d'accepter 2 250 francs pour* Le Géranium *(...) de M. Henri Matisse*[106]. *(...)"*

Isaac ne fait cependant pas figure d'avant-garde. Lorsque le succès d'un peintre n'est pas confirmé, il s'entoure de conseils et mûrit longuement son choix. Le marchand Ambroise Vollard, qui ne l'aime guère, prétend que les toiles qui l'intéressaient étaient soumises à un examen sévère qui avait lieu le dimanche "à l'issue d'un déjeuner où étaient conviés des peintres auxquels leur hôte n'achetait pas de tableaux, ce qui, à ses yeux, conférait à leur jugement une garantie d'impartialité[107]".

S'il n'est peut-être pas un découvreur, sa présence à une exposition est déterminante pour le succès de l'événement. Feydeau, le célèbre vaudevilliste, le sait lorsqu'il lui écrit :

Mon cher ami,

Le théâtre ayant très peu rendu cette année, je me vois contraint de prendre un peu de nécessaire sur mon superflu. C'est ainsi qu'anonymement je vends samedi quelques tableaux à l'hôtel des ventes. Or la saison est fort avancée et j'ai peur que cela ne se vende très mal. (...) Je compte donc sur les amis pour m'aider en cette circonstance. En matière d'art votre parole est d'évangile et vous implantez la foi. Parlez donc, parlez autour de vous, persuadez et entraînez. Dites : "Ceci est beau ! achetez cela !"

C'est la grâce que je me souhaite. Ainsi soit-il.

Votre bien reconnaissant d'avance[108].

L'autorité d'Isaac est établie, reconnue depuis la vente Double. Le mobilier qu'il y a acquis a été le détonateur qui continue de lui donner le goût de collectionner. Deux décennies plus tard, comme des ondes de choc qui se propagent indéfiniment, la célèbre pendule suscite non seulement l'admiration du public mais attire vers Isaac ces très érudits personnages que sont les conservateurs de musée. Le volet classique de sa collection se diversifie et s'enrichit encore au contact d'Emile Molinier, de Carle Dreyfus et surtout de Gaston Migeon au musée du Louvre.

Cher monsieur et ami,
J'ai revu il y a 5 jours chez Larcade la petite table de Bardac.
C'est vraiment une merveille de simple et bon goût.
Je l'ai vivement engagé à faire avec vous l'affaire la moins onéreuse pour vous.
Que je serais content de savoir que vous vous êtes entendus !
Tout à vous

Gaston Migeon[109]

Mais pourquoi cet empressement, ce désir de voir Isaac conclure l'achat avec ce marchand ? Tout simplement parce que ses appartements de la rue Gluck sont devenus l'anti-chambre du musée du Louvre ! Rien de moins. En 1897, alors qu'il n'a pas encore cinquante ans, Isaac a légué, sous réserve d'usufruit – une première en matière de donation –, une partie de ses collections : des sculptures, des objets d'art du Moyen Age et de la Renaissance agrémentés d'une série d'estampes japonaises sublimes de Sharaku. Et il a promis de continuer ! Il recommencera en 1903 et en 1906. Depuis, il ne cache à personne qu'il réserve le même sort à l'ensemble de ses acqui-sitions. Gaston Migeon, dont le rôle est primordial dans l'in-troduction de l'art du Japon au musée du Louvre, est son principal interlocuteur. C'est lui qui vient désigner les objets qu'il aimerait voir rentrer dans son département. Lorsqu'une œuvre convoitée est au-dessus des moyens du Louvre, il fait appel à Isaac.

Cher monsieur et ami,
On vient de m'envoyer de Chine une petite pierre tombale de marbre d'un bien beau caractère. (…) J'aimerais bien à voir cette petite sculp-ture entrer chez vous si elle vous plaît. Le prix demandé est 850 francs. mais je pense pouvoir le faire baisser[110].

Isaac accède souvent à ces incitations mais pas toujours ! Il existe une frontière perceptible entre l'influence du conseiller et le goût du collectionneur. Parfois Isaac accepte l'"offre" d'un conservateur, acquiert l'objet, le garde quelques jours, puis change d'avis et le restitue. Emile Molinier[111] l'apprend à ses dépens. Froissé mais beau joueur, il répondra : *"Je serais désolé d'avoir fait rentrer dans votre collection un objet qui ne serait pas de votre goût. (…) Il vous plaît ainsi et ce n'est pas moi qui vous pousse-rai à y introduire une note que vous jugeriez discordante*[112].*"*

1897 est une année capitale pour Isaac. Il franchit le pas et accomplit l'acte fondateur qui le consacre mécène. Non seule-ment il a légué une partie de ses collections au Louvre mais il a fondé avec d'autres l'institution qui aujourd'hui encore est un précieux soutien de ce musée. En pleine affaire Dreyfus qui divise la France, des aristocrates, le prince Roland Bonaparte, le comte Greffulhe, des industriels comme Camille Groult et des financiers juifs tels Edmond de Rothschild et Isaac se réunissent pour créer la Société des Amis du Louvre. "La tâche est artistique mais aussi patriotique[113]." L'objectif est d'ac-croître les moyens qui manquent pour enrichir les collections et de renforcer les atouts de la noble institution face à la concurrence des jeunes musées comme la National Gallery ou le musée de Berlin. Cette société bénéficie fréquemment de la générosité sonnante et trébuchante d'Isaac.

Cette période de maturité est l'une des plus heureuses de la vie d'Isaac. Le mécène s'épanouit malgré une santé déjà fragile qui se détériore – des crises de goutte notamment, tribut fréquent de la cinquantaine à des festins savoureux et trop riches – et malgré les rebondissements de l'affaire Dreyfus qui porte à son paroxysme l'antisémitisme exacerbé qui secoue l'opinion française. Juif et étranger de surcroît, il est une cible de choix. Son nom est fréquemment cité par les tenants les plus antisémites de la presse. Mais "l'Oriental follement épris de l'Occident[114]" qu'est Isaac, à l'instar des plus hautes autori-tés du consistoire et des juifs aisés admis, du moins en appa-rence, dans la haute société parisienne, ne prend pas officiellement position. Il affecte de s'accommoder, avec philosophie, de ce phénomène "aussi français que la baguette[115]". Quel regard Isaac porte-t-il par exemple sur Arthur Meyer, ce juif converti et antisémite qui traverse les générations Camondo en qualité d'ami. Arriviste, épris du beau monde dont il fait son pain quotidien, Meyer, après un duel contre Drumont qu'il écharpe sans hésitations, tourne casaque avec autant d'aplomb, sentant l'opprobre que jette sur lui toute l'aristocratie en majorité dreyfusarde. Dans ses souvenirs, il ira jusqu'à déclarer sans

Chez Isaac, 82, avenue des Champs-Elysées.
(Musée Nissim-de-Camondo.)

ambiguïté : "Depuis, des campagnes communes m'ont rapproché d'Edouard Drumont. J'ai appris à le connaître, j'ai pu admirer en lui un des plus grands écrivains de notre époque, un précurseur qui est resté un apôtre et je n'en éprouve que plus de regrets de l'avoir blessé[116]." Rien ne devait arrêter Arthur Meyer, cramponné à la vanité mondaine. N'hésitant pas à se convertir au catholicisme, il se fait baptiser, encouragé par la duchesse d'Uzès, dont il est un des familiers. Puis, ne craignant pas le ridicule, il épouse, à soixante ans, Mlle de Turenne, une jeunesse de vingt ans qui n'a que son joli nom à offrir ainsi qu'une inconstance vite révélée. Comme le dit Hannah Arendt "ce qui caractérise les juifs assimilés, c'est d'être devenus incapables de distinguer leurs amis de leurs ennemis, ou de faire la différence entre un compliment et une insulte, et de se sentir flattés lorsqu'un antisémite leur affirme qu'il ne les englobe pas dans leur antisémitisme, qu'ils sont des juifs exceptionnels[117]".

1907 est une nouvelle année de bouleversements. La mort dans l'âme, Isaac doit se résigner à quitter son nid-écrin de la rue Gluck. *"Mon rêve de vivre ici tranquillement est brisé et cela m'en coûte plus que je ne saurais le dire*[118]. *"* Il est désemparé. Il signe ses transactions avec "un saignement de cœur". Son chagrin néanmoins n'affecte pas son solide sens des affaires. "Pour quitter sa résidence, Camondo avait exigé, à titre d'indemnités, le capital d'une rente de 33 000 francs, montant de son futur loyer[119]", affirme son ami Gabriel Astruc. L'indispensable Tedeschi lui a pourtant déniché une merveille : *"J'ai visité cet appartement qui est absolument admirable, grandiose et qui, à mon sens, est bien ce qu'il vous faut. Deux belles pièces et un salon immense sur l'avenue des Champs-Elysées sont exposés au soleil, toute la journée, sans interruption. Les pièces sur «la cour d'honneur» ont le soleil à son lever jusqu'à 10 ou 11 heures*[120]. *"* Cher Tedeschi ! Que deviendrait Isaac sans lui, sans cet ange gardien? Il est et sera toujours ce *"second moi-même*[121] *"*, efficace, précis, vigilant et dévoué. Un intendant qui traite avec adresse tous les détails fastidieux qui agacent Isaac l'épicurien. Un autre regard encore couve Isaac de sa tendresse. *"Je suis content qu'il se soit décidé pour cet appartement, un des plus beaux de Paris et digne de sa collection. Il sera ainsi au bon air et s'il se décide à se promener un peu tous les matins devant sa demeure, sa santé y gagnera beaucoup*[122]. *"*

Moïse, l'auteur attentionné de ces lignes à Tedeschi, se tracasse beaucoup au sujet de son fantasque cousin. Dix années les séparent, leurs caractères les opposent, l'un est extraverti, l'autre plus réservé, l'un a toujours mené sa vie très librement, l'autre reste attaché aux conventions. Ils sont cependant très liés. Moïse porte à son aîné une admiration mêlée de sollicitude. Il est en tout cas fort probable qu'il s'illusionne quant aux velléités de promenades d'Isaac. *"Je suis tout ce qu'il y a au monde de moins campagnard"*, affirme-t-il à Thadée Nathanson, lorsque celui-ci l'invite à Villeneuve-sur-Yonne[123].

C'est plutôt assis devant son piano, entouré de ses Degas qu'il passe ses matinées. Ou peut-être bavarde-t-il avec son ami Henri Lebasque. Ces derniers temps, le peintre passe de longs moments chez lui pour y faire le portrait de ses jeunes fils, Jean et Paul. Il a fait une esquisse rapide du cadet, sans doute peu enclin à prendre longuement la pose. L'enfant est en train de prendre son petit déjeuner, juché sur un fauteuil en bois doré. Devant lui, bol et théière fumante sont disposés sur une table de marqueterie estampillée d'un de ces grands ébénistes du XVIIIe siècle. Quant à l'aîné, sans doute plus patient, le peintre semble surtout saisir le prétexte pour décrire minutieusement le cadre somptueux qui entoure son modèle[124]. Mais que pense d'Isaac cet enfant sage aux boucles blondes ? Sait-il seulement que ce vieux monsieur fatigué est son père ? Devine-t-il que le cadre intime et admirable dans lequel il évolue va bientôt s'effacer et que les objets qui l'entourent sont l'objet d'une des plus importantes donations jamais faites ?

Je lègue toute ma collection au musée du Louvre avec 100 000 francs pour les frais de placement. Le Louvre doit prendre le tout et l'exposer ; s'il n'accepte pas cette condition, je laisse ma collection au Petit Palais. (…) Le Louvre devra mettre pendant cinquante ans ma collection dans une salle spéciale portant mon nom[125].

Cette clause des cinquante ans est des plus étranges. Totalement inédite, elle annule jusqu'à la raison même de la donation. Le geste du legs n'est-il pas porté par l'espoir de ne pas être oublié ? Or Isaac semble dire : "Il n'est pas indispensable que l'on se souvienne de moi. Non vraiment, entretenir la flamme du souvenir, graver mon nom sur le marbre de la postérité n'est pas mon souci majeur." Cette restriction est-elle l'expression d'un doute quant à la qualité des quelque soixante tableaux impressionnistes que comporte sa collection ? Sûrement pas, c'est plutôt un geste de visionnaire. Il sait que faire pénétrer ces peintures scandaleuses au Louvre, alors que la plupart de leurs auteurs sont encore vivants, constitue un obstacle majeur : le règlement est très strict sur ce point. L'admission d'œuvres dont l'artiste n'est pas mort depuis dix ans est interdite. Il connaît aussi les réticences que provoquent certains : Cézanne, par exemple, donne le vertige à la majorité des détenteurs du goût officiel. Fermement et habilement, il veut laisser le temps faire son œuvre, permettre aux générations suivantes de juger dans la sérénité. Il a également le souci de ne pas trop heurter l'administration des Beaux-Arts.

Isaac est beaucoup plus préoccupé par la qualité et l'utilité de son action que par les honneurs qui pourraient en découler. Une des meilleures preuves est sa réaction lorsque l'on vient lui proposer la présidence de la Société des Amis du Louvre dont il est membre fondateur, vice-président et prodigue donateur depuis les débuts. Or ce président devient automatiquement membre de la Commission des musées. Mais cette deuxième fonction ne peut être exercée, une fois encore, par un étranger. Avec finesse et panache, Isaac décline donc la proposition *"dans l'intérêt général de l'œuvre*[126] *"*.

Chers amis,

MM. Koechlin et Metmann sont venus m'offrir la présidence de la Société des Amis du Louvre. J'ai été très touché de leur démarche et aurais été très heureux de pouvoir accepter si une question n'était soulevée à ce sujet. Le président des Amis du Louvre (ce qui est très logique) était, jusqu'à ce jour, nommé, ipso facto, *membre de la Commission des musées, au Louvre. Or, ce qui m'est offert n'est qu'une présidence tronquée. Président des Amis du Louvre, oui, membre de la Commission des musées, non. Ma qualité d'étranger ne le permet pas ; étranger, le mot paraît étrange quand il s'agit de voir augmenter, de son vivant et après lui, le patrimoine de notre admirable musée.*

J'ai déjà eu, autrefois, de la difficulté à faire accepter mes conditions au Louvre car il n'était pas d'usage de faire des donations de son vivant avec la réserve d'usufruit entre le Louvre et un particulier. J'ai mis plus de trois ans à lutter contre cette anomalie : on voulait bien accepter mes dons mais à la condition que les frais d'actes notariés m'incomberaient aussi. Je m'y suis refusé.

Voici une nouvelle anomalie qui se présente aujourd'hui, et je préfère décliner l'honneur qui m'est fait plutôt que souscrire à cette nouvelle formule "exclusion du Conseil des musées du président même des Amis du Louvre" pas tant pour ma personne, ce qui est peu, mais pour le prestige, dans l'avenir, de la fonction de ce mandataire, heureux si, agissant ainsi, je pouvais dans la suite être utile à d'autres pour lesquels un tel principe ne pourrait plus être invoqué.

Je ne sais si vous pourrez faire modifier, comment dirai-je, cette... petite inconséquence au point de vue artistique, humain et philosophique, en tout cas deux choses ne seront certes pas modifiées : le grand plaisir et l'honneur que me font mes collègues en voulant bien me désigner comme président d'une œuvre à laquelle ils croient que je pourrais être utile et, ensuite, rien ne sera modifié (ce qui serait indigne) dans mon programme d'enrichir le patrimoine de notre musée auquel je n'aurai certes pas, quoique étranger, été étranger.

Bien affectueusement vôtre[127].

Etranger ! on le lui reprochera même après sa disparition, qui advient peu de temps après, à propos de sa donation : "Sa qualité d'étranger l'excuse de n'avoir pas senti autant que nous l'utilité de la coutume qui impose à toute œuvre désignée pour le Louvre une attente de dix ans au moins après la mort de son auteur", déclare avec fiel le critique, Paul Jamot, dans *La Gazette des Beaux-Arts*[128]. Car ainsi que l'avait prévu Isaac, ses goûts en matière d'impressionnisme font, chez la plupart, l'objet d'un ostracisme péremptoire. "Tout de même, il est imprudent de la part d'un amateur, fût-il très éclairé, de vouloir ainsi, tout de go et d'un bloc, transporter, installer d'autorité dans un sanctuaire aussi illustre que le Louvre la collection qu'il a formée pour son agrément, le plaisir de ses après-dîners ; il est téméraire d'espérer qu'on puisse, avec cette facilité, créer un petit musée à sa marque dans un grand musée tout rempli de pages consacrées par l'admiration des siècles", proteste le journaliste de *L'Illustration*[129]. Et pourtant, ces articles datent de 1914... la révolution esthétique et technique du cubisme s'achève, *Les Demoiselles d'Avignon*[130] de Picasso viennent d'atteindre l'âge de raison... mais les dignitaires garants du bon goût se tâtent encore quant au talent des impressionnistes, ou s'ils n'osent plus les condamner ouvertement, ils évoquent la rigueur du "règlement" avec un sourire contrit.

Il a fallu s'y résoudre cependant. Heureusement "la valeur insigne des objets légués absout l'administration d'avoir pour une fois enfreint une règle qu'en dépit d'un tel précédent il est indispensable de maintenir[131]"! Le 8 mai 1911, le Conseil des musées nationaux accepte le legs d'Isaac. Il est estimé à huit millions de francs. Il semble que l'accord fut donné sans hésitation. La personnalité du donateur, la beauté et la qualité de certains objets font l'unanimité, quant aux conditions d'acceptation, elles sont incontournables. La mise en place des collections au Louvre soulève quelques problèmes : on projette d'abord une installation au premier étage de l'aile sud des Tuileries et du pavillon de Flore, mais l'idée est abandonnée. On propose alors des salles au deuxième étage de la partie du palais construite par Lefuel, qui va de l'escalier Mollien à la grande galerie du bord de l'eau et s'éclaire à la fois sur la cour Lefuel et la place du Carrousel. Moïse, l'exécuteur testamentaire d'Isaac, est tout d'abord réticent. Gaston Migeon le convainc : *"Ces salles sont admirablement proportionnées aux collections et d'une lumière incomparable*[132].*"* Des plans sont dessinés par M. Blavette, architecte du

Louvre, la solution trouvée est adoptée. Les travaux vont durer presque deux ans. L'escalier Mollien est achevé, on installe un ascenseur pour l'occasion. Une suite de huit salles est affectée à la collection. On tente d'y reconstituer le cadre dans lequel Isaac l'avait ordonnée. Pour ce faire, on utilise les quelques boiseries anciennes qui se trouvaient chez lui. La première pièce est consacrée à l'exposition des sculptures du Moyen Age et de la Renaissance. Viennent ensuite les objets d'art d'Extrême-Orient et les estampes japonaises. Le mobilier XVIIIᵉ est rassemblé dans un salon décoré de boiseries provenant de l'ancien hôtel du gouvernement militaire de Paris, place Vendôme, et dans deux cabinets attenants. Trois salles sont consacrées à la peinture impressionniste. Le Louvre devient ainsi "le véritable musée moderne de Paris", se réjouit Apollinaire[133]. Ouverte deux mois avant la guerre, l'inauguration officielle ne se fera qu'en 1920. Et d'après l'écrivain Sylvain Bonmariage, il fut même difficile d'y avoir accès avant cette date[134].

Il ne reste que des bribes éparses de cet assemblage arbitraire de chefs-d'œuvre. Les principaux dépositaires sont maintenant le musée d'Orsay, le musée Guimet et le département des objets d'art du musée du Louvre. Dans une atmosphère feutrée, une salle "Camondo", voulue par les conservateurs reconnaissants, y témoigne encore de son goût pour le XVIIIᵉ siècle, tandis que la foule se presse au dernier étage du musée d'Orsay pour admirer les vénérables maîtres de l'impressionnisme. *Les Cathédrales*[135] de Monet, *La Maison du pendu*[136] de Cézanne, *Les Fritillaires*[137] de Van Gogh sont des monuments historiques dont on vante les qualités insignes mais dont on ne sait pas ou à peine la provenance. La clause des cinquante ans a été appliquée. Peu à peu, le nom d'Isaac, effacé sous le titre de l'œuvre, s'est éclipsé de nos mémoires. *"Monsieur,* disait-il à un diffamateur, *on m'a accusé d'avoir abrégé les jours de mon père, violé ma sœur, écumé l'épargne, fait fabriquer mes partitions par des musicastres aux abois. Si vous trouvez une injure inédite, je vous ouvre mon coffre. Surtout, ne croyez pas gagner la partie en déclarant que je ne comprends rien à la peinture, on me l'a reproché souvent*[138]... " La confiance inébranlable dans le talent de ses amis peintres, voilà le premier des sentiments qui présidait aux décisions d'Isaac au détriment des palmes d'une renommée éternelle. Mais que cache encore cette suprême élégance, ce panache ? D'où vient cette détermination à s'effacer exprimée dans son legs par "la clause des cinquante ans" ?

L'artiste en lui, sa part rebelle et individualiste l'ont conduit à dépasser le modèle Rothschild qui exige des traces visibles et durables de la générosité déployée. Isaac a refusé de jouer son rôle de protecteur des arts et de donateur comme un gage payé à la célébrité et à l'intégration.

Par quel fil d'Ariane Isaac s'est-il laissé guider dans l'existence ?

La philanthropie d'Abraham-Béhor, son père, tentait d'ouvrir la communauté juive à la citoyenneté. La générosité d'Isaac change d'adresse. Elle a pour interlocuteur la "commune humanité" qu'elle souhaite gagner à la création artistique. Père et fils don Quichotte s'engagent dans les causes qu'ils se sont choisies envers et contre tous. La succession de ces phases de philanthropie et de mécénat apparaît comme les paliers d'une même évolution vers la modernité.

L'universalisme qu'affiche Isaac à travers la solidarité avec l'art et les artistes est sans doute la forme la plus achevée que prend, en ce début de XXe siècle, l'aspiration moderniste des élites juives qui se démarquent des postures communautaires.

Il fallait à Isaac conquérir sa singularité et se soustraire à un destin tout tracé. Seul le préoccupait l'épanouissement de sa personnalité. Il s'est mis ainsi hors des groupes constitués, hors protection. Son souvenir et le destin des siens seront désormais exposés.

VIII

MOÏSE

IRÈNE

8 octobre 1891. Dans la suite de salons somptueusement meublés de l'hôtel particulier des Cahen d'Anvers, rue Bassano, règne aujourd'hui une atmosphère sérieuse, solennelle et, de ce fait, très inhabituelle. A l'ordinaire, ces pièces de réception où ont été remontées les fines boiseries de l'hôtel de Mayenne servent de cadre à des réunions mondaines et bruissantes. La maîtresse des lieux, Louise Cahen d'Anvers, née Morpurgo, y invite parfois les Goncourt. Les deux frères sont charmés par "la nonchalance particulière", "les mouvements de chatte paresseuse", "la blondeur comme de l'or[1]" de cette femme, originaire de Trieste, dont le mari, Louis Cahen d'Anvers, très correct et discret, est un des représentants de la banque du même nom. Mais non sans dépit, les Goncourt ajoutent sournoisement "parce que les femmes juives n'ont pas la connaissance du monde, qu'elles ignorent l'art d'être maîtresse de salon (...) quand elles reçoivent, elles emmènent dans un coin de leur salon les deux ou trois hommes qui sont beaux ou spirituels ou célèbres et laissent leurs invités privés de leurs jolis hommes, de leurs boute-en-train, de leurs allumeurs de gaieté" et de citer en exemple "Louise Cahen[2]". L'antisémitisme latent de l'époque cultive ici laborieusement un de ses thèmes favoris : la faute de goût. Contraints d'admettre les talents d'une juive, les Goncourt expriment leur mépris en taxant de manque de savoir-vivre, le désintérêt de la maîtresse de maison à leur égard. Cela n'enlève rien au succès de ces réceptions : parmi les artistes qui composent ces régulières

assemblées, l'écrivain François Coppée tient souvent le premier rôle. On y croise aussi l'audacieux Paul Bourget, ou encore Guy de Maupassant... Quant à Charles Ephrussi, collectionneur, banquier et futur propriétaire de *La Gazette des Beaux-Arts*, il y introduit ses peintres préférés. Renoir est l'un d'eux. Les Cahen d'Anvers lui commandèrent deux portraits de leurs filles, qu'ils trouvèrent affreux et reléguèrent aussitôt dans un grenier... Celui d'Irène, leur fille aînée, fut peint en deux séances en 1880[3]. Elle avait alors huit ans, de longs cheveux blond vénitien et des yeux bleu-vert.

Aujourd'hui, c'est justement vers elle que tous les regards convergent. Le charmant modèle de Renoir vient d'avoir dix-neuf ans. Son regard est vif et intelligent, ses cheveux sont maintenant rassemblés en un lourd et savant chignon. Pas vraiment jolie mais gracieuse et charmante, de taille moyenne, fort bien tournée, c'est une jeune fille ardente et spontanée. A ses côtés, se tient un homme de haute taille et très élégant avec lequel elle se marie, ou plutôt "on" la marie... Imaginons la scène : Irène jetant vers son futur époux des regards en coulisse chargés de sourdes et confuses interrogations tandis que la voix de maître Labite, solennelle et nasillarde, déclame les termes de leur contrat de mariage.

... Ont comparu M. le comte Moïse de Camondo, banquier, sujet italien, né à Constantinople en Turquie, le 15 mars 1860[4]...

Trente et un ans... le crâne déjà un peu dégarni, l'air sévère avec son noir monocle. Hélas, Moïse est borgne !... D'allure distinguée, le futur époux n'a rien d'un Apollon... Certes, Irène reconnaît qu'il est fort charmant à son endroit. Elle sait aussi qu'il a la réputation d'être empressé envers beaucoup d'autres...

Très sportif, amateur de yachting, il possède un bateau de plaisance, le *Rover*, ancré à Cannes. Il chasse beaucoup, monte à cheval à la perfection et aime voyager. Son élégance traduit des goûts raffinés. On le sait fin gourmet, amateur de bons vins... En somme, c'est un épicurien, mais de stricte apparence. Le personnage est tout en retenue et quelque peu raide. Il est vrai que sur lui repose l'avenir de la lignée, la charge de transmettre le nom. Cette responsabilité pèse sur ses épaules. Ce mariage est un acte fondamental et donc mûrement réfléchi, un moment solennel, déterminant et porteur d'espoir.

*... La future épouse apporte en mariage et se constitue personnelle-
ment en dot ses robes, linge, bijoux, objets mobiliers à son usage personnel, le tout pour une valeur de 10 000 francs.*

En considération du mariage, M. et Mme Cahen (d'Anvers) *donnent
en dot à Mlle Cahen* (d'Anvers) *leur fille, premièrement... deuxiè-
mement...*

Tandis que le notaire continue d'égrener lentement chiffres,
titres, actions et obligations qui composaient la dot, il fut sans
doute possible à la jeune fille d'observer, dans un mélange
d'appréhension et d'excitation, les quelques membres de sa
nouvelle famille. Parmi eux, sa future belle-mère, née Elise
Fernandez. Bonne et douce, mais en retrait des événements.
A Paris depuis plus de vingt ans, elle continue à s'exprimer en
ladino[5]. Encore endeuillée par la mort de son époux Nissim
disparu deux ans plus tôt, est-elle couverte des diamants et
perles dont il la comblait ? Près d'eux, se tient Isaac, le chef de
famille. Cousin germain de Moïse, il est son témoin. L'œil vif
implique l'esprit pétillant. La moustache souveraine, la cravate
avantageuse traduisent son caractère extraverti et enjoué de
dandy artiste et musicien. Tout de suite, Irène s'est très bien
entendue avec lui.

... Troisièmement, continue imperturbablement maître Labite,
*vingt-six mille neuf cent vingt un francs trente-cinq centimes en
deniers comptants, pour un total de la constitution de dot de : un
million cinquante mille francs...*

C'est un très beau parti ! Par ce mariage, Moïse de
Camondo s'allie à une famille de financiers juifs avec laquelle
son père et son oncle ont été souvent en relations d'affaires. Ils
se sont installés en France une vingtaine d'années avant l'arrivée des Camondo, vers 1849. Le fondateur de la dynastie porte
le prénom biblique de Mardochée. Il a été courtier de la
Maison Bischoffsheim. A peine arrivés à Paris, ils sont agréés
des Rothschild et reçus aux Tuileries. Leurs bureaux se trouvant rue Lafitte à proximité d'un commerçant qui portait le
même nom qu'eux, Auguste Chirac leur reproche d'avoir
ajouté d'Anvers – d'où ils venaient – à Cahen[6]. Ils reçoivent du
pape un titre de comte romain[7] tout en se concevant des
armoiries. Parmi les quatre représentants du nom, l'aîné,
Edouard, retiré des affaires est, toujours d'après Auguste

Chirac, "pétrifié dans son costume de chevalier de l'ordre de Malte[8]", un autre est musicien, c'est Albert. Raphaël et Louis, bien connus à la Bourse, dirigent la maison de banque. Ils se sont fait une spécialité des arbitrages internationaux. En outre, Raphaël a créé le Crédit foncier canadien dont Isaac de Camondo, puis Moïse seront administrateurs. "D'apparence maigriotte, petits, et sans cesse en mouvement, ils ont épousé les deux filles d'un juif levantin nommé Morpurgo[9]." Tout pour plaire ! juif et levantin. L'un et l'autre détestables pour leur nomadisme et leur facilité à migrer d'une nationalité vers une autre. Malgré tout, Auguste Chirac ne peut s'empêcher de les reconnaître amateurs de musique, de littérature, d'art. Il admet leur bon goût et envie le train de vie luxueux que leur permet une fortune, qu'il ne se risque pas à évaluer...

... De laquelle constitution de dot, il a été donné connaissance au futur époux qui le reconnaît et consent à en demeurer chargé par le seul fait de la célébration du mariage.

Celle-ci aura lieu quelques jours plus tard, le 15 octobre, à la synagogue de la rue de la Victoire. Le mariage civil a été célébré la veille, à la mairie du XVIᵉ. Irène a eu pour témoins le baron Alphonse de Rothschild et son oncle, M. Albert Cahen. Ceux de Moïse étaient M. Ressmann, ambassadeur d'Italie et son cousin Isaac de Camondo. Les fidèles lecteurs du *Gaulois* et du *Figaro* trouvent, étalés sur plusieurs colonnes, tous les détails enthousiastes de cet événement aussi fastueux que la dot et la fortune des jeunes époux le laissaient présager :

> ... M. Dreyfus, le nouveau grand rabbin de Paris, a béni le mariage et a prononcé un discours dans lequel il a fait l'éloge des familles des fiancés et a rappelé le souvenir du regretté comte Nissim de Camondo. Pendant la cérémonie, la maîtrise, renforcée d'un orchestre, a exécuté de très beaux morceaux ; les strophes musicales, que M. Samuel David, directeur de la maîtrise, avait composées à l'occasion du mariage de M. Lambert et Mlle de Rothschild ; un offertoire religieux, une des plus belles pages symphoniques de M. Albert Cahen, l'*Elim* de Jonas avec solo... l'*alléluia* d'Erlanger. Après la cérémonie, on a joué la marche nuptiale de *Lohengrin* pendant que le cortège et les assistants se rendaient à la sacristie où a eu lieu le défilé qui a duré près d'une heure[10].

Une cohue, où se mêlent ambassadeurs décorés, pachas et vizirs barbus, altesses couronnées ou déchues, hommes politiques, financiers, artistes, aristocrates de fraîche ou de longue date, va donc se bousculer afin de féliciter le jeune couple.

Mme Louise Cahen d'Anvers, au retour du temple, a ouvert ses magnifiques salons de la rue Bassano où a eu lieu une réception intime suivie d'un lunch. Dans le salon dit des fleurs, on remarquait un arbre tout fait d'orchidées. Cette merveille qui, dit-on, coûterait plus de cinq mille francs porterait la carte du comte de Takovo, nom sous lequel le roi Milan de Serbie cache son incognito. Très admiré, le dorsay attelé de superbes chevaux, qui a ramené les jeunes mariés du temple à la rue Bassano. Le comte et la comtesse Moïse de Camondo doivent partir pour Cannes[11].

*

"Le crépuscule de Cannes était une chose exquise. Le frisson fiévreux de la fin du jour, l'odeur des fleurs et l'artificiel de cette ville sans banlieue et sans usines formaient un ensemble complexe et rare, réservé pour quelques privilégiés. Ces villas disséminées dans ces immenses jardins n'abritaient que l'indolence. A Cannes tout indiquait l'oisiveté, même le trot cadencé des attelages, rythmant le nonchaloir des belles hivernantes[12]." Tout semble idyllique. La première année de leur union est luxueusement bohème : ils s'installent d'abord dans cette ville aux charmes vantés par Elisabeth de Gramont où l'on côtoie lords, princes russes et rois en exil. La *Villa Saint-Hubert* y est louée jusqu'en janvier. Ils regagnent ensuite Paris et vivent dans un hôtel particulier, rue de Constantine. C'est là qu'Irène donne naissance à un fils prénommé Nissim, en mémoire de son grand-père paternel, puis ils quittent la capitale pour passer l'automne à la campagne.

La naissance d'un héritier réjouit famille et amis. Telle une onde salvatrice, la nouvelle se propage jusqu'à Constantinople. Tedeschi, en voyage d'affaires à Rome, exprime sa joie :

Monsieur le comte,
Par une lettre que j'ai reçue, ce matin, j'ai appris l'heureuse délivrance de Mme la comtesse Irène.

G. Boldini. Béatrice de Camondo (1900).

Cette nouvelle m'a d'autant plus comblé de joie que l'espérance que vous fondiez, naturellement, sur un héritier, s'est réalisée grâce à Dieu !

Veuille le Tout-Puissant vous accorder toujours ainsi qu'à tous les vôtres toute sorte de félicité et de bonheur. C'est, croyez-le bien monsieur le comte, le vœu le plus sincère qui parte du fond de mon cœur[13].

En janvier 1893, ils emménagent dans un appartement au 11, avenue d'Iéna. Leur existence facile, sans souci, élégante et mondaine est rythmée par les saisons. Les étés suivants se passent en villégiature à Deauville ou en croisière sur le yacht *Géraldine* – une goélette à hélice de trois cent un tonneaux – que beau-père et mari viennent d'acheter ensemble. Happés dans un tourbillon de dîners, de bals, de concerts, lundis à l'Opéra, mardis au Français, ils sont reçus partout. On les voit aux courses, à Auteuil, à Longchamp à Chantilly pour le prix de Diane. Tandis que Moïse gère avec Isaac les affaires de la banque et remplit ses devoirs de consul de Serbie, Irène reçoit pour un thé après avoir passé la matinée à se prêter à l'essayage d'une nouvelle robe sur une mousse de jupons, d'un de ces chapeaux dont la voilette pouvait cacher ses états d'âme… On la croise montant en amazone, dans les allées du Bois, vêtue d'une stricte robe noire boutonnée jusqu'au col qui sertit son visage pensif d'une mince collerette blanche. C'est l'occasion pour les promeneurs de reconnaître cette jolie cavalière et d'admirer un des chevaux qui composent l'écurie des Camondo. En 1894, elle donne naissance à un nouvel enfant, une petite fille appelée Béatrice.

Et puis, brusquement, son entourage perçoit son humeur changeante, la sent distraite et anxieuse. Depuis quelque temps, Moïse a eu l'imprudence d'engager un homme charmant afin, justement, de diriger son écurie. Il est italien et, dit-on, beau comme un dieu. Il se nomme le comte Sampieri. Il a d'abord été remisier dans une maison de coulisse. Passionné de chevaux, il fréquente souvent les courses. C'est probablement en ces occasions qu'il rencontre les Camondo. Irène en tombe irrémédiablement amoureuse. Comme dans les meilleurs vaudevilles, c'est une femme de chambre indiscrète qui les trahit. L'amant, amèrement surnommé "le palefrenier", est éloigné, mais pas assez : il exerce maintenant ses talents chez Boni de Castellane[14]… L'infidèle a quitté le domicile conjugal. Le mari, fou de rage, mortifié, ne veut pas que son infortune soit ébruitée… espère sans doute le retour de la coupable… Mais rien n'y fait. En août 1897, leur séparation est officielle. Un arrangement est trouvé, les enfants habitent chez Moïse mais passent quatre mois par an avec leur mère et la voient tous les jours. Leur éducation est confiée à une gouvernante, choisie d'un commun accord, qui tente de régenter les caprices de ces enfants servis par une armée de valets dans l'immense hôtel particulier que leur père a loué, sur les conseils de Charles Ephrussi, rue Hamelin. Ils reçoivent des cours de solfège, d'anglais, pratiquent tous deux l'équitation. Enfin, tous les vendredis, un rabbin les initie à la religion.

En cette époque où le système des valeurs inscrit le mariage comme une union d'intérêts, l'infidélité chez l'homme est admise alors que l'adultère est sévèrement réprouvé chez la femme. Irène est mise au ban de la société. Son caractère entier, sa volonté d'émancipation, son mépris des conventions la poussent à rejeter l'hypocrisie. Le divorce, véritable scandale, est prononcé le 8 janvier 1902. Moïse, que son conformisme incitait à temporiser, s'y résout. Devant l'obstination farouche d'Irène, il est contraint de s'incliner. Pour cela, il se fait naturaliser français : la loi italienne est encore bien rétrograde en la matière.

Un an plus tard, Irène tente, avec douceur et simplicité, d'expliquer à ses enfants le choix d'une nouvelle vie. A la lecture de ces lignes où elle avoue sa peur de la solitude, on perçoit sa fragilité. En divorçant, elle a retrouvé une liberté à laquelle elle renonce aussitôt pour l'amour d'un autre. Le statut de femme seule et indépendante ne lui convient pas.

Mes chéris,

Comme je vous l'ai dit l'autre jour, je vais m'absenter pendant quelques semaines en Italie.

Je vous annonce une nouvelle qui ne vous étonnera pas, car vous vous y attendiez !

Je me suis mariée l'autre jour avec M. Sampieri.

Vous savez tous les deux et vous comprendrez encore mieux en grandissant combien ma vie est seule maintenant et combien je souffrais de n'avoir personne autour de moi pour m'aider dans l'existence et me tenir compagnie et surtout beaucoup plus tard quand je serai vieille, que Béatrice sera mariée et que Nini sera un grand garçon qui circulera pour son propre compte. Enfin, mes chéris, vous savez combien je vous aime ! que si je vous gronde quelquefois c'est pour votre bien, parce que je vous voudrais plus sages et de meilleurs enfants que les autres !

Vous savez que vous êtes et que vous serez toujours mes enfants chéris et que M. Sampieri ne demande qu'à être un grand et bon ami pour vous. Lisez cette lettre avec cette excellente mademoiselle que j'ai chargée encore hier de vous embrasser pour moi ! Soyez sages et

dociles et obéissants, et surtout respectueux et gentils pour votre père
qui vous aime tant et même trop. Ecrivez moi Eden Hôtel, Gênes.
Je pense rester en Italie 3 semaines. (…)
Je vous dis au revoir, mes chéris, écrivez-moi bientôt.

Votre maman[15]

Moïse, très affecté, blessé par cette nouvelle, est saisi d'un sursaut d'indignation. Il ne peut tolérer que ses enfants côtoient le nouveau mari. Un autre procès est engagé. Il dispose d'un excellent prétexte : Irène a abjuré sa foi, elle est devenue catholique. Il se servira de cet argument pour limiter au strict nécessaire les visites de Nissim et Béatrice chez leur mère. Les enfants en souffriront car ils lui sont très attachés.

Mais pas de pitié pour l'impie… De cette union aux débuts tourmentés, naîtra une fille : ceci est une autre histoire…

Moïse, sans doute refroidi par ses déboires conjugaux, ne se remarie pas. Il ne le juge pas nécessaire. Il a un fils, sa succession est assurée. Nissim restera donc l'unique maillon d'une chaîne ténue, fragile… Bien sûr, ce célibat forcé sera adouci par des aventures sentimentales mais aucune ne le rompra…

UNE PASSION POUR LE XVIIIe SIÈCLE

31 mai 1901
Monsieur le directeur de l'hôtel du Palais à Biarritz

Monsieur,
J'ai l'intention d'aller m'installer dans votre hôtel pendant le mois
de septembre. J'aurai besoin, pour moi, d'une belle chambre avec salon
et, pour mes enfants et leur institutrice, de deux grandes chambres à
2 lits chaque ou de 3 petites de la même superficie. Je désirerais que
ces chambres soient en suite de mon salon ou vis-à vis de mon
appartement. (…)
Veuillez me dire à quel prix s'élèveront ces deux appartements et
m'indiquer à quelle époque je serai obligé de m'engager vis-à-vis de
vous pour leur location.
Agréez, monsieur, mes salutations distinguées.

Comte de Camondo

Depuis qu'il est séparé de sa femme, Moïse a démissionné du Polo de Bagatelle, du Cercle de Deauville, de l'Omnium, de Puteaux. Il s'écarte ainsi de toute vie mondaine, d'autant plus facilement qu'en cette époque encore très puritaine, le divorce est difficile à porter. Il troque la fréquentation de ces clubs huppés, des champs de courses élégants, contre une vie familiale retirée et proche de ses enfants sur lesquels il reporte une énorme affection.

Simultanément, son goût pour les voyages, déjà très prononcé, tourne à la frénésie. Il ne tient plus en place. On peut y voir une autre manière de se soustraire au regard ironique, voire condescendant de cette haute société dans laquelle il aimait à évoluer. Il attend de ces nouveaux horizons, vierges de tout souvenir, qu'ils l'aident à dissiper le désastre de sa vie conjugale, l'affront qui lui a été infligé. A ces virées touristiques, il associe des occupations sportives qui, désormais, le passionnent. A partir de ce moment, il se confirme également dans le rôle de collectionneur raffiné et érudit. Exercée jusqu'alors de façon superficielle et dilettante, cette occupation se transforme en raison de vivre.

Il s'échappe donc de Paris le plus souvent possible. Se revigorant de station thermale en villégiature, il tente, de palace en palace, de se libérer des contraintes de la vie sociale. Saint-Moritz en décembre, Monte-Carlo en janvier, de juin à fin août, il "excursionne" avec ses enfants et séjourne à Biarritz, Dinard, La Bourboule ou Pourville, près de Dieppe. Il part en cure à Evian, à Aix-les-Bains, à Contrexeville, en croisière sur des "paquebots-yachts", mais il ne possède plus de bateau, il espérait que son fils *"cultiverait le sport nautique (...) mais il préfère employer ses loisirs à la chasse et au golf de Chantilly*[16]*"*.

Un autre passe-temps l'occupe, c'est "l'automobilisme" comme on disait alors. Il prend part à la course de Paris-Berlin en 1901, sous le pseudonyme de Robin, son mécanicien[17]. Et c'est à regret qu'il ne peut participer à celle de Paris-Vienne car la société Panhard & Levassor n'est pas en mesure de lui livrer à temps le châssis de course qu'il a commandé : *"Je suis désolé de votre décision,* leur écrit-il, *car elle me prive du plaisir de prendre part à cette course. J'ai eu l'occasion depuis de voir une de ces voitures qui, magnifique pour une course, me paraît trop importante pour du simple tourisme. J'ai vu, par contre, votre voiture légère (30 chevaux) type Paris-Vienne, également, qui me semble mieux répondre à ce dernier but. Je vous demanderai donc de bien vouloir changer ma commande contre une de ce dernier type*[18]*."*

La correspondance importante adressée à différents constructeurs d'automobiles le montre féru de mécanique, de technique : il semble très à son affaire lorsqu'il exige le remplacement d'une culasse défectueuse, la révision du jeu latéral de l'arbre à came, de l'allumage électrique, du frein à pédale. On le découvre fasciné par la vitesse, épris de modernisme et très excité par les nouveautés. *"Vous vous souvenez que je vous ai entretenu de mon désir de posséder, enfin, une des merveilleuses voitures de votre usine de Canstadt. Nous avions projeté d'aller visiter cette usine, après notre séjour à Francfort, et de faire, alors, la commande. Or l'on parle déjà, ici, des grands perfectionnements que vous nous réservez pour 1905 ; on parle, notamment, d'un moteur en acier de 100 chevaux, ultra-léger, et très peu encombrant. Je crains d'arriver trop tard en attendant le mois de juin pour passer ma commande. Ne pourriez-vous pas me faire inscrire, dès à présent, avec versement préalable, bien entendu, quitte à choisir le type de voiture et la puissance du moteur, soit lors de ma visite à Canstadt, soit lorsque vous aurez défini ces types et que vous pourrez m'en indiquer le prix. Ce que je désire surtout, c'est avoir une Mercedes, dans les premiers mois de 1905, comportant tous les perfectionnements du nouveau modèle, tout en étant une voiture de grande vitesse et aussi légère que possible, car elle n'aura que trois personnes à emporter[19]."*

Mais tel un vieil enfant gâté, il donne libre cours à son caractère intransigeant qui supporte difficilement refus, retards et contrariétés. Déterminé à vivre à sa guise, à faire ce qu'il aime et jouir de sa fortune qui paraît largement suffisante à satisfaire ses désirs, il rejette toute forme de contrainte. D'ailleurs cette fortune ne l'intéresse que très peu, il ne semble même plus souhaiter l'accroître par une gestion performante et dynamique, en 1906, il confie à un correspondant : *"Je dois dire que je ne fais plus aucune affaire et que je me contente de gérer ma fortune, employée uniquement en fonds d'Etats et valeurs de tout repos que je suis à même de surveiller de très près[20]."* Alors qu'il aurait pu tenter de redonner un nouveau souffle à la banque, léguer à son fils une affaire prospère et moderne, il s'en désintéresse. Son absence d'ambition gomme les efforts des générations précédentes et s'éloigne définitivement du modèle Rothschild. Sa carrière de financier qui ne l'a jamais passionné est définitivement reléguée au second plan. La direction de sa maison de banque est marquée par la même frilosité, à un ami qui lui propose une opération fructueuse, il explique : *"Je m'y serais certainement intéressé personnellement si j'étais encore à l'âge où la*

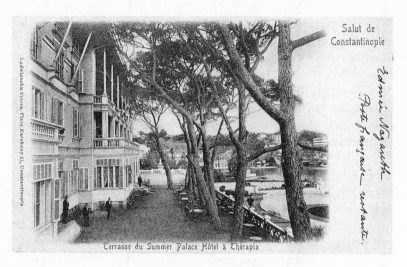

Le *Summer Palace* à Thérapia.
(Collection P. de Gigord.)

recherche du nouveau et des grandes affaires vous attire. J'ai passé, hélas, cet âge et je suis aujourd'hui dans la période où, pour avoir la tranquillité d'esprit, il ne faut pas se départir du train-train habituel[21]. " Un peu plus tard, il précise au préfet de la Seine que sa maison, *"depuis de longues années, n'était taxée que comme «exerçant la profession de tenant de caisse de recette et de paiement» (…)"* et que *"les affaires de ma maison «I. Camondo & Cie» sont limitées à une simple gestion de fortune"*, il ajoute encore : *"du vivant de mon associé (Isaac), certains placements de fonds lui étaient facilités par les différentes sociétés au conseil d'administration desquelles il siégeait. Ne l'ayant pas remplacé dans plusieurs desdits conseils il y a, de ce fait, pour ma maison actuelle une diminution d'activité[22] (…)."* Quant aux méandres de la gestion des biens immobiliers en Turquie – éternel casse-tête ! – ils paraissent fort éloignés des préoccupations de Moïse bien qu'il soit là-bas l'un des plus gros propriétaires fonciers français[23]. Un peu comme un touriste fortuné décide de venir visiter une contrée exotique, il y amène Nissim pour la première fois en 1908, mais plus aucun lien affectif ne l'attache à ces contrées lointaines. Tedeschi s'empresse de prévenir Léon Piperno et de donner des directives pour l'organisation matérielle de leur séjour :

Mon cher Léon,
Je viens t'annoncer une bonne nouvelle : le comte Moïse a décidé de faire un voyage à Constantinople et d'y amener son fils, aujourd'hui

âgé de 16 ans. Il veut, tout en lui faisant visiter le pays, berceau de la famille, l'initier, un peu, aux questions immobilières en Turquie et lui montrer, sur place, de quoi se composera, un jour, son patrimoine immobilier.

Nissim est, aujourd'hui, un jeune homme charmant que vous aurez tous un très grand plaisir à connaître.

Le comte Moïse habitera Thérapia au Summer Palace *: il lui faudra une grande chambre pour lui avec salle de bains et* WC, *un salon et une autre chambre à côté du salon pour son fils : enfin une chambre de domestique pour son valet de chambre.*

S'il y a un ascenseur, le comte Moïse te laisse le choix de l'étage ; s'il n'y en a pas il ne veut pas être plus haut qu'au deuxième. (…)

En post-scriptum, il ajoute : "On nous dit qu'il y a maintenant des canots automobiles à Constantinople et qu'on en trouve en location, à la journée, à la semaine ou au mois. (…) Renseigne-moi sur ce point et dis-moi si ces canots marchent bien et si on descend plus vite, en ville, qu'en bateau[24]."

Malheureusement nous n'avons pas les échos de ce voyage "initiatique". Comment le jeune et très français Nissim, étudiant à Janson-de-Sailly, amateur de chasse et d'équitation, vivant dans un luxe ordonné a-t-il ressenti le charivari coloré et bruyant de la cité de ses grands-parents ?

*

Ce sera l'unique séjour de Nissim en Turquie. Dès son retour, il retrouve ambiance et traditions françaises dans lesquelles il vit avec sa sœur depuis leur enfance. Réglée comme du papier à musique, leur existence se partage principalement entre la rue de Monceau, quelques séjours chez leur mère ou chez leurs grands-parents, à Champs-sur-Marne, et les fins de semaine à la campagne. En effet, depuis 1896, Moïse loue une propriété sise à Villemétrie dans la commune de Senlis. Il est notoire qu'il apprécie beaucoup la région. En 1904, Henri Balézieux, notaire à Chantilly, lui propose : *"Cher monsieur, Je pense que vous irez visiter le château d'Aumont. Si vous n'aviez pas de permis de visiter, je vous en adresse un, M. de Quincey demande 20 000 francs. Je vous signale également la propriété Decauville qui est à vendre, prix demandé 500 000 francs ! mais il y aura également une offre à faire. Une très jolie propriété est le prieuré de Baillon qui est à vendre 22 500 francs, tout meublé et bien meublé, il n'y a qu'à entrer[25]."*

Moïse se décide très vite pour le château d'Aumont qu'il achète en juin 1904. Située en bordure de la forêt d'Halatte, non loin de Senlis, cette maison en briques et pierres, aux toits pointus, a été construite au XIXᵉ siècle sur les ruines d'un château seigneurial. Elle est formée par trois corps de bâtiments et comporte deux étages[26]. Les pièces de réception sont vastes et les chambres nombreuses. Elle est aussitôt rebaptisée *Villa Béatrice* par son nouveau propriétaire : *"Vous n'avez qu'à prendre la grande route qui, par Le Bourget et Louvres, vous conduira à Senlis et, arrivé dans cette dernière ville, obliquer à gauche pour prendre la route de Creil. Sur cette route, à 3 kilomètres, environ, en plein bois, vous verrez un pavillon avec une entrée en demi-lune ornée de barrières blanches. C'est là[27]"*, explique-t-il à ses invités.

Conscient de son devoir social et soucieux d'être bien accueilli, un des premiers gestes de Moïse consiste à écrire au maire, M. Blanchet :

A l'occasion de l'envoi en possession qui vient de m'être fait par M. de Quincey, à qui j'ai acheté la villa d'Aumont, je me fais un plaisir de vous remettre ci-joint la somme de cinq cents francs dont :

200 pour la caisse des écoles ;

200 pour la société de bienfaisance ;

100 pour la création, pendant quatre ans, d'un prix de 25 francs annuel, en faveur de la société de tir de la commune.

Persuadé que l'accueil sympathique que voudront bien me réserver mes concitoyens constituera pour moi un élément de plus pour m'attacher davantage à votre commune que j'ai choisie entre toutes, je saisis cette occasion de vous renouveler, monsieur le maire, l'assurance de mes meilleurs sentiments[28].

Peu enclin aux rapports chaleureux, Moïse intimide. La générosité dont il fait preuve fréquemment, sa constante politesse, sa courtoisie sont les traits marquants de cet homme. Mais ils n'adoucissent pas une attitude distante, voire bourrue envers son entourage[29].

Aussitôt, Moïse entreprend, avec son habituel souci de perfection, de rendre cette demeure moderne et confortable. Outre une complète remise en état, il fait installer des salles de bains, un chauffage, le téléphone, un système de dynamo pour avoir de la lumière. L'eau de source est captée plus profondément, les réservoirs sont agrandis. Une salle de billard est construite. Le tapissier Decour vient de Paris pour garnir les fenêtres de rideaux en toile imprimée et procure un mobilier "époque Louis XVI en noyer ciré recouvert de lampas rouge et bis" pour le salon[30]. De grands vases de Chine dans lesquels sont plantés des palmiers complètent le décor de cette pièce[31].

La propriété comprend aussi des communs qui abritent selleries, remises, garages où voisinent buggys et charrettes anglaises. Les écuries accueillent les chevaux pacha, Jack et Patto, la jument Mayqueen, les poneys Sambo et Charley et les deux ânes[32]. Dans le grand potager, une nouvelle serre est construite. Un tennis le sera plus tard. Quant au parc, il donne beaucoup de soucis à Moïse. On le devine, à cette occasion, très maniaque. Il écrit longuement et fréquemment au pépiniériste :

(…) J'ai été à Aumont ces jours-ci et j'ai constaté le très mauvais état dans lequel se trouvent les huit marronniers livrés l'année dernière : l'un d'eux est mort et les sept autres ne me paraissent pas devoir durer longtemps. Etant donné le prix que je les ai payés (15 francs pièce) j'en conclus que ce ne devait pas être de bons spécimens et partant qu'ils ne valent certainement pas ce prix. J'ai constaté, aussi, qu'un "érable negundo panaché tige" était mort. Je vous prie conséquemment, pour remplacer ces deux arbres morts, de joindre à ma commande précitée :
1 érable negundo panaché tige
1 marronnier
et de plus, de m'envoyer en même temps :
1 épine rose double tige
1 épine rouge double tige
100 touffes en 10 variétés (lilas, sureaux, cognassiers, merisiers à grappes).
En un-mot, il me faut des plantes peu difficiles sur le choix du terrain et buissonnant bien. Quant aux arbres tiges et pins vous aurez soin de ne m'envoyer que des sujets ayant été contre-plantés[33].

M. Béry est le fidèle régisseur auquel Moïse semble accorder toute sa confiance et déléguer des tâches délicates ! *"Le comte me prie de vous dire qu'il n'est pas fâché du départ du jardinier, n'ayant jamais obtenu de son travail une belle fleur ou un bon légume. Vous pouvez donc engager celui dont vous lui parlez si vous le trouvez tout à fait convenable[34]."*
Un ménage de concierge, un maître d'hôtel, une cuisinière, une lingère, un électricien, un cocher, un palefrenier, des

1913 – Moïse de Camondo (1860-1935). (Musée Nissim-de-Camondo.)

hommes de journée sont engagés pour entretenir la propriété et accueillir le maître de maison, sa famille et ses invités dans les règles d'une hospitalité que Moïse exige parfaite.

La chasse à tir et à courre sont des occupations très prisées chez les Camondo : petit à petit, Moïse achète les bois environnants et à partir de 1912, loue à son voisin, le baron Robert de Rothschild "le droit de chasse à tir sur environ 1 131 hectares, 24 ares 86 centiares de terre et de bois situés sur le territoire des communes de Creil, Apremont, Aumont, Verneuil et Fleurines". Il a également "la jouissance du petit château de Malassise et de ses dépendances appartenant au bailleur[35]".

De septembre à la fin du printemps, Moïse convie une dizaine d'amis, rarement plus, à chasser presque chaque fin de semaine. Jacques et Louis Helbronner, Pierre et Robert de Gunzbourg, Oscar Roditi, les Menier, le baron de La Giraudière font partie des habitués. Les Kulp et le comte de Valon, voisins et amis très proches en sont les piliers. Il est vrai que Moïse, Nissim et Béatrice chassent à courre avec eux dans les magnifiques futaies giboyeuses de la forêt d'Halatte. L'équipage "Par monts et vallons" est dirigé par le comte de Valon. Les hommes, en redingote bleue, coiffés de bombes noires, les femmes en robe foncée et tricorne, chevauchent allègrement toute la journée et participent avec ferveur à ce cérémonial immuable que ponctuent des sonneries de trompes de chasse. Depuis 1885, les femmes sont admises comme sociétaires dans cet équipage. Béatrice, cavalière intrépide, adopte ce sport avec frénésie. Depuis qu'elle est très jeune, elle évolue avec plaisir et assurance au sein de cet équipage où elle compte ses meilleurs amis. L'objectif de son appareil de photo a fixé les fastes des cérémonies de la Saint-Hubert, la physionomie des "boutons[36]", la meute frémissante d'impatience, l'agonie d'un cerf...

Paul Bonnal, garde chef, et François Michelon, garde faisandier, sont employés à plein temps pour nourrir et élever du gibier sur la propriété, contrôler les nuisibles à quatre pattes et surtout à deux jambes ! La traque des braconniers est une mission de haute importance qu'ils exécutent avec beaucoup de sévérité et toute l'autorité qui leur est conférée. Sur un épais cahier noir, Paul Bonnal, d'une écriture appliquée, consigne avec force détails ses tournées de surveillance du territoire, le nombre de collets saisis, les interpellations, explications orageuses et procès-verbaux qu'il dresse[37]. Le jugement qui s'ensuit est rapporté par la presse locale. Tel un trophée, chacun de ces articles est découpé et soigneusement collé à la fin de ses rapports !

> "*APREMONT. IL TENDAIT DES COLLETS.* Wasse André, trente-quatre ans, tendait des petites cravates de laiton destinées à orner le cou des lapins de M. de Camondo. Cette prévenance charmante ne fut pas du goût du garde chef Bonnal qui lui fit un procès. Six jours de prison et 50 francs d'amende."

Mais rien ne semble arrêter certains professionnels du braconnage !

> "*TEMPÊTE LOUIS*, déjà titulaire de dix-sept condamnations, a volé les faisans de M. de Camondo et a chassé sur les terres de ce propriétaire. Il a eu le tort surtout de se laisser prendre par un garde, le fils de l'actif garde chef Bonnal. La collection du braconnier Tempête s'enrichit de trois mois et un jour de prison et de 200 francs d'amende."

Ces soins constants, cette surveillance assidue portent leurs fruits : les invités sont éblouis comme en témoigne le comte de Kersaint :

> *"Je ne sais comment vous remercier de la magnifique journée d'hier. Vous avez la plus belle chasse de France en ce moment, comme nombre et <u>qualité</u> d'oiseaux. De ma vie je n'ai vu de plus beaux faisans, merci d'avoir pensé à moi[38]."*

*

Tout en menant cette vie régulière d'où l'imprévu semble banni, Moïse collectionne mobilier et objets précieux du XVIIIe siècle. On peut penser que cette prétention à toujours posséder ce qu'il y a de plus rare, cette fascination pour la création artistique compensent son échec conjugal, comblent une absence. Ce serait oublier que collectionner les œuvres d'art, les mettre en valeur dans des lieux spécialement aménagés pour les accueillir sont des habitudes très répandues dans le milieu qui l'entoure ainsi qu'une tradition familiale. Mais en une génération, ce qui constituait stratégie d'intégration est devenu goût personnel, et avec Moïse, passion exclusive. Quant au XVIIIe siècle, il est à la mode depuis que les Goncourt et l'impératrice Eugénie s'y sont intéressés. Il est l'apanage de la haute société très fortunée et correspond à un style de vie raffiné, élégant

Sem – Moïse de Camondo (1860-1935).
(Bibliothèque nationale.)

qui permet d'offrir un cadre somptueux à une vie sociale et mondaine. Bien qu'ils soient des amateurs aux goûts variés, les Rothschild manifestent une prédilection pour cette époque. Au domicile de la baronne Adolphe, Elisabeth de Gramont est frappée par un salon entièrement Louis XVI et constate malicieusement que "Cette surexactitude empêchait justement son salon d'appartenir à cette époque[39]". Maurice de Rothschild incarne ce penchant pour le classicisme[40]. Chez lui, dans son hôtel particulier de la rue de Monceau, "des socles supportent des Houdon, des Falconnet, des Clodion, les murs s'ornent de Boucher, de Nattier, de Greuze et d'Hubert Robert[41]". Un autre exemple, que Moïse a eu le loisir d'observer de près, est celui de ses beaux-parents. Grands amateurs, les Cahen d'Anvers, en 1895, ont acheté le château de Champs-sur-Marne et dépensent des fortunes à le restaurer dans l'esprit du Siècle des lumières. Ils le remeublent avec goût : mobilier signé, tapisseries et œuvres d'art trouvent tout naturellement leur place au milieu de somptueuses boiseries qui habillent salons et chambres.

En cette fin du XIXe siècle, Paris est le centre européen du négoce d'art. Les grandes ventes se succèdent, les collectionneurs rivalisent de ferveur, les galeries des marchands regorgent d'objets de qualité. Depuis les années 1890, Moïse est un fidèle client des Seligmann. Ils font partie de ses initiateurs. Ces antiquaires d'origine allemande comptent parmi les meilleurs sur la place de Paris. Arrivé en France à l'âge de seize ans, Jacques Seligmann ouvre une boutique rue des Mathurins après avoir été l'assistant des experts Paul Chevalier et Charles Mannheim. Fin et intelligent, il est rapidement apprécié comme un connaisseur par tous les grands collectionneurs. Un sens évident des affaires le mène au succès : en 1900, il s'installe place Vendôme, suprême symbole de l'élégance. En 1905, il ouvre une galerie à New York. En 1909, il s'installe dans l'hôtel de Sagan[42], une ancienne demeure du faubourg Saint-Germain, devenant ainsi un des premiers à mettre en valeur les œuvres qu'il vend dans un cadre approprié. Jacques et son frère Arnold, qui a repris la direction du 23, place Vendôme, vont fournir à Moïse la plupart des fleurons de sa collection – bonheur-du-jour de Martin Carlin[43], bureau à cylindre de Jean François Oeben[44], esquisses des *Chasses de Louis XV* par Jean-Baptiste Oudry[45], garniture en porcelaine de Niderviller[46]… Moïse, en client privilégié, a un compte ouvert chez eux. Il essaie, échange, reprend les objets, en étale les paiements, repousse parfois les échéances. Malgré des relations d'affaires parfois un peu délicates et tendues, une solide amitié égayée par beaucoup d'humour en découlera : à une soirée de gala donnée à Versailles, Moïse, en smoking et monocle, tel que Sem l'a croqué, retrouve Jacques Seligmann et l'apostrophe : "Bravo, Jacques ! je vois que vous venez d'acheter Versailles !" L'antiquaire répond alors aussitôt : "Merci, cher ami, mais vous ne connaissez que la moitié de l'histoire : ce que vous ne savez pas, c'est que je l'ai déjà revendu[47] !" Cette anecdote où se révèle son sens de la repartie justifie son extraordinaire réputation. S'il ne pouvait acheter Versailles, il aurait pu se vanter de presque pouvoir le meubler : place Vendôme se trouvaient des objets extraordinaires provenant des plus célèbres collections. Quant à l'hôtel de Sagan, il servait de cadre à la présentation de la collection Sackville que Jacques achète en totalité sans même l'avoir vue[48] ! Les amateurs du monde entier défilaient rue Saint-Dominique pour admirer ce mobilier réuni par le marquis d'Hertford et Richard Wallace et qui ornait Bagatelle. De cette collection, Moïse achètera en 1914 "un mobilier se composant de deux grands canapés, une marquise, dix fauteuils, un écran[49]" pour la somme de 900 000 francs. Il négocie le règlement en vingt-huit versements sur une période de quatre ans. En 1916, en pleine guerre, Jacques, poussé par un associé, est contraint de lui demander de régler plus vite ou bien de lui verser des intérêts. Moïse est courroucé au plus haut point. L'antiquaire l'assure de ses sentiments d'amitié, *"je n'ai pas voulu vous froisser[50]"*, affirme-t-il en le laissant régler ce mobilier comme il était convenu. Ces démêlés n'affectent pas leurs relations de connivence. C'est cependant surtout avec Arnold qu'il partage le plus d'affinités. Celui-ci connaît le goût prononcé de son client pour la symétrie. Il trouve en Grande-Bretagne un meuble d'appui en laque, estampillé Garnier, qui fait pendant avec celui que Moïse avait acheté chez eux trente ans auparavant[51] ! Moïse considère Arnold comme "son marchand", il se l'est en quelque sorte approprié et l'apprécie beaucoup.

Mon cher Arnold,

Je suis heureux que vous ayez enfin trouvé un médecin et un traitement qui vous conviennent et j'espère que vous nous reviendrez cette fois complètement remis.

Je connaissais déjà la résolution de M. Georges BLUMENTHAL *d'effectuer la vente de sa collection cet automne. J'en ai le grand catalogue que j'examinerai à nouveau et je me réserve de vous en parler à votre retour.*

Bien à vous[52].

*

L'hôtel particulier loué par Moïse au 19, rue Hamelin, est l'écrin provisoire, le réceptacle de ces acquisitions somptueuses. Il y habite avec Nissim et Béatrice depuis le départ d'Irène. Au fil des galeries et des salons, préservés de l'agitation et des jeux des enfants, on reconnaît le paravent du salon des jeux de Louis XVI à Versailles[53], la table à ouvrage livrée par Jean Henri Riesener à la reine Marie-Antoinette pour son cabinet intérieur du château de Saint-Cloud… un an avant la prise de la Bastille[54]. Autre objet de provenance royale que l'on ose sans doute à peine fouler : le tapis de la Savonnerie qui représente *L'Air*, symbolisé par quatre têtes échevelées et joufflues soufflant dans des trompettes : il était destiné à la grande galerie du Louvre[55]. Le ramage des oiseaux exotiques peints à Sèvres sur un service de porcelaine d'après l'*Histoire naturelle* de Buffon anime la salle à manger de sa polychromie chatoyante[56]. Quant aux panneaux sur lesquels Jean-Baptiste Huet a dépeint les amours champêtres d'un berger et d'une bergère[57], ils servent déjà de cadre au secrétaire à cylindre de Jean François Oeben[58], un chef-d'œuvre qui préfigure le bureau de Louis XV à Versailles.

Comment imaginer un seul moment installer toutes ces merveilles dans la sombre habitation Napoléon III dont Moïse hérite à la mort de sa mère ? Il ne s'y résout pas. Il faut à ces objets un cadre approprié et digne d'eux dont l'hôtel de la rue Hamelin aura été l'ébauche. Il en a les moyens et le goût. En décembre 1910, les premiers coups de pioche retentissent pour détruire la demeure du 63, rue de Monceau, où s'est écoulée sa jeunesse.

Ce geste paraît surprenant de nos jours. Il n'est pourtant pas exceptionnel. En effet, l'ardeur à collectionner s'accompagnait alors fréquemment d'une fièvre constructrice. Elle est constante chez les Rothschild qui édifient des cadres fastueux autour de leurs œuvres d'art et elle gagne peu à peu les élites de la culture et de l'argent. Les Pereire, les Fould, mais aussi des personnages hauts en couleur tels que Boni de Castellane ou encore Jacques Doucet font de même. "Destailleurs, Sanson, Mewes, Grand Pierre ou Sergent sont les architectes adeptes du classicisme qui retiennent à la fois les faveurs de ces membres de l'aristocratie et de la bourgeoisie financière[59]." Une fois encore, on ne peut s'empêcher de penser que le souvenir de la demeure parisienne des Cahen d'Anvers continue

220

insidieusement à défier Moïse. En 1882, les parents d'Irène avaient demandé à H. Destailleurs de leur édifier, dans le XVIe arrondissement de Paris, une copie de l'hôtel de Beauvais. Ils avaient acheté en bloc les boiseries provenant du prestigieux hôtel de Mayenne et en avaient garni leurs salons, autre nouvelle attitude qui voue une attention admirative à ces décors anciens arrachés à des constructions déchues.

Dans la plaine Monceau où des hôtels tout neufs fleurissent encore, le XVIIIe siècle est définitivement entré dans les mœurs. Maurice de Rothschild, en 1910, demande à René Sergent un projet pour refaire sa demeure, 45-49, rue de Monceau, mais ne le retient pas. Cette même année, Moïse s'adresse aussi à cet architecte pour concevoir un hôtel particulier en accord avec le mobilier qu'il a rassemblé. Contrairement à son voisin, Moïse est séduit par ce que lui propose l'architecte : une adaptation du Petit Trianon. Aussitôt s'établit une relation étroite entre eux. Sergent sait comprendre les désirs de son client qui lui demande de reconstituer un décor adapté à ses collections, tout en exigeant un confort moderne. Moïse a des idées très précises que l'architecte respecte et ajuste. Dès le début de la conception de ce projet, Tedeschi est impliqué. Il suit avec compétence le déroulement des opérations :

Monsieur le comte
J'ai pu, aujourd'hui, trouver un moment pour faire un saut jusque chez M. Sergent.
Il est arrivé, semble-t-il, à faire de ses plans quelque chose de parfait et il attend votre retour pour vous les soumettre. Il a modifié les dimensions indiquées par vous ; arrangé les demi-lunes des deux côtés de la façade sur la cour et a trouvé une disposition plus heureuse du petit salon des Huet qui au lieu d'avoir des pans hexagonaux a la forme ovale, bien nette, ce qui donne à l'ensemble l'apparence d'une disposition plus architecturale et plus esthétique[60]. *(…)*

Moïse déploie toute la mesure de son tempérament méticuleux et perfectionniste sur ce terrain où il édifie l'œuvre de sa vie. Il surveille chaque détail, ne rate pas une réunion de chantier. Il négocie avec humeur, chipote, discute chaque ligne des innombrables devis… bref, ne laisse en aucun cas le hasard ou la fantaisie s'immiscer.

Cher monsieur Sergent,
Après le rendez-vous de tout à l'heure, j'ai longuement causé avec Bourdier au sujet de la rampe de l'escalier.

Bourdier prétend que l'on n'arrivera jamais à un résultat conve-
nable avec l'or qui a été employé ; il faudrait, d'après lui, de l'OR CITRON
et un patinage par un homme absolument du métier.

Il me semble, dans ces conditions, qu'après avoir manifesté tout mon
mécontentement à la maison Baguès, vous pourriez la persuader de s'adresser
à Bourdier pour ce travail, bien entendu à ses frais, car elle me doit un travail
bien fait et qui nous donne, à vous comme à moi, toute satisfaction. (...)

Veuillez vous occuper de tout ceci au plus tôt[61]*...*

Plusieurs fois, Moïse demande à René Sergent d'exécuter
une maquette afin de mieux appréhender les proportions
d'une pièce, d'en déterminer l'ameublement :

Cher monsieur Sergent,
Faisant suite à notre conversation de ce matin, je vous prie de vouloir
bien aller chez M. Fabre, antiquaire rue de Rennes, voir deux lan-
ternes. Vous seriez bien aimable d'en faire prendre les mesures et de
faire deux petites maquettes desdites lanternes pour les accrocher dans
notre maquette de l'escalier[62]*.*

Pendant trois ans, les ouvriers de quelque quarante corps de
métier se succéderont, et plus de deux millions de francs
seront dépensés pour planter ce décor élégant et raffiné
jusque dans ses moindres détails. L'harmonie est la règle d'or
qui a décidé des proportions, des couleurs et qui détermine le
choix des meubles et leur emplacement.

Le résultat est grandiose : dans chaque pièce, des boiseries
d'époque achetées en quantité pendant la conception des plans
servent d'écrin aux meubles d'ébénisterie, tapis, tapisseries,
peintures, sculptures et porcelaines. Pendules, luminaires et
objets de bronze y jettent leur éclat doré. Intérieur mais aussi
abords extérieurs sont ordonnancés avec souci, répondant au
code de perfection que s'est fixé Moïse. Un parterre de buis et
de fleurs est réalisé sur la terrasse par le paysagiste Duchêne qui
organise et rénove également le jardin à l'anglaise déjà existant.
Un mur de verdure composé de troènes de Chine, d'érables, de
noyers, d'acacias et de prunus isole du parc Monceau et sous-
trait l'hôtel à la curiosité des promeneurs. Des massifs d'azalées,
de rhododendrons et de pivoines ajoutent couleurs et parfums.

Le but est donc atteint : reconstituer une demeure aristocratique du XVIIIe siècle, aboutir à la forme la plus achevée de
l'apparence, de la séduction.

Août 1917 – le lieutenant Nissim de Camondo (1892-1917).
(Musée Nissim-de-Camondo.)

Moïse apprécie le talent de celui qui a contribué à la réussite de son projet :

M. Sergent était un artiste, le digne successeur des grands architectes des XVIIe et XVIIIe siècles et l'hôtel qu'il m'a construit, à mon entière satisfaction, a eu le plus grand succès[63].

Reste maintenant à donner une âme à cet endroit que tout prédestine à devenir un lieu brillant et animé de réceptions. Mais il est à peine achevé que la guerre éclate, plongeant le monde dans l'attente et l'incertitude.

LA GUERRE

3 août 1914

Mon cher papa,
Nous sommes très bien arrivés après un très bon voyage. Nous avons débarqué vers quatre heures du matin et une heure après nous avions retrouvé le régiment. (…) Je ne peux pas me figurer que je suis à la guerre. Tout se passe comme en manœuvres et le moral est merveilleux. J'ai été rappelé à la réalité par l'exécution d'un espion tout près d'ici. (…)
Ecris-moi des deux manières, par Senlis et par le 6e corps comme cela je serai sûr d'en recevoir.
Je t'embrasse de toutes mes forces ainsi que Béatrice.

Nini[64]

Cette lettre du jeune Nissim de Camondo, vingt-deux ans, maréchal des logis au 3e hussards, 3e division du 6e corps d'armée, est la première d'une très volumineuse correspondance qu'il entretient avec son père et sa sœur. Passionnant journal de campagne, cet échange permet de suivre au fil des jours les événements auxquels il participe. Le récit est alerte et vivant, les descriptions précises et imagées, le ton simple, direct. Ces lettres sont émouvantes. On est touché par leur sincérité, on est conquis par le courage de Nissim, par son dévouement de chaque instant, par son patriotisme joyeux. Elles disent l'affection, la tendresse qui le relient aux siens. Elles révèlent ces sentiments très forts, fusionnels, qui l'unissent à son père : Nissim tutoie Moïse sans façon et l'affuble de surnoms affectueux. L'intimité et la chaleur de leurs rapports sont loin du respect déférent et pompeux en usage dans la plupart des familles aristocratiques françaises qui tient à distance parents et enfants. En ce début de guerre, on le sent tiraillé entre l'exaltation de servir, l'ivresse du danger et le sentiment tragique de laisser derrière lui des êtres aimés, paralysés par l'inquiétude. Ce sentiment l'habitera jusqu'au bout.

Les événements se sont précipités depuis ce funeste dimanche 28 juin. Alors que la foule parisienne se pressait pour assister à la dernière manifestation de la saison : le Grand Prix de Longchamp, l'archiduc François-Ferdinand et sa femme la duchesse de Hohenberg sont assassinés au cours d'une visite officielle à Sarajevo, ville inconnue d'une région ignorée, la Bosnie... Comme une étincelle qui provoque l'embrasement, ce double meurtre jette dans la guerre les deux blocs de nations qui se faisaient face depuis le début du siècle : l'Allemagne, l'Autriche et l'Italie d'une part, la Russie, la France et la Grande-Bretagne de l'autre. Dès lors, tout s'enchaîne très vite. Le 26 juillet, l'Autriche déclare la guerre à la Serbie. Le 30, la Russie décrète la mobilisation générale. Le 1er août, c'est le tour de la France et de l'Allemagne, cette dernière déclarant la guerre à la Russie et à la France le 3 août. Enfin, le lendemain, l'Angleterre, inquiète et menacée, entre à son tour dans les hostilités. Avec inconscience et enthousiasme, l'Europe se précipite dans une longue tourmente. C'est la fin de ce que Stefan Zweig appellera "le monde d'hier"...

Le 10 août 1914

Mon papa chéri,
Voilà au moins trois jours que je ne t'ai pas envoyé de nouvelles. Nous avons fait des étapes formidables, des marches forcées vers le nord et je n'ai pas eu un moment à moi. Cent quatre-vingts kilomètres en trente-six heures sans manger et en dormant deux heures dans l'herbe derrière nos chevaux au bivouac, voilà notre dernier exploit ! (...)
Nous sommes à Bourang, près de Dinant, et pour l'instant je ne sais pas du tout dans quelle direction nous allons marcher. Nous avons déjà sondé la Belgique dans toutes les directions et nous n'arrivons pas à trouver le gros des Allemands. (...) La cavalerie allemande que nous rencontrons est complètement démoralisée. Hier, tout seul avec trois cavaliers, j'ai rencontré une patrouille de uhlans. Nous en avons tué deux, pris trois, ainsi que quatre chevaux et mis tout le reste en fuite. Ils n'ont qu'une idée, c'est de se rendre. Nos troupes ont un moral merveilleux et se jettent dessus comme sur des moutons. Pour l'instant, c'est follement amusant. (...) Je serais tout à fait heureux si je ne vous savais pas si inquiets sur mon compte et si j'étais sûr que mon appendicite ne s'aggrave pas.
Je t'embrasse tendrement.

Nini

Mon papa chéri,
J'ai reçu hier la lettre de Béatrice dont tu avais rempli la dernière page et j'en ai eu un bien grand plaisir. (…) Je pense que nous allons nous reposer une huitaine du côté de Namur. D'ailleurs nous ne pourrions pas continuer ainsi, hommes et chevaux sont épuisés de fatigue. Quant à nos pertes du fait de l'ennemi, elles sont insignifiantes. L'ennemi (je parle de sa cavalerie) est complètement démoralisé et notre vue seule suffit à le mettre en fuite ou à l'amener à se rendre. Nous faisons tous les jours des prisonniers. (…) Je n'ai jamais rien vu de plus beau que notre entrée en Belgique, de Sedan par Sloing à Bouillon. C'était féerique. (…)
Voilà mon papa chéri, toutes les nouvelles présentes ; je pense beaucoup à vous tous et je vous plains de ne pas être au jour le jour fixés sur moi, mais soyez certains que c'est mon seul chagrin, et qu'à mon point de vue j'adore la vie que je mène actuellement.

L'inquiétude extrême de Moïse pèse à Nissim qui affiche une insouciance rassurante. Il parvient à lui transmettre son exaltation belliqueuse, à le contaminer de l'optimisme euphorique et dynamisant dans lesquels cette guerre débute. Si pour la plupart des Français, cette énergie est celle de la revanche attendue depuis 1871, pour le jeune soldat, l'histoire commence maintenant.

Mais l'offensive décidée par le général Joffre tourne court. La puissance des mitrailleuses et de l'artillerie allemandes ont vite raison de ces attaques. C'est l'échec. Les armées française et anglaise battent en retraite et perdent leurs illusions. Ebranlé, Nissim reste vaillant.

21 août 1914

Mon papa chéri,
Je profite d'un petit groupe d'hommes évacués pour te porter de mes nouvelles. Je me porte très bien quoique la campagne soit déjà très dure. (…)

26 août 1914

(…) Le moral est très bon mais l'exode des habitants vers le sud (des milliers et des milliers) commence à impressionner les hommes un petit peu et puis ils sont dégoûtés de ne plus marcher en avant. Au premier

bond en avant cela passera. Au point de vue santé je n'ai plus à me plaindre de mon appendicite et l'état général est bon. (…)

Au revoir, Piche chéri, je t'embrasse tendrement et j'ai confiance.

En effet, depuis le 20 août, les armées française et anglaise sont poursuivies par les Allemands que leurs victoires ont galvanisés. Seule la forteresse de Maubeuge tient encore.

1er septembre 1914. Noailles

Mon papa chéri,
Voilà bien longtemps que je ne t'ai pas écrit. C'est la première fois depuis Fosse que nous passons une journée tranquille dans un endroit.
Depuis Fosse, nous avons marché, reculé, cédé du terrain pas à pas. Nous avons traversé tout le nord de la France en nous disant tous les soirs : c'est fini ! Demain nous reprenons l'offensive ! Et toujours, le lendemain au petit jour, de furieux coups de canon nous obligeaient à déguerpir au plus vite. Nous autres, cavaliers, nous ne pouvons rien faire (…) pour les battre, il faut de l'infanterie et des fantassins, depuis le camp retranché de Maubeuge, je n'en ai pas vu un seul. C'est navrant pour notre moral seul, car je ne doute pas du résultat définitif et ils ne prendront pas Paris comme cela. (…) Au revoir papa chéri.
Je t'embrasse de tout mon cœur.
Maintenant que nous sommes si près de Paris, tâche donc, avec un sauf-conduit, de venir me voir en auto. Je ne serai jamais bien loin.
Aujourd'hui, je suis à Noailles, au sud de Beauvais.
Baisers.

Nini

Paris est très proche, en effet, à tel point que le gouvernement, redoutant un siège, migre vers Bordeaux. Tous ceux qui le peuvent suivent l'exemple et fuient, persuadés que la capitale sera bientôt en proie au pillage et aux flammes. Moïse et Béatrice, cédant à la panique générale, vont se réfugier à Arcachon.

4 septembre 1914
Aubergenville, sur la route de 40 sous

Mon papa chéri,
J'ai su hier, par Julien Reinach, que tu avais quitté Paris pour Arcachon ; comme je ne sais pas ton adresse là-bas, j'envoie cette lettre à Paris pour qu'on la fasse suivre et, en même temps, j'en envoie une à Arcachon sans adresse.

Quant à la situation, j'en sais sûrement moins que toi. (...) Sur cette rive gauche de la Seine il ne peut y avoir d'ailleurs aucun danger, tous les ponts (Meulan, Poissy, etc.) sont minés. Il n'y a qu'à mettre une allumette. Je me porte très bien, il est possible que cette vie de cow-boy me guérisse complètement. (...) Je ne sais pas si je vous l'ai écrit, mais j'ai été cité avant-hier, à l'ordre de la division et le colonel m'a félicité devant tout le régiment à cheval. Cela n'en valait vraiment pas la peine ; c'est pour avoir mis pied à terre sous le feu de l'ennemi, avec deux de mes hommes, pour ramasser un de mes cavaliers qui était tombé et était resté pris sous son cheval. Tout le monde en aurait fait autant. Ce qui m'a fait le plus de plaisir, c'est le hussard de la mort que j'ai dégringolé en combat singulier, sabre contre lance, il y a deux jours. Encore un qui ne rentrera pas en Allemagne.

Le 5 septembre, le général Gallieni, éclairé par des aviateurs sur les mouvements de l'ennemi, repasse à l'attaque. La bataille de la Marne commence et fait rage sur tout le front jusqu'au 10 septembre. Toujours désireux de rassurer son père, Nissim lui écrit de Nanteuil-le-Haudouin :

Mon papa chéri,
Je vais très bien. Nous sommes en pleine bataille depuis cinq jours. Elle se livre sur un front immense ; on entend la canonnade depuis Meaux jusqu'à Crépy. Nous avons cantonné à Crépy avant-hier ; tout est saccagé par les Boches. Jamais tu ne pourras te faire une idée de ce qu'est un pays ravagé par la guerre ; il n'y a pas un village debout à quarante kilomètres à la ronde. Tout est brûlé. Nous vivons dans le désert. Il n'y a plus une poule, plus un œuf. Tout est mort, tout est détruit.

Les armées françaises poursuivent l'ennemi en retraite mais les pertes sont très lourdes. Les soldats sont épuisés et l'artillerie à court de munitions.

Le 17 septembre 1914

Mon cher papa,
Je me porte à merveille ; nous sommes à l'aile gauche et nous avançons sans cesse.
Tout va très bien sauf que nous commençons à être en loques au point de vue vêtements et que les nuits commencent à devenir froides.

Et de réclamer grosses chaussettes de laine, culotte rouge (!) très épaisse, tunique ouatée pour se protéger du froid et rasoir pour faire disparaître *"une somptueuse barbe noire, toute frisée, s'il vous plaît[65]"* !

Pendant un mois encore, une terrible bataille décime les armées. Nissim, toujours euphorique, tel un reporter haletant, relate les épisodes heure par heure.

Le 25 septembre 1914

Nous nous sommes battus toute la nuit sans arrêter à Fouquescourt, il est quatre heures du matin, nous sommes à pied dans les betteraves comme des fantassins (...) nous devons tenir jusqu'au dernier homme pour permettre au quatorzième et au vingtième corps d'arriver, nous verrons bien.

6 heures. Depuis une heure nous recevons une pluie d'obus ; nous sommes à plat ventre et nous tirons sans arrêter ; il paraît que le quatorzième corps arrive.

7 heures. L'avant-garde du quatorzième corps est là, le vingtième aussi. L'infanterie nous dégage ; elle nous dépasse. Je n'ai jamais entendu une canonnade pareille. (...) Nous nous portons en avant, c'est épatant. (...)

Je ferme ma lettre, je t'embrasse de tout cœur.

A la lecture de ces lignes, l'angoisse doit submerger Moïse. L'enthousiasme naïf de ces lettres qui arrivent plus ou moins régulièrement ne suffit sûrement plus à calmer son inquiétude. Depuis le départ de son fils, chacune de ces missives, pieusement conservée, est transcrite à la machine afin d'être lisible de tous. Chaque détail est fébrilement décrit, commenté, amplifié. Nissim est un héros dont on conte les exploits jusqu'à Constantinople. Tedeschi écrit à Léon Piperno :

Le comte a reçu, assez régulièrement, diverses lettres de son fils. Toutes lui donnaient de bonnes nouvelles. (...) La dernière lettre est du 27 septembre. Nous espérons qu'il est, à cette heure, aussi bien qu'il l'était à ce moment-là, mais ce long temps sans autres nouvelles n'est pas sans nous causer des inquiétudes, la vie que nous menons actuellement étant on ne peut plus anxieuse. Le comte peut être fier de son cher fils. C'est un brave qui, depuis le début de la campagne, s'est battu sans arrêt presque et a mérité une citation à l'ordre du jour de l'armée, ce qui est épatant et lui vaudra sûrement la médaille militaire.

Que Dieu le protège et veuille qu'il nous revienne sain et sauf[66].

Et la bataille continue... Nissim endure vaillamment les épreuves.

Le 8 octobre 1914

Mon cher papa,
Nous n'avons jamais eu un combat comme celui d'hier. L'infanterie n'arrivant pas, nous avons été obligés de nous porter à sa place, à pied, à l'assaut d'une position très bien défendue par les Allemands. Ils nous ont laissés approcher tout près avant d'ouvrir le feu et nous avons eu de grosses pertes. Jacques Truelle progressait à côté de moi quand un obus est arrivé qui nous a éclaté dans les jambes. Le malheureux a eu la jambe gauche fracassée et on a dû lui amputer cette nuit ; c'était affreux. Il a eu un courage extraordinaire et n'a pas cessé de plaisanter. C'est un brave ; il est proposé pour la médaille militaire. Le même obus a tué six chevaux. Je n'ai pas une égratignure. Si c'est nécessaire, préviens sa famille.
Je t'embrasse tendrement.

Nini

La violence des combats, la pluie d'obus, les alertes intempestives et un froid de canard n'entament pas sa confiance. Imperturbable et ingénu, il croit pouvoir rassurer son père en comptabilisant morts et blessés :

Le 15 octobre 1914, Fosse.

(…) Mais qu'est-ce que nous risquons à côté de l'infanterie ? rien, cent fois rien.
Dans les régiments d'infanterie actuels, il n'y a plus un officier sur cinquante, plus un homme sur dix qui ait fait partie du régiment le 1ᵉʳ août. Ce sont tous des réservistes venus petit à petit. Il y a même des hommes blessés au début et qui reviennent. (…)

Le 16 octobre 1914

J'ai dû arrêter (ma lettre)*, un obus étant tombé au milieu des chevaux et ayant fait quelques dégâts. Je reprends. Depuis hier matin, je suis dans ce village brûlé et bombardé par nous pour faire déguerpir les Allemands il y a trois jours. (…)*
Nous travaillons côte à côte avec les Anglais et j'ai été détaché plusieurs fois comme interprète. Inutile de dire que je me nourris exclusivement de bacon, corned-beef, marmelade, jam, cheese *et tout cela en quantité et de première qualité. Ils m'ont même donné une excellente toile de caoutchouc qui me sert à tous les usages contre la pluie. Je*

viens de recevoir à l'instant ton envoi de vêtements ; j'en suis ravi et tout cela me sera bien utile dans ce sale pays couvert d'eau, de boue et de brouillard.

Heureusement, l'inquiétude de Moïse connaît quelques moments de répit. Il reprend son souffle et écrit à Emmanuel Hillel, le 9 novembre :

Je suis heureux de pouvoir te dire que j'ai eu jusqu'ici d'assez bonnes nouvelles de mon fils qui, après une campagne des plus dures, est en ce moment, en seconde ligne ! Cela lui permet de se reposer un peu, ce dont il avait le plus grand besoin[67]. (…)

Alors que Moïse se réjouit, Nissim, contre toute attente, paraît désorienté de devoir s'arrêter de combattre, il s'en explique à sa sœur Béatrice :

Le 29 octobre 1914

Ma chère petite Bella,
(…) Je ne suis plus avec les Anglais. Les hindous sont arrivés en grand nombre du côté de Laventie et ont complètement remplacé ma division française. Celle-ci a été renvoyée pour se reposer un peu (…). Je suis tout dépaysé, tout ahuri de n'avoir <u>rien</u> à faire toute la journée, je tourne en rond, les mains dans les poches, je vais surveiller mes chevaux qui sont tous en liberté dans un pré et surtout je dors. (…) J'ai lu les journaux et les nouvelles semblent très bonnes ; cependant il ne faut pas vous figurer que les Allemands soient si complètement découragés ; j'en ai interrogé beaucoup ces jours derniers, prisonniers : ils savent bien que la victoire est perdue pour eux, mais ils se battent encore merveilleusement et ne sont pas si fatigués qu'on veut bien le dire. Malgré leurs pertes, qui sont énormes par rapport aux nôtres, ils ont gardé beaucoup de discipline et ne font pas du tout l'effet de troupes désorganisées.

Les jours passent et Nissim réitère ses aveux d'ennui auprès de sa sœur. Drôle de machine que cette guerre où l'épreuve de l'attente est pire que celle du feu.

"Je ne veux pas te raconter des histoires militaires, ça c'est pour le Piche[68]." Il lui donne des nouvelles de leurs amis communs, se scandalise d'en connaître qui sont *"embusqués"*, à l'abri du danger. Connaissant sa passion pour l'équitation, il l'entretient longuement de son sujet préféré : *"Pickwick,* le cheval de leurs amis Kulp, *a eu la veine d'être abandonné fourbu, à*

Valgenceuse, la propriété de ses maîtres. La belle jument baie de Mme de Casteja a reçu une balle dans la tête à Charleroi. Le cheval Louvet du piqueur est toujours là, Rayon d'or aussi, le cheval gris des Baudrier aussi. Gabarrot en est à son quatrième cheval et moi à mon onzième...(...)

Au revoir Bella chérie ; je pense tout le temps à toi ; j'ai toujours ta photo sur moi et je t'embrasse de tout mon cœur[69]."

Dès le 1er novembre, le jeune homme repart pour le front qui est maintenant stable et s'étend de la mer du Nord aux Vosges. Terrées dans des tranchées, immobiles, les deux armées se font face et des milliers d'hommes doivent ainsi hiverner dans des trous creusés au flanc des tranchées, se défendant de la pluie et de la neige par une toiture précaire de tôles et de planches, trop heureux s'ils ont pu trouver dans une maison en ruine un poêle pour se chauffer. La cavalerie, devenue inutile, coopère de plus en plus souvent avec l'infanterie. Les divisions se relaient dans les tranchées. Le 7 novembre, Nissim décrit cette première expérience :

Nous avons passé la nuit à arranger et à approfondir des tranchées et quand le jour s'est levé, nous nous sommes trouvés face à face avec les tranchées boches. Le peloton le plus avancé était à quatre cents mètres. A cette distance on se surveille tellement que, des deux côtés, aucun homme ne peut faire aucun mouvement à l'extérieur sans déchaîner immédiatement une fusillade terrible. Pendant la journée, on ne peut circuler qu'en rampant à plat ventre et en prenant beaucoup de précautions. On ne peut être ravitaillé que la nuit et dans le plus grand silence. Nous sommes restés là-dedans pendant trois jours et quatre nuits et je te garantis que ce n'est pas drôle. (...) J'espère que notre tour de tranchée est passé pour quelques jours, car c'est vraiment un sale fourbi surtout la nuit avec les pieds dans l'eau et le brouillard qui vous pénètre. (...) Notre nourriture est très saine, mais c'est toujours la même chose, du bœuf, du poulet, du lapin. L'autre jour, notre ravitaillement n'étant pas arrivé aux tranchées, nous avons massacré un cochon. Je l'ai servi avec une baïonnette comme si c'était un sanglier, c'était le 4 novembre, lendemain de la Saint-Hubert. C'est triste à dire mais cela m'a beaucoup amusé et je n'ai jamais mangé d'aussi bonnes côtelettes, elles étaient merveilleuses. D'ailleurs c'est moi qui dirige la popote et je commence à devenir un cuisinier de premier ordre.

A ce courrier, Moïse répond longuement. Cette longue missive est la seule rescapée des lettres qu'il envoie à son fils. Elle révèle un père aimant, attentif, soucieux d'informer et de distraire. Elle indique aussi son patriotisme, son désir de se rendre utile pour gagner le combat.

Mardi 17 novembre 1914

Mon cher Nini,

J'ai reçu à la fois ce matin tes longues et bonnes lettres des 7 et 8 et la carte imprimée du 9 courant. J'avais déjà vu ce modèle de carte employé par des soldats anglais. C'est très pratique et si tu pouvais m'en adresser une tous les jours, cela ne te prendrait pas grand temps et ce serait bien rassurant pour moi.

Tes lettres ont fait notre bonheur à tous. Tous nos intimes et amis les lisent ; elles ont même l'honneur à la table de Paillard[70] où chacun les lit et les commente avec le plus vif intérêt. Tu y recevras une ovation à ton retour.

J'ai parfaitement reçu ta lettre du 3 et, de tous les objets que tu m'as demandés, tout est parti ou part, sauf l'appareil photographique dont je vais m'occuper. Quant aux comestibles je t'en enverrai régulièrement avec les journaux.

La victoire russe dont tu as entendu parler est certaine. Les Allemands, qui s'étaient avancés jusqu'à 12 kilomètres de Varsovie, ont été repoussés jusqu'à leur frontière (…) et les Russes, dit-on, en forces considérables, vont envahir la Silésie. Les affaires semblent donc marcher, enfin, d'une façon très satisfaisante de ce côté-là et tout le monde espère et croit qu'ils vont être obligés de dégarnir notre front pour essayer de repousser l'envahisseur moscovite. Ce jour-là sera la victoire si impatiemment attendue.

De notre côté, il paraît que la classe 1914 est prête, bien instruite, bien outillée, et qu'elle va bientôt marcher à votre aide.

C'est vraiment un bonheur inespéré que vous ayez du beau temps dans un pays où il n'y en a pas souvent et je vois que vous avez joyeusement fêté la Saint-Hubert avec un animal peu digne des disciples de ce grand patron. A ce sujet, ton ami le capitaine de Marolles, qui est dans les tranchées, a écrit à Kulp qu'il n'avait pas oublié la Saint-Hubert et qu'il l'avait fêtée en allant, avec un petit sergent, jeter des grenades à main dans une tranchée ennemie.

Puisque nous parlons chasse je te dirai que tout notre gibier est resté intact dans nos bois, sauf quelques légers braconnages inévitables, et que nous nous sommes contentés de prendre et mettre dans nos parquets mille deux cents coqs et poules plus faciles à soigner et nourrir qu'en liberté. Cela nous promet, comme tu le dis, une belle chasse pour l'année prochaine sans faire le moindre élevage. Le gibier à poil abonde également.

233

Une autre nouvelle qui peut t'intéresser c'est qu'Eugène, le laveur que j'avais laissé dans le Midi, s'est engagé à Bayonne dans le 1ᵉʳ régiment étranger. Il est ordonnance de son capitaine et il se peut que tu le rencontres un jour.

Je n'avais pas voulu te parler de ce pauvre Robert Aboucaya mais, malheureusement, il a été tué raide et non blessé comme tu l'as entendu dire. C'est un grand désespoir pour ses parents et pour sa grand-mère, Mme Gustave Dreyfus, qui a également perdu son mari il y a quelques semaines.

Une autre mort à déplorer est celle d'Alexis de Gunzburg, le jeune frère de Robert et de Jean. Il était anglais, s'était engagé dans l'armée anglaise et a été tué à peine débarqué sur le continent.

Tous les détails techniques que tu me donnes m'intéressent beaucoup et peut-être encore plus ceux auxquels je communique tes lettres.

Pour la question des téléphones, une société à laquelle je suis intéressé fabrique, nuit et jour, les appareils nécessaires pour remédier aux inconvénients que tu signales.

Quant aux gros canons on fait tous les efforts possibles pour en avoir. Nous avons même reçu ceux que le gouvernement japonais possédait et nous a envoyés et qui sont d'excellente fabrication française.

Il est vraiment déplorable, au point de vue relèvement de blessés, que nos moyens soient défectueux mais, hélas, trop de sociétés concurrentes s'en occupent et ne veulent pas coordonner leurs efforts. (…)

M. Edgard Stern s'intéresse beaucoup à tes lettres et beaucoup, je crois, dans le désir d'avoir des nouvelles de son fils qui ne lui écrit pas assez souvent. Mentionne-le donc dans tes lettres chaque fois que tu auras l'occasion de le rencontrer ; cela fera plaisir à son père. (…)

Manoach, Tedeschi et Chavanne te remercient de ton bon souvenir et t'envoient leurs bien vives amitiés. (…)

J'attire ton attention sur le numéro du Gaulois que je t'adresse aujourd'hui et dans lequel sont publiées, à ma grande surprise, tes deux lettres des 7 et 8 novembre que j'avais communiquées à un ami.

Puis, il ajoute de sa main :

Oui mon pauvre enfant, il y a trois mois et demi que nous ne nous sommes vus, et si le temps te paraît long, il l'est encore bien plus pour moi et pour Béatrice. Tu as eu au début de la campagne l'attrait de la nouveauté et l'ardeur du combat. Nous n'avons eu que tristesse et anxiété !

Je t'embrasse comme je t'aime. Ton papa.

Quant au Kodak, je te l'enverrai par Jean Stern qui repart à la fin de cette semaine. C'est un appareil très perfectionné qui permet de travailler en tous temps et sans lumière éclatante. Je te l'envoie par Stern pour être sûr qu'il ne s'égare pas car c'est un appareil de prix.

Lorsqu'il est cantonné loin des tranchées, Nissim, inlassable, continue d'écrire. Récits étonnés de batailles gigantesques, descriptions minutieuses des ravages meurtriers des "marmites" – canons d'une grande puissance qui permettent aux Allemands de détruire sans être atteints –, mais aussi indignation lorsqu'il apprend la reprise *"inconvenante*[71]*"* à ses yeux d'une vie mondaine chez les civils.

Pour la première fois, pointent chez lui la lassitude et une certaine nostalgie des jours insouciants que l'absence cruellement ressentie de ceux qu'il aime accroît encore.

L'horreur humide et angoissante des tranchées, les attaques meurtrières, l'inaction forcée des jours de repos ne l'abattent cependant pas. Toujours actif, il essaie de distraire son père en lui racontant ses exploits… culinaires !

Aujourd'hui, j'ai réussi <u>moi-même</u> un macaroni au gratin et une purée de pommes de terre qui ont fait l'admiration unanime. Quand nous ne sommes pas au feu, c'est ma seule distraction : faire la cuisine et lire les lettres et les journaux. Un petit livre de cuisine nous ferait <u>beaucoup de plaisir</u>.

Je pense que tu as commandé les chaussures que je t'ai demandées. Il faut qu'elles soient <u>énormes</u> avec des semelles <u>colossales</u>, qu'elles soient plus longues que larges et qu'elles aient de très gros clous. Il faut que je puisse mettre facilement deux paires de chaussettes[72].

Vêtements, médicaments, appareils photo, lampes, piles mais aussi pipes et tabac font l'objet de commandes minutieusement décrites. Il les partage avec ses hommes. Rue de Monceau, on s'acharne dans l'effervescence à contenter le héros : *"Je suis légendaire dans le régiment à cause de mes colis et tout notre petit groupe vient se réunir autour de moi quand je les ouvre[73]."*

Au 1er janvier 1915, après un sinistre Noël passé au front, le ton a changé. Evanoui l'enthousiasme, dissipée l'euphorie, éteinte la joie. L'énergie du jeune soldat faiblit.

Quel triste premier janvier ! et les énormes distributions qu'on nous fait de champagne, vin, oranges, noix, pommes, tabac, etc. ne suffisent pas à nous donner une impression de fête. (…) La vie est monotone.

Ce matin le colonel a reçu tous les officiers et les sous-officiers et les a remerciés de leur concours depuis le 2 août.

Est-ce que la mode des visites a subsisté à Paris ? C'est peu probable. Je vous souhaite à tous une bonne année et t'embrasse tendrement.

Nini.

Cette année 1915 lui offre néanmoins un répit. Une opération de l'appendicite l'éloigne de la guerre pendant plusieurs semaines. Pendant ce temps, le conflit s'amplifie. La Turquie, l'Italie, la Bulgarie entrent en guerre.

Les Alliés, mis en échec aux Dardanelles et à Salonique, voient leur position affaiblie au profit des empires centraux qui arrêtent les offensives franco-britanniques, libèrent la Galicie et occupent la Lituanie, la Pologne, la Serbie. Partout, on compte les morts et les blessés par centaines de milliers. En France, la reprise de l'attaque contre les lignes ennemies est dirigée par le général Pétain. Après quelques percées, la bataille se solde par un échec ; un nouvel hiver se prépare… Nissim repart pour le front.

Le conflit se modernise. La notion de camouflage apparaît, le garance des uniformes est abandonné au profit de couleurs moins voyantes. Les soldats qui recevaient des calottes en fer à glisser sous leurs képis ont maintenant des casques et des masques à gaz… Promu sous-lieutenant, Nissim est versé dans le 21e dragon et participe à de violentes batailles dans *"une boue effroyable"*. Défilent sous ses yeux des canons *"peints couleur paysage"* auxquels il trouve *"un aspect étrange*[74]*"*. L'aviation, presque insignifiante au début, prend maintenant une part active à la guerre. Le jeune officier, après une rencontre avec des pilotes, est visiblement séduit : *"Ils font un travail très utile, surtout grâce à la photographie"*, explique-t-il à son père[75]. Cette découverte est en fait un moment crucial de la destinée de Nissim. Elle lui ouvre de nouveaux horizons, lui révèle des perspectives beaucoup plus exaltantes que celles du fantassin dans sa tranchée… A cet instant précis, c'est un rêve inaccessible. Sur terre, les combats se succèdent, violents et meurtriers… Le désir de s'extraire de cet enfer le gagne et la solution lui apparaît d'emblée : *"Si je dois continuer à mener cette vie de tranchées, je n'hésiterai pas une seconde à aller dans l'aviation*[76]*."* La mort d'un de ses chers camarades, tué à ses côtés dans les tranchées pendant *"une journée d'épouvante*[77]*"*, *"le sixième du peloton en deux mois*[78]*"* et dont on ne parle déjà plus deux jours après car, constate-t-il amèrement, *"à la guerre on oublie vite et l'on s'empresse de profiter de la vie tant que l'on est sûr de pouvoir le faire[79]"*, mêlée à la fatigue et l'écœurement de voir les permissions sans cesse reportées le poussent à ne plus exprimer ses désirs au conditionnel.

2 décembre 1915

Mon cher papa,

Après avoir longuement et mûrement réfléchi, je me suis décidé à faire une demande pour passer dans l'aviation en qualité d'observateur.

J'ai tout prévu, tout organisé ; je suis demandé directement et personnellement par un commandant d'escadrille que je connais et je suis sûr de réussir à aller là où je veux aller. Seulement pour tout cela il faut que je fasse une demande et il faut, surtout, que cette demande parvienne en haut lieu. Or, mon commandant, qui m'apprécie beaucoup, m'a dit qu'il ferait tout ce qui était en son pouvoir pour me garder avec lui ; il m'a promis qu'il déchirerait ma demande, etc. Cette insistance à me garder m'honore beaucoup et me touche, mais ne fait pas du tout mon affaire. Je suis en train de le travailler par la douceur mais s'il refuse de transmettre ma demande, je serai obligé de montrer les dents et alors il me la transmettra mais avec des notes tendant à faire échouer ma demande.

Il se pourrait qu'il t'écrive pour essayer de t'influencer en te montrant les dangers de cette nouvelle vie et en te passant sous silence ceux que nous courrons ici 15 jours sur 30. En ce cas, je compte beaucoup sur toi pour lui répondre que tu es d'accord avec moi. <u>Car il est bien entendu que c'est une chose que je ne ferai pas contre ta volonté formelle.</u> Mais j'y ai bien réfléchi et je te promets que le <u>danger permanent</u> et <u>sans gloire</u> qui me menace <u>sans cesse</u> est au moins aussi grand que celui que j'affronterai en aéro.

Au revoir mon cher papa. (…) Je t'embrasse bien tendrement ainsi que Béatrice.

Nini

Moïse ne semble pas s'être opposé à ce "changement d'orientation". Sans doute a-t-il compris le désir obstiné, inébranlable de son fils d'échapper à cet enfer des tranchées. Il a saisi que l'aviation était le moyen de s'éloigner, de survoler le cauchemar… bien qu'il soit probablement plus conscient des dangers encourus. Nissim achève de le convaincre, les conditions de vie sont bien meilleures, ils dorment dans des lits… et ne meurent pas plus que dans les tranchées !

L'année 1915 se termine sans espoir de paix. *"Pour une journée de Noël c'est complet : pluie du ciel, eau, boue, etc. ; il va bientôt falloir sortir en barque. Notre première ligne est le théâtre d'une lutte continuelle entre nos malheureux hommes et l'eau et la boue qui les envahissent ; il n'y a plus d'abris, plus rien, ils sont obligés de rester en plein air sans cesse. (…) Ce matin, chaussé de mes grandes bottes j'ai voulu aller voir ma section qui est en première ligne : j'ai dû y renoncer car je me suis enlisé au point d'y rester. (…) Pendant ce temps-là, les huiles continuent à nous envoyer des notes (…) et pendant ce temps toutes les cataractes du ciel nous tombent sur la tête et pas un homme n'a un fil de sec. (…)"* Ces derniers mois de combat ont fini d'ébranler Nissim qui exprime sa fragilité sous le poids de la séparation.

29 décembre 1915

Mon papa chéri,
Je pense que ce petit mot t'arrivera pour le 1ᵉʳ janvier ; il contient, pour toi et Béatrice, tous mes meilleurs vœux pour une année 1916 aussi heureuse que possible. Je souhaite de tout cœur que les angoisses que vous subissez depuis dix-sept mois aient une fin prochaine et que bientôt nous nous retrouvions tous intacts et au complet au coin de notre feu.
L'épreuve est beaucoup plus pénible pour vous que pour moi car les dangers je les cours en personne et je n'ai pas, comme vous, à m'inquiéter d'un être cher qui est, lui, en danger. Si cela peut te tranquilliser, je te promets que je ne recherche en rien le danger inutile. Je fais ce que je dois faire et quand j'ai deux chemins au choix je ne prends jamais le plus dangereux pour faire le malin. Si c'était nécessaire ou même utile, ce serait naturellement différent.
Nous avons malheureusement deux caractères qui se heurtent quelquefois, mais c'est justement dans des moments comme celui-ci où, après 17 mois d'absence et de dangers, un anniversaire ou une fête passée en famille sembleraient un réel bonheur, que je sens combien les liens qui nous unissent sont serrés. Dans un moment comme celui-ci je donnerais n'importe quoi pour pouvoir te serrer sur mon cœur et t'embrasser.
Je suis en ce moment dans cette disposition d'esprit, mon pauvre papa, et je te charge de serrer dans tes bras, de toutes tes forces et de toutes les miennes notre Béatrice.
Je t'embrasse bien tendrement.

Nini

Juin 1917 – Nissim de Camondo, pilote aviateur.
(Musée Nissim-de-Camondo.)

NISSIM PILOTE AVIATEUR

15 janvier 1916

Mon papa chéri,
  Je viens d'apprendre à l'instant que, par ordre du général en chef, j'étais affecté à la date du 11 janvier à l'escadrille MF 33 en qualité d'observateur. C'est exactement ce que je désirais et je suis sûr que tu seras enchanté.
  Le capitaine Bordage m'envoie chercher demain matin en automobile et je pense qu'à l'heure où tu liras ces lignes je serai déjà installé à Bruay.
  Je suis enchanté.

Triomphal, Nissim arrive deux jours plus tard, flanqué de son ordonnance, son chien et ses nombreux colis. Une nouvelle existence commence. La vie en escadrille n'a plus rien à voir avec celle qu'il a connue jusqu'à présent : plus de tranchées, de boue, de vermine. Le terrain, situé non loin du front, est un vaste champ entouré de hangars pour les avions, de baraques ou de tentes qui abritent logements, bureaux et popote. Le temps ici s'écoule autrement. Plus de terribles bombardements, plus de longues heures de veille : la vie est maintenant rythmée... par la météo : les avions ne peuvent sortir que par temps clair et vent modéré. *"Quant on ne peut pas voler, ce qui est fréquent, la journée se passe agréablement : on se lève tard, on fait un peu de footing, on écrit ou on lit, on joue aux cartes (les autres) ; il est bien rare que la journée se passe sans qu'on ait eu l'occasion d'aller dans une ville voisine[80]."*

Une escadrille compte un petit nombre de personnes parmi lesquelles une vingtaine de navigants et une cinquantaine de mécaniciens, tous astucieux et gouailleurs, compléments indispensables du pilote. Ces gars-là savent tout faire.

Nissim appartient à la MF 33. Chacune de ces unités porte un numéro précédé de lettres de l'alphabet qui indiquent le type d'avion utilisé. Plus important encore est l'insigne peint sur le flanc de l'avion. Tel un blason, il représente son âme : lion, coq, aigle, moustique ou escargot – pour la lenteur de ses avions –, cigogne – rendue célèbre par Guynemer –, tous ont leur signification.

C'est un jeu de mots qui est à l'origine du symbole de la MF 33. Son capitaine, Alfred Bordage signait A. Bordage. La hache d'abordage serait donc l'emblème de son escadrille.

Avec cet homme à la face joviale barrée d'une énorme moustache, le contact est d'emblée excellent.

"Je suis tombé dans une escadrille très agréable je crois ; le capitaine est un très brave homme et aviateur renommé[81]." Leur passion commune les incite à des escapades jusqu'à Aumont – pourtant fort éloigné mais où le gibier pullule. *"Chasseur enragé, il passe son temps à se promener dans la campagne avec un fusil à la main : c'est absolument défendu, mais il est très malin et ne s'est jamais fait prendre[82]."*

"Je suis sûr, écrit-il à son père, *que si tu montais dans un avion tu serais enthousiasmé. C'est une sensation merveilleuse et ce qui est curieux, c'est la grande impression de sécurité que l'on ressent. L'aviation, en dehors du front, n'est plus qu'un jeu. Le grand danger, c'est le projectile et l'aéro allemands[83]."* Voler est un véritable bonheur pour lui. Mais, soumises aux aléas de la saison, les occasions sont trop rares. La monotonie des jours recommence à l'engourdir. Il souffre de l'oisiveté et des trous béants qu'elle creuse.

Rassure-toi au sujet du froid, j'ai été habillé des pieds à la tête pour monter en aéroplane et ce sont des vêtements tout neufs et splendides, entre autres une combinaison en étoffe caoutchoutée anglaise, doublée de fourrure, qui est vraiment épatante. (…) Je travaille beaucoup en ce moment pour devenir à la hauteur ; un de mes camarades artilleurs me dirige et il est probable que mon capitaine m'enverra faire un stage dans une batterie d'artillerie[84].

Nissim fait partie d'une escadrille d'observateurs dont les missions les plus courantes sont le réglage d'artillerie et la photographie de champ de bataille. Au début de la guerre, l'observation et la reconnaissance sont les principaux mérites attribués par l'Etat-Major aux quelque cent cinquante appareils que compte l'armée française. Il faut attendre mars 1915 pour que "la chasse" soit officiellement constituée. L'industrie de guerre fait alors des efforts considérables pour produire des appareils de modèles variés et de plus en plus performants. Le jeune homme vole sur un Farman 130 cv.

"*C'est une nouveauté,* dit-il, *il est aussi stable mais plus rapide que le 80. Mon pilote qui est la prudence en personne se nomme Gressard*[85]."
Et de se lancer dans des descriptions techniques dont il sait qu'elles passionnent son père : "*Mon 130 est un moteur Renault 12 cylindres absolument merveilleux. C'est un moteur fixe, naturellement, absolument comme un gros moteur d'auto. On n'a conservé le moteur rotatif que pour les avions de chasse car il est délicat et ne marche que quelques heures*[86]."

1916 est l'année de Verdun… Les Allemands redoublent leurs assauts et veulent user, "saigner à blanc" l'armée française. Ils prennent le fort de Douaumont. En mars, Falkenhayn ordonne l'attaque sur la rive gauche de la Meuse. Certains secteurs, la cote 304, le Morthomme deviennent tristement célèbres pour la violence des combats. Mais après quelques reculs partiels, les Français réussissent à arrêter l'offensive. Depuis mars, Nissim est chargé du service photo de son escadrille. Leur secteur est justement cette fameuse cote 304.

Je suis content parce que je réussis bien mes photos et qu'elles rendent actuellement des services inappréciables.
Les boches ont fait une attaque terrible sur 304 avant-hier. Le bombardement continue depuis et notre corps d'armée, malgré son magnifique courage, a dû céder quelques points avancés. Le sommet 304 est

cependant toujours à nous. (...) J'ai fait de splendides photos du secteur et c'est grâce à moi que l'on a pu faire le plan directeur du corps d'armée. Je commence à avoir une certaine cote[87].

Il apprend aussi à piloter. Toute modestie oubliée, comme un enfant fier de ses exploits, il dresse un tableau flatteur de ses prouesses : *"Il paraît que j'ai beaucoup de dispositions[88]". "Hier, pour la première fois, j'ai fait mon premier vol de pilote, entièrement seul. Cela s'est très bien passé et j'ai eu des compliments de tout le monde pour le petit nombre de leçons prises[89]."* Il espère obtenir bientôt son brevet de pilote *"parce que le métier de photographe est ennuyeux à la longue, sensiblement plus dangereux sans être plus récompensé que les autres[90]".*

Pendant tout ce temps, Verdun tient, symbole en devenir de la victoire française. Nissim est promu lieutenant, en récompense de son dévouement et de son courage pendant cette longue bataille.

24 août 1916

Mon cher papa (...) Je suis enchanté de voir que votre séjour à Fontainebleau est agréable et qu'il te distrait un peu de tes soucis ; c'est un succès car depuis deux ans, mon pauvre Piche, tu n'as pas eu l'existence agréable ni rose.

Le secteur ici est toujours calme ; hier après-midi, je suis allé tirer des perdreaux avec Bordage (...) je suis rentré fourbu d'avoir galopé à travers champs tout l'après-midi.

Hier soir, à l'escadrille, grand dîner et champagne en mon honneur ; toast très aimable du capitaine, etc. ; c'était très gai.

Ce matin le temps est couvert et je doute que l'on puisse voler.

Telle une irrépressible marée, la guerre s'étend encore...

Ta lettre dans laquelle tu m'annonçais l'intervention de la Roumanie est arrivée trop tard, nous le savions déjà de source certaine depuis trois ou quatre jours[91].

Et les jours se succèdent ponctués d'incertitudes, de dangers et de peurs. *"Avant-hier, un camarade est rentré avec trois balles dans ses vêtements et son porte-cartes et hier un équipage entier a disparu[92]."* On espère des nouveautés. On attend qu'elles éveillent la curiosité et brisent la monotonie : *"J'ai eu la chance de voir, hier, un «tank», je suis même monté dedans. C'est une curieuse machine, beaucoup plus petite qu'on ne croit mais qui doit produire un effet terrifiant à cause de son invulnérabilité aux balles et aux petits obus[93]."*

Un troisième hiver de guerre s'ouvre sur une lassitude générale, sur le désespoir. La situation intérieure des pays belligérants s'est dégradée. Deuils, cherté de la vie, crises ministérielles épuisent la population civile... Quant à la Russie, elle s'engouffre dans la révolution... Au sein de cette tourmente, Nissim, égal à lui-même, préserve son courage, son dynamisme. Inlassablement, il continue de soutenir son père.

27 décembre 1916

Mon cher papa,
Devant l'irrégularité du départ de nos lettres, je ne veux pas attendre plus longtemps pour te souhaiter une bonne et heureuse année ; c'est la troisième fois que je le fais depuis la guerre et j'espère que je n'aurai pas à le faire une quatrième fois. As-tu remarqué que les deux mois de janvier précédents ont toujours vu un changement dans ma situation militaire ? En 1915, je suis revenu à l'arrière et, en 1916, je suis entré dans l'aviation.

Cette année, comme cadeau de Jour de l'an, je t'envoie, ci-inclus, l'original de ma citation récente. J'avais pensé un moment que je pourrais peut-être venir passer le Jour de l'an auprès de vous, mais il ne faut pas y compter ; nous sommes maintenant en secteur et je suis à peu près indispensable. Aujourd'hui il a fait beau mais avec beaucoup de brume ; c'est la première fois depuis près de quinze jours qu'on a pu travailler.

Embrasse tendrement Béatrice de ma part, mais dis-lui qu'elle ne m'écrit vraiment pas beaucoup. Quant à toi, mon papa chéri, je t'embrasse de tout mon cœur et de toute mon affection en souhaitant que nous soyons bientôt réunis.

Nini

LE HÉROS

5 septembre 1917

Le lieutenant Nissim de Camondo et le sous-lieutenant Dessessart sont partis de l'escadrille MF 33 (au nord d'Embermenil / Meurthe-et-Moselle) le mercredi 5 septembre à 11 h 1/4 du matin. Ils ne sont pas rentrés.

De l'escadrille et d'une distance de sept kilomètres environ, on les a
vus descendre derrière le bois dit "en lame de couteau" mais on n'a pas
pu les suivre jusqu'à l'atterrissage.

A cette note sèche, abrupte, s'ajoutèrent des témoignages, des détails qui redonnaient espoir ou plongeaient dans le doute. Leur confrontation ainsi que l'expérience de pilotes qui purent raconter à leur retour permettent d'imaginer le déroulement de cet ultime combat...

Depuis quelque temps, la MF 33 est installée en pleine campagne, en bordure d'un bois, non loin de Lunéville. Malgré l'extrême proximité des lignes ennemies, tout est calme. La journée s'annonce claire, les avions pourront voler. Avec cette lumière tiède et douce de l'été finissant, les photos seront nettes.

Autour du Bessonneau, vaste hangar démontable couvert de toile couleur havane, règne une ambiance affairée. A l'intérieur, les Farman et les Dorand alignent leurs fuselages beiges marqués de la hache. L'air est saturé d'une forte odeur d'huile de ricin chaude qui sert à graisser les moteurs. Les mécanos resserrent les écrous, nettoient les bougies encrassées, gonflent les pneus, puis sortent les appareils pour faire le plein. Malgré les plaisanteries qui fusent, la concentration reste extrême. Tentes et baraques bordent le terrain où se trouvent disséminés quelques voitures, le camion laboratoire-photo et le camion atelier des armuriers. Dans un angle, le manche à air est en berne.

Après une cure à Vichy et un "merveilleux" séjour à Deauville, Nissim est au mieux de sa forme. Grand, mince et très élégant dans son uniforme de cavalier, la moustache soigneusement taillée et la mine hâlée, il se dirige vers le bureau du capitaine Vidal suivi d'une discrète odeur de cette eau de Cologne de Russie qu'il apprécie particulièrement. L'observateur qui l'accompagne est le sous-lieutenant Lucien Dessessart, trente et un ans, solide gaillard à la barbe drue et à la moustache conquérante. Il l'a rejoint avec son attirail de photographe afin d'étudier leur mission et de déterminer leur zone d'action.

Derniers détails, dernières recommandations, salut réglementaire : "Messieurs, les renseignements que vous rapporterez seront précieux pour l'Etat-Major, bonne chance, soyez prudents."

Au bout de la piste, équipé, armes chargées, appareil de photo en place, l'avion est prêt à décoller. Nissim et Lucien ont enfilé combinaison fourrée et gants, mis leur casque de cuir et ajusté leurs lunettes. Ainsi vêtus, ils doivent avoir bougrement chaud. Là-haut, à deux mille mètres, à l'air libre, cet équipement suffira à peine à se protéger du froid.

Pour tous deux, c'est une opération de routine. Ils décollent à onze heures et quart. Après quelques minutes, l'appareil est en altitude. Sous ses ailes, le paysage lorrain se déploie. Au loin, se profile le massif des Vosges.

Soudain, à l'horizon, quatre petits points noirs. Mieux vaut aller vite. Dessessart, impassible, poursuit son travail. Nissim met le cap vers les lignes françaises, prêt à s'échapper d'un piège qu'il pressent. L'un des avions s'est détaché et s'approche maintenant à une vitesse folle. Nissim ouvre à fond les gaz, le moteur vrombit, le gouvernail vibre, les deux hommes distinguent alors parfaitement la croix noire sur fond blanc de l'ennemi qui les poursuit. Lucien a enfin abandonné son appareil et, s'efforçant au calme, il a engagé un chargeur dans la culasse de la mitrailleuse. L'Allemand est maintenant derrière eux. Nissim tente de se dégager. Dans un rugissement de moteur, il amorce un plongeon suivi d'un virage accentué. Le bruit des rafales déchire l'air. Lucien, excellent mitrailleur, a riposté juste. Le monoplace adversaire est touché et pique vers ses lignes, désemparé, suivi d'un panache de fumée noire… Mais une immense flamme a jailli de leur réservoir, lui aussi criblé de balles, et leur avion plonge en une mortelle spirale que Nissim, encore conscient, s'efforce de maîtriser.

Ils sont perdus, ils le savent. Le combat aura duré quelques minutes…

*

Escadrille F. 33
Secteur 64

Le 5 septembre 1917

Monsieur,
Ce matin, votre fils est parti effectuer une reconnaissance photographique. Il emmenait le lieutenant Dessessart avec qui il avait l'habitude

de voler et qui était d'autre part un excellent mitrailleur. Nous avons vu l'appareil prendre son altitude puis partir vers les lignes ennemies ; deux heures après ils n'étaient pas rentrés. Nous avons téléphoné partout : aucun combat ne semble avoir eu lieu ; d'autre part, l'appareil n'est certainement pas dans nos lignes. Nous supposons donc qu'à l'heure actuelle ils sont chez l'ennemi. Votre fils est considéré ici comme un des meilleurs pilotes ; avec sa bravoure et son sang-froid habituels il a certainement tiré le meilleur parti d'une situation difficile ; il semble possible qu'une panne de moteur les ait amenés à atterrir dans les lignes ennemies.

C'est le cœur angoissé que je vous écris ces lignes et devant mon inquiétude je sens combien grave doit être la vôtre.

Il faut attendre... nous savons ce que cette épreuve signifie de douleur pour vous. Nous aussi, ses camarades, nous attendons et nous espérons.

Recevez, monsieur, mes respectueux compliments.

Lieutenant Rotival, commandant par intérim l'escadrille F. 33[94].

Aussitôt on remue ciel et terre. Ambassades, Agence internationale des prisonniers de guerre à Genève, autorités allemandes, Croix-Rouge sont alertées. Tedeschi dirige les opérations de main de maître, rédigeant fébrilement notes et courriers. On fait de nouveau appel au bouillonnant Victor Mizrahi, toujours efficace à démêler les affaires délicates. Il a été expédié à Berne pour y rencontrer le marquis de Biron, ami de Moïse qui tente de ramener des nouvelles du "bien-aimé comte Nissim"...

Depuis cette terrible nouvelle, Moïse est terré dans la bibliothèque, tassé dans son fauteuil, voûté par l'angoisse qui le poursuit jusque dans le sommeil et lui conteste le moindre répit. Dans cette pièce, il passe le plus clair de son temps. Les livres, cette boiserie blonde et harmonieuse lui procurent d'éphémères moments d'apaisement. *"Cette épouvantable guerre,* trouve-t-il la force d'écrire à un ami, *est pour nous tous, hélas !, une source d'affliction, d'anxiété et d'angoisse. Je suis moi-même dans des transes extrêmes, mon fils, pilote aviateur, après un combat aérien, ayant disparu le 5 courant dans les lignes ennemies. Je n'ai eu, depuis, aucune nouvelle et les espérances que l'on a, pour plus grandes qu'elles soient, ne le sont jamais assez, la période d'attente, dans laquelle l'esprit se prête à toutes les conjectures, étant des plus déprimantes*[95].*"*

Dix jours plus tard, on ne sait toujours pas. Des témoignages de sympathie pleuvent. Ils accompagnent l'affreuse incertitude de Moïse. Des camarades de Nissim, des relations d'affaires, des membres de la famille écrivent, désireux de le soutenir, impatients d'être informés. Chaque courrier apporte une preuve d'amitié, peut-être un peu de courage et de réconfort. Parmi ces lettres, celles de Carle Dreyfus sont les plus chaleureuses.

Mon cher Momo,
En rentrant j'apprends la nouvelle de l'atterrissage de Nini dans les lignes allemandes et je devine vos inquiétudes. Pourtant, j'ai le plus grand espoir, la plus grande confiance et je souhaite que vous soyez comme moi. Connaissant la présence d'esprit, le calme sang-froid de Nini, je suis très confiant et espère que vous saurez bientôt qu'il est prisonnier en bonne santé. Mais quelles journées vous allez passer. Je vous plains de tout mon cœur !
Promettez-moi de me tenir au courant et de me faire parvenir les nouvelles dès que vous en recevrez. Dites à Béatrice que je pense beaucoup à elle, comme je pense à vous. (…)
Pourvu que l'attente des nouvelles qui seront bonnes ne soit pas trop longue[96] !

Chacune de ces missives est ouverte avec fébrilité, dans l'attente d'y trouver un détail nouveau qui ranime l'espoir. Dans cet abondant courrier, il est une lettre dont Moïse n'a pu reconnaître l'écriture fine et penchée :

Monsieur,
J'apprends avec une profonde tristesse que vous êtes tourmenté sur le sort de votre fils. Je ne sais si même mon nom vous dira quelque chose, je dînais autrefois avec vous chez Mme Cahen, et plus récemment quoique ce soit bien lointain encore, vous m'avez une fois emmené dîner avec le cher Charles Ephrussi que j'aimais profondément. Tous ces souvenirs sont bien anciens. Ils ont suffi pourtant pour que j'aie le cœur serré jusqu'à l'angoisse en apprenant que vous étiez sans nouvelles de votre fils, je ne peux pas vous confirmer à quel point je comprends, je plains votre (illisible) et de quel cœur je souhaite qu'une nouvelle plus heureuse vous arrive. Je ne connais pas votre fils, mais j'ai souvent entendu parler de lui par mon jeune ami Jacques Truelle pour qui votre fils a été exquis quand il a été blessé. Et Truelle m'a souvent parlé de l'héroïsme et de la simplicité de ce jeune homme. La fatigue de mes yeux ne me permettant pas d'écrire (car sans cela j'aurais aussi écrit à sa mère qui doit être si anxieuse et si désolée), c'est à vous, sachant le père incomparable et si tendre que vous êtes, que j'ai tenu, tout en partageant les soucis de tous, à envoyer mon souvenir le plus profondément ému.
Marcel Proust[97]

Comment Moïse a-t-il réagi à l'évocation de ce passé heureux ? S'est-il souvenu de la silhouette à la fois raide et souffreteuse de cet écrivain au regard aigu et à la conversation si brillante ? L'a-t-il associée à l'auteur de cette lettre qui s'inquiète avec tendresse du sort de Nissim tout en s'interrogeant sur sa propre renommée...

Et les jours passent sans qu'aucune nouvelle ne parvienne, augmentant cruellement l'inquiétude de Moïse.

Carle Dreyfus, l'ami fidèle, a dû partir pour Italie. Il lui écrit presque quotidiennement.

Cernobbio, le 23 septembre 1917,

Mon cher Momo,

Chaque jour j'espère recevoir la nouvelle que nous attendons tous si impatiemment !

Et il n'y a rien que de normal à ce que vous ne l'ayez encore reçue. Je suis sûr du reste que vous conservez toujours bon espoir. Comme moi, et cet espoir doit vous aider à supporter ces trop longues semaines de lamentable inquiétude. Je n'ai pas besoin de vous dire que je pense continuellement à vous et que je regrette souvent d'être si loin de vous en ce moment...

Espoir : ils ont tous ce mot aux lèvres. Mais depuis ce fameux atterrissage auquel personne n'a assisté, on n'a toujours aucune nouvelle... On se persuade que Nini et son compagnon sont prisonniers, en bonne santé. On se perd en conjectures...

Prévenu, le commandant Bordage, en disgrâce sur le front de Galicie depuis plusieurs mois, continue lui aussi d'espérer et tente d'expliquer :

Je pense que tout cela résulte d'un grand excès de bravoure. Je les connaissais trop tous pour ne pas penser ainsi et surtout pour de Camondo (...), il a trop d'ardeur, il est à retenir. (...) Le récit de tous ces malheurs me donne une bien grande tristesse car tous ces petits braves de la 33, après tant de mois vécus en famille avec eux, étaient devenus presque mes enfants ou mes frères. J'en ressens sûrement autant de peine. De Camondo n'était pas un de ceux que j'aimais le moins, au contraire. Lui que j'avais pour ainsi dire créé aviateur de toutes pièces. (...) Il était, bien sûrement, celui de ma vieille 33 dont j'étais le plus fier[98].

Sourd aux tentatives de réconfort, Moïse se morfond : *"Quoique cela ne soit pas très logique, mon espoir diminue avec le temps écoulé[99]..."*

Insidieusement, l'incertitude a cédé à une sombre prémonition.

Cernobbio, le 1ᵉʳ octobre 1917

Mon pauvre cher Momo,
Je ne peux pas vous dire le chagrin que j'éprouve. J'espérais toujours, malgré la longueur bien inquiétante des jours et des semaines. Je voulais toujours espérer !
Et la dépêche navrée que je viens de recevoir de Biron m'a fait une peine infinie. Pauvre Nini ! Il a voulu cette fin magnifique et glorieuse. Il l'a trop cherchée. Et c'est vous qui allez supporter la plus horrible douleur qu'un homme, qu'un malheureux père puisse supporter.
Mon chagrin se double d'être loin, de ne pouvoir vous embrasser, vous dire de vive voix tout ce que je ressens et qu'une lettre écrite sous le coup de l'émotion que je viens d'éprouver en apprenant l'affreuse vérité ne saurait exprimer.
Chaque jour, depuis mon départ, je pense à vous, à l'espoir sur lequel je croyais que nous devions compter. Plus que jamais aujourd'hui je suis par la pensée de tout mon cœur avec vous. Je vous plains affreusement. Le courage avec lequel vous avez supporté les tristes émotions continuelles depuis plus de trois ans et la terrible nouvelle d'il y a un mois me fait espérer que vous aurez la force nécessaire pour surmonter cette effroyable épreuve.
De tout cœur, mon cher Momo, je vous envoie mon affection émue et navrée.

Votre Carle [100]

Nissim eut le crâne fracassé lors de l'atterrissage.

En ces temps, respect et estime mutuels animaient les combattants. Il fut donc enterré par ses adversaires, en Lorraine.

Le dimanche 9 septembre 1917, après les vêpres, son cercueil, dans lequel on l'avait déposé avec son équipement d'aviateur et ses insignes, fut porté à bout de bras dans le petit cimetière d'Efringen-Avricourt. Un commandant allemand et une trentaine d'hommes suivirent le convoi. Avant de le mettre en terre, un discours fut prononcé et les honneurs lui furent rendus [101].

Comme la réalisation d'une obscure prophétie, les étapes de l'existence des Camondo les menaient inéluctablement vers l'anéantissement.

Paris, le 4 avril 1919

Mon cher Piperno,
Je reçois votre lettre du 10 mars et suis très touché des sentiments qu'elle exprime. Ils sont d'autant plus sincères que vous comprenez toute l'étendue du désastre qui m'a si cruellement frappé.

Dès le début de la guerre, un sombre pressentiment, presque une certitude, s'était ancré dans mon esprit, mais, le temps passant, les années s'écoulant m'avaient donné un certain espoir : il a, malheureusement, été déçu.

Ce n'est pas une mais cinq citations que son courage téméraire lui avait values et chacune d'elles, loin de m'inspirer de la joie et de la fierté, ne faisait qu'accroître mes angoisses.

Comme vous le prévoyez cette catastrophe a brisé ma vie et changé tous mes plans :
Liquidation de ma maison de banque et des intérêts en pays étrangers et immobiliers surtout. (…)
Bien à vous.

Moïse de Camondo[102]

Cette catastrophe a brisé ma vie… Tout est dit de l' "*horrible cauchemar*[103]" que vit Moïse, du désarroi qui l'étreint à la perspective d'une existence que la mort de son fils a vidé de sens.

La guerre se poursuit avec son lot de victimes et de blessés. Sans hésitations, indifférent aux dégradations qui pourraient en découler, Moïse cède à titre gratuit, pour la durée des hostilités, sa propriété d'Aumont. La baronne de Rothschild y installe une ambulance militaire portant le nom de "Mission de l'Ambrine". Puis il se retire à la campagne et confie à Tedeschi le soin de s'occuper de l'installation de la mission et du déménagement de ses meubles. De toute façon, Moïse n'envisage plus d'aller à Aumont où le souvenir de Nissim est obsédant. Il s'interroge sur l'avenir de cette propriété dans une lettre qu'il adresse au maire en octobre 1918 :

Cher monsieur Blanchet,
(…) Comme je ne vous ai pas vu depuis plus d'un an, je profite de cette occasion pour vous dire qu'après la guerre je ne solliciterai pas le renouvellement de mon mandat de conseiller municipal. Depuis que

j'occupe ces fonctions, je n'ai pu vous rendre aucun service par suite de mon absence prolongée d'Aumont.

Or j'ignore, par suite de raisons de famille, dans quelles conditions je pourrai habiter de nouveau votre commune, ou mieux, si j'y retournerai jamais. Dans le cas où vous trouveriez à me remplacer par avance, ma démission sera à votre disposition[104].

Pour tromper son désespoir, on le sent prêt à liquider son passé, à faire table rase des souvenirs. Il se ressaisit. Le souci de sa collection, de sa sauvegarde, le sort de sa douloureuse torpeur. La "grosse Bertha" menace Paris : il faut agir, protéger l'hôtel et son précieux contenu. A la suite d'une déclaration de Maurice Barrès sur l'utilité de mettre à l'abri les trésors d'art, qu'ils soient propriété d'Etat ou de particuliers, une commission est nommée en juin 1918. Elle offre aux amateurs toutes facilités d'évacuation pour leurs collections. A M. d'Estournelles de Constant, chef de division au ministère des Beaux-Arts, Moïse plaide sa cause avec énergie :

Possédant, comme feu mon cousin le comte Isaac de Camondo, une très belle collection de tableaux, tapisseries, objets d'art et meubles du XVIIIe siècle, je viens vous demander de vouloir bien me faire attribuer, pour son transport, un wagon à destination de Tours. Mes amis Kœchlin et Metman, qui sont mes collègues aux Comités du musée des Arts décoratifs et de la Société des Amis du Louvre, vous diront l'importance de ma collection et combien elle mérite d'être classée dans la série n° 1 comme priorité d'évacuation.

Mes emballages seront terminés dans une dizaine de jours ; c'est donc dans les tout premiers jours de juillet que ce wagon me serait nécessaire[105].

Son ami Carle Dreyfus lui a indiqué une maison à louer à Tours qui serait parfaite pour abriter objets d'art et mobilier. Au fil de la correspondance nécessaire à l'organisation de la location, de l'emballage, du transport, on sent Moïse reprendre vigueur, s'animer. Ses craintes quant au bon déroulement de ces opérations prennent des proportions importantes dont Tedeschi, une fois de plus, se fait l'écho : *"Le comte m'a écrit d'Evian ce qui suit : «J'ai rencontré ici le conservateur d'un des grands musées de Paris. Il m'a exprimé toutes ses inquiétudes sur les objets d'art enfermés dans des caisses et m'a donné quelques indications utiles. Voici les principales et les seules que nous puissions employer en ce moment. 1° ne pas trop entasser les caisses de façon que l'air puisse circuler. (...) 2° flairer les caisses de temps en temps pour sentir si les emballages ne fermentent pas et ne pourrissent pas... (...)»"*

Et de rajouter avec l'insistance alarmiste qu'on lui connaît, ses propres recommandations : *"Je vous transcris, textuellement, tout ce qui m'a été recommandé à ce sujet pour que vous vous rendiez compte du très grand danger que ces emballages peuvent courir et afin que vous exerciez une surveillance quotidienne et minutieuse, ce qui vous permettra de me prévenir aussitôt qu'il vous semblera voir quelque chose d'anormal[106]."*

Heureusement, le danger s'éloigne et les collections sont saines et sauves !

Moïse, rasséréné, en informe ses amis. Il a dominé son chagrin. L'énergie déployée pour sauver ses œuvres d'art l'en a momentanément détourné :

(...) Vous m'avez demandé de vous envoyer quelques photos de mon hôtel en tenue de bombardement. J'en ai fait faire quelques agrandissements et vous remets ci-joint des épreuves. (...) j'ai fait procéder à la vérification de mes emballages et j'ai eu le plaisir de constater qu'ils étaient en parfait état et qu'aucun objet, notamment aucun tableau, n'avait souffert en quoi que ce soit[107]."

Le plaisir... Moïse aurait-il retrouvé quelque goût à la vie ?

Le 11 novembre 1918, l'armistice est signé et quelques jours après, suivant la formule consacrée, il est *"heureux d'annoncer les fiançailles de Béatrice avec Léon Reinach[108]"*.

La famille de Léon est illustre à bien des titres. Plusieurs de ses membres ont mis notamment leur talent et leur intelligence au service de la politique et de l'art : son oncle Joseph Reinach a été directeur de cabinet de Gambetta, député des Basses-Alpes et surtout dreyfusard de la première heure. Voilà un homme, issu de la grande bourgeoisie et foncièrement areligieux, qui n'a pas hésité à sortir de son rang social. Dès 1894, il engage toutes ses forces dans un long combat qui le conduit à soutenir les initiatives du libertaire Bernard Lazare et celles du grand rabbin Zadoc Kahn. Les Reinach sont l'antithèse d'un autre ami des Camondo, Arthur Meyer, juif antisémite et anti-dreyfusard. On ne sait rien des positions des Camondo lors de "l'affaire". Le moins qu'on puisse dire est qu'elles n'ont pas laissé de traces. Il faut suivre les méandres de leurs amitiés contraires pour déduire qu'ils se sont abstenus de se déterminer et de s'exprimer publiquement. La philanthropie de Nissim et d'Abraham-Béhor à Constantinople avait un caractère qui dépassait la solidarité communautaire. Leur inspiration, leur responsabilité étaient politiques. Tous deux se détournent de ces postures à leur arrivée à Paris. Leurs fils ignorent tout de ces dispositions, de ce combat. Encore une composante de l'identité Camondo dont ils se dépouillent.

Par le mariage de Béatrice avec Léon Reinach, la famille renoue-t-elle avec sa tradition d'engagement public ? Rien n'est moins sûr. Léon est le fils de Théodore Reinach, docteur ès lettres, membre de l'Institut, qui a fait construire à Beaulieu une villa grecque, synthèse de sa culture hellénistique et de son imaginaire. Le jeune époux *"est un musicien, absolument étranger au négoce et aux affaires. Il n'a, du reste, que 25 ans, dont 3 passés à l'armée de Salonique qui lui ont donné un léger aperçu de l'Orient"*, explique Moïse à Piperno. Ce manque d'intérêt du gendre pour les affaires ne paraît pas affecter le beau-père qui déclare : *"Le mariage de ma fille a été pour moi une grande satisfaction et un gros souci de moins*[109].*"*

La vie reprend... Le jeune couple habitera l'hôtel qui a retrouvé son aspect d'avant-guerre et son mobilier.

Moïse, quant à lui, se replie encore un peu plus. Au président du comité France-Amérique, il écrit : *"Me tenant maintenant à l'écart de toute vie mondaine, je ne désire plus faire partie de votre honorable société et vous prie de vouloir bien accepter ma démission*[110].*"* Son cercle d'amis se réduit maintenant à des amateurs d'art et des gourmets. Il poursuit ses voyages de tourisme, autre excellent dérivatif pour lequel il a retrouvé son goût très vif, ce qui l'éloigne souvent de Paris. Un des buts est de faire profiter le guide confidentiel du Club des Cents de ses réflexions : il se livre à de longues descriptions sur ses tribulations, avec la minutie qu'on lui connaît et une sévérité sans appel.

(...) Puisque vous me demandez de vous donner tous renseignements complémentaires pouvant être utiles pour l'édition de l'année prochaine, je viens vous signaler ceux que j'ai pu recueillir au cours d'un long voyage que je viens de faire en Italie. Je trouve tout d'abord votre appréciation sur le mauvais état des routes italiennes très exagéré. (...) Vous dites qu'elles sont poussiéreuses ; c'est vrai puisqu'elles ne sont pas goudronnées ; mais cela ne m'a pas empêché de circuler en torpédo sans le moindre inconvénient et de parcourir plus de dix mille kilomètres.

La conduite à gauche, dans les villes de MILAN *et de* TURIN, *n'existe plus : à Turin, depuis le 1ᵉʳ avril et, à Milan, à partir du 1ᵉʳ juillet prochain, les voitures prennent leur droite. De nombreuses affiches en avertissent le public, disant :* "VÉHICULES A DROITE, PIÉTONS A GAUCHE" *et ceci parce que de nombreuses rues sont dépourvues de trottoirs et que les voitures rasent les maisons sur leur droite. (…) grâce à l'ordre qui règne actuellement en Italie, ces prescriptions sont observées. Il y a bien des conducteurs qui dorment sur leur charrette, mais cela arrive en tous pays.*

Et de poursuivre en mentionnant hôtels et restaurants de chacune de ses étapes : *"à* ROME *: Je dois vous signaler un nouvel hôtel qui s'est ouvert, il y a peu de mois, en plein centre, sur le corso Umberto. Il s'appelle* HÔTEL PLAZA *et a, dit-on, coûté 33 millions de lires. C'est un magnifique palace avec tous ses agréments au point de vue installation, mais où la cuisine est détestable. (…) "*Il termine son voyage par… Vichy et s'arrête, ironie du sort, dans le meilleur et bientôt tristement célèbre établissement qu'il trouve splendide : *"Le* GRAND HÔTEL DU PARC *vient d'ouvrir un magnifique* GRILL-ROOM *de style normand, similaire au* Cheval-Pie *de l'avenue d'Antin à Paris. C'est une magnifique installation, avec une grande rôtisserie* AU GAZ[111]*. "*

*

Moïse est maintenant une personnalité importante dans le monde officiel de l'art : il a remplacé Isaac dès 1911 au conseil d'administration de la Société des Amis du Louvre ainsi qu'à l'Union centrale des Arts décoratifs et en 1922, il est nommé membre du Conseil des musées nationaux. Dès lors, extrêmement sollicité, il se consacre à plein temps à la "protection des arts" et à l'enrichissement de sa collection. Après la mort de Nissim, malgré son chagrin, il avait poursuivi ses acquisitions à un rythme soutenu. Cette activité est devenue une planche de salut. On a pour preuve ces deux petits cahiers reliés en cuir noir sur lesquels, depuis 1907, il note dates, provenances, descriptions et prix de chacun de ses achats[112] : en 1917, il y consacre plus de 900 000 francs, en 1919, ses dépenses dépassent un million… La règle est immuable : chaque œuvre doit se plier à sa volonté d'esthète, elle subit un examen sévère et vigilant, et n'est conservée que si elle s'intègre parfaitement dans cet ensemble savamment ordonnancé.

Moïse cherche-t-il à ne retenir du monde que la beauté après la somme de forfaits et de souffrances qu'il a endurée ? Cette collection lui avait donné un statut d'amateur reconnu. Il la destinait à son fils. La disparition de celui-ci le contraint à un face à face avec la mort, l'amène à affronter l'absence et l'oubli... A qui s'adresserait le regard nostalgique de *L'Eté*, ce buste de jeune femme sculpté par Houdon[113] dont la perfection l'avait ravi ? Que deviendraient ses œuvres d'art ? Il a deux petits-enfants, Fanny et Bertrand, pour lesquels il se montre affectueux et attentif, mais sa fille Béatrice ne partage qu'assez peu sa passion. Le souvenir de Nissim l'obsède, comment le conserver ? Il sait que l'oubli finira par l'emporter. Le temps s'écoulant, plus personne ne saura reconnaître le sourire de ce bel officier sur ces photos qu'il a disposées partout. Bientôt, elles jauniront dans quelque album poussiéreux.

Comme son célèbre contemporain, Moïse part alors "à la recherche du temps perdu". Lui aussi fera de cette quête l'œuvre de sa vie.

En 1924, l'idée de transformer l'hôtel en musée dédié à la mémoire de son fils est complètement mûrie et explicite. Maître Naret, son notaire, recueille les fondations du futur *"musée Nissim-de-Camondo"* détaillée dans les termes les plus précis [114] :

Désirant perpétuer la mémoire de mon père le comte Nissim de Camondo, et celle de mon malheureux fils le lieutenant Nissim de Camondo, tombé en combat aérien le 5 septembre 1917, je lègue au musée des Arts décoratifs, pavillon de Marsan à Paris, mon hôtel sis à Paris 63, rue de Monceau, tel qu'il se composera au moment de mon décès, c'est-à-dire avec tous les objets d'art et d'ameublement qu'il contiendra. (...) Il sera donné à mon hôtel le nom de musée Nissim-de-Camondo, nom de mon fils auquel cet hôtel et ses collections étaient destinés. J'entends que ce legs fait au musée des Arts décoratifs soit considéré comme fait à l'Etat français, propriétaire réel du musée dont la gestion seule appartient à l'Union des Arts décoratifs en vertu d'une convention récemment passée entre l'Etat et l'Union centrale. (...) En léguant à l'Etat mon hôtel et les collections qu'il renferme, j'ai en vue de conserver dans son intégralité l'Œuvre à laquelle je suis attaché, de la reconstitution d'une demeure artistique du XVIIIe siècle. Cette reconstitution doit servir dans ma pensée à l'éducation des

artistes et des artisans, elle permettra en outre de conserver en France,
réunis en un milieu spécialement approprié à cet effet, les plus beaux
objets que j'ai pu recueillir de cet art décoratif qui a été une des gloires
de la France durant la période que j'ai aimée entre toutes. Il est bien
entendu dans ma pensée que ce legs étant fait au musée des Arts déco-
ratifs, dont mon hôtel constituera une annexe, est par conséquent,
comme je le dis plus haut un legs fait à l'Etat. (…)

Dans ce testament où il précise ses volontés jusque dans les moindres détails, il soumet son legs à des conditions formelles (exonération des droits successoraux, globalité du don) et organise déjà le fonctionnement du futur musée (jours et heures d'ouverture, entretien, interdiction des prêts). Il prévoit une rente de 120 000 francs pour couvrir les frais d'entretien : chauffage, réparations, etc.[115] Il joint une lettre qu'il intitule *Instructions et conseils pour MM. les conservateurs du musée Nissim-de-Camondo*[116], il y transmet de multiples précautions, donne des renseignements pratiques sur l'entretien des collections, le chauffage de l'hôtel, la sécurité de l'ensemble.

*

La donation est devenue une pratique courante au début du XXᵉ siècle. Pendant cet âge d'or, les amateurs, sans doute soucieux de légitimer leur richesse, offrent des collections inestimables aux musées et contribuent à élaborer un patrimoine artistique national. Généralement fortunés, érudits, exigeants, ils sont issus d'univers variés : industriel comme Camille Groult, couturier comme Jacques Doucet, marchand comme Georges Petit, conservateurs comme Gaston Migeon, ou encore, bien souvent, financiers.

Cette décision que Moïse ne divulgue pas officiellement l'apaise. Pendant les dernières années de sa vie, il se consacre entièrement à l'achèvement de ce lieu dont il a fait un temple hors du temps.

L'intérêt qu'il porte à ses activités, l'exigence qu'il apporte à veiller au moindre détail de l'organisation du futur musée Nissim-de-Camondo, l'amélioration constante de ses collections sont un défi à sa vue qui baisse, à sa surdité qui l'isole malgré lui. A une vieille amie, un peu sourde comme lui, il écrit :

Je vous remercie, chère madame, pour vos excellents vœux à l'occasion du Nouvel An, mais c'est, hélas, encore une année qui passe.

Je vous souhaite également une bonne santé et une heureuse année. Quand vous aurez renoncé, comme moi, à toute coquetterie, vous irez chez Merovitch, 16, boulevard Haussmann et vous achèterez un de ces appareils contre la surdité qui vous rendra, comme à moi, le plus grand service. (…)

Il est évident qu'avant tout, il faut causer avec des gens ayant une voix distincte et sur un ton un peu élevé. L'appareil n'est pas fait pour les distraits et j'ai été moi-même assez long à m'y habituer[117].

Il admet avec finesse et mélancolie que le temps qui s'écoule finit par avoir raison de son énergie. Est-ce la lassitude, ou la satisfaction de constater que son projet artistique est bientôt achevé et qu'il lui faut réserver ses dernières forces pour le parfaire qui lui fait dire : *"Je suis comme vous, je ne voyage plus car, en vieillissant, on ne se sent bien que chez soi*[118].*"*

LOUIS CHARNET

Je soussigné, certifie que Louis Charnet, qui était à mon service en 1914 en qualité de valet de chambre, n'a pu reprendre son emploi lors de sa libération, en 1915, à la suite de blessures de guerre l'empêchant de marcher, et que son état actuel, qui ne s'est nullement amélioré, le met dans l'impossibilité absolue de remplir cette fonction.

J'ai dû, pour lui venir en aide provisoirement, l'utiliser dans un emploi ne nécessitant aucune fatigue ni aucun effort.

Paris, le 14 juin 1919.

Moïse de Camondo[119]

Lorsque Moïse meurt en 1935, Louis Charnet est toujours à son service. Cette fidélité a inspiré ce récit. Le serviteur y tient un rôle fictif dans un moment imaginé. Néanmoins, le cadre dans lequel il évolue, les détails évoqués, les souvenirs révélés sont tous conformes à la réalité. Ils permettent de capter les reflets de la vie quotidienne de Moïse de Camondo, et les coulisses de ce décor, fruit d'une passion pour le XVIIIᵉ siècle, que cet homme secret laisse pour testament.

… Louis Charnet vérifia le tableau des clés. A chacune était attachée une étiquette en cuivre gravé indiquant sa destination. Il en sélectionna quelques-unes parmi les soixante-dix soigneusement alignées sur le panneau de chêne verni, puis il monta rapidement les marches de l'escalier de service. Comme le lui avait demandé Mme Reinach, il allait inspecter le dernier étage, contrôler que tout avait bien été débarrassé. C'était là le domaine du personnel. Cinq grandes chambres claires, bien chauffées, y avaient accueilli le maître d'hôtel, la lingère, le valet de chambre, les garçons d'office, la gouvernante. Lui-même y avait habité pendant de nombreuses années. Chacune était alors garnie d'un mobilier simple. Des rideaux de cretonne habillaient les fenêtres, un tapis sur le plancher de pin amortissait les bruits. Deux garde-robes, une lingerie, des pièces de rangement pour les malles s'ajoutaient encore pour répondre aux exigences de ce vaste hôtel particulier.

Louis Charnet emprunta le long couloir clair pour se diriger vers la lingerie. Il aimait particulièrement ce lieu chaleureux aux murs tapissés de boiseries de chêne ciré dont les trois fenêtres donnaient sur le ciel et les marronniers du jardin. Pendant plusieurs années, y avait régné Félicie Fillette, lingère de son état. Elle y ourlait, reprisait, amidonnait, repassait un linge toujours impeccable qu'elle ordonnait avec soin dans les grandes armoires vitrées. Mais aujourd'hui, les piles de draps, nappes damassées, serviettes nid-d'abeilles ou œil-de-perdrix, essuie-mains, torchons de métis ou de toile avaient disparu, emballés par les déménageurs. Seule flottait encore cette douce odeur de bois de Panama dont Félicie se servait pour les étoffes fragiles à laquelle, plus tenace encore, se mêlait celle du camphre de Sumatra dont elle usait sans modération pour faire fuir les mites.

Louis repoussa les battants de chacune de ces armoires dépouillées de leur contenu, puis il ferma soigneusement les volets de fer et continua son inspection. La garde-robe du comte paraissait démesurée. Les armoires de chêne, béantes, désormais inutiles étaient vides des manteaux, pardessus, costumes, tenues de soirée, chemises, plastrons, cravates et couvre-chefs variés qu'André Gagné, le valet de chambre, disposait jadis méthodiquement après les avoir soigneusement brossés.

Après avoir fermé tous les volets des chambres nues et froides, Louis fut glacé par l'écho étrangement sonore et inhabituel de ses pas dans cet étage désert. Il emprunta l'escalier du valet de chambre pour regagner le premier étage. Ici en revanche, rien n'avait bougé. Apaisé par ce contraste, Louis eut l'illusion que la vie reprenait. Dans la chambre du comte aux boiseries gris nacré, la lumière du jour était, comme à l'habitude, tamisée par de légers rideaux en taffetas de soie crème soigneusement tirés afin de protéger la délicate marqueterie du mobilier. Chaque objet était à sa place, les personnages de chaque tableau, témoins d'une époque révolue, invitaient à la contemplation. Le grand lit de bois sculpté recouvert de soie cramoisie brodée trônait dans l'alcôve. C'est là que le comte Moïse, le maître de ces lieux, s'était éteint un an auparavant... le 15 novembre exactement. Alertée par l'aggravation de son état, Mme Reinach était venue s'installer aux côtés de son père pour le soigner. Elle avait veillé sur ses moindres désirs et les avait exécutés avec tendresse. M. Tedeschi était horriblement défait et affligé mais pour une fois étrangement calme. Le personnel, très attaché au maître de maison malgré sa sévère intransigeance, avait vécu cette période dans un chagrin sincère. Il est vrai que Moïse de Camondo était âgé, mais encore très actif. En juin, par exemple, il s'était rendu à Bruxelles pour l'Exposition universelle. Jules Guzzi, son chauffeur mécanicien, l'y avait conduit dans le coupé Renault. Son valet de chambre, André, l'accompagnait également. Mais malgré une autorisation obtenue par un ami – M. David Weill – de se rendre d'un pavillon à l'autre en voiture, Louis avait trouvé le comte très fatigué à son retour. Un séjour estival à Deauville lui avait, semble-t-il, fait du bien, il avait même décidé de repartir en octobre, pour une excursion à Bordeaux, avec le Club des Cents, mais la maladie l'en avait empêché, il était mort un mois après. L'hôtel perdait son âme pour toujours puisque M. le comte avait décidé d'en faire un musée.

Tout en poursuivant son tour, Louis retrouvait dans chaque lieu et chaque objet un souvenir, une facette de la personnalité du maître disparu. La bibliothèque était l'antre intime et chaleureux dans lequel Moïse s'installait fréquemment. Il y étudiait un catalogue de vente ou, afin de parfaire son érudition, se replongeait dans un article de *La Gazette des Beaux-Arts* dont les reliures de maroquin rouge garnissaient un panneau entier.

En 1923, lorsque M. et Mme Reinach avaient déménagé, après la naissance de Bertrand, leur second enfant, le comte Moïse avait réuni les pièces de leur appartement en une seule : le salon bleu s'ouvrait largement sur le parc Monceau par cinq croisées garnies de rideaux de gourgouran au coloris doré. Sur les murs tendus de soie de même ton, étaient exposées des vues de Paris peintes au XVIIIe siècle, des scènes de chasse à courre, des portraits... Huit aquarelles esquissées par un impressionniste étaient la seule note moderne, que Louis trouvait presque incongrue. Il est vrai qu'elles avaient une valeur sentimentale pour M. le comte, elles lui avaient été offertes par son cousin Isaac. Pourtant très exigeant, il tolérait dans cette pièce un désordre de bon aloi. Les vastes bergères invitaient à la lecture des nombreux quotidiens auxquels il était abonné. Les *Revue des Deux-Mondes* s'entassaient dans les bibliothèques basses. Sur le bureau plat, deux potiches de porcelaine chinoise montées en lampe dispensaient un bon éclairage. Louis y revoyait encore le comte écrivant son courrier. Bien sûr, les journaux avaient été retirés, les lunettes aux montures d'écaille blonde, si souvent égarées par son distrait propriétaire, avaient également disparu. Mais ce salon gardait, intacte, l'empreinte de son extrême raffinement.

Pour descendre vers le rez-de-chaussée haut, Louis Charnet traversa la galerie. Les marches de pierre blanche s'arrêtaient à mi-course en un palier d'où l'on pouvait appréhender la splendeur de l'étage de réception. Là encore, mobilier et objets d'art étaient disposés dans un ordre harmonieux. Dans la salle à manger, tout était en accord avec le jardin sur lequel elle s'ouvrait largement : ton vert d'eau des boiseries, motifs végétaux des tapisseries au petit point, paniers de fleurs en bronze ciselé et doré... Quelques écrasantes pièces d'argenterie, témoins de l'attachement de Catherine II de Russie pour le prince Orlov brillaient de mille feux : véritable critère public de la bonne tenue d'une maison, un valet argentier était spécialement affecté à leur entretien. Louis y revit la silhouette digne et raide du vieux maître d'hôtel, Pierre Godefin, dans son habit noir, plastron blanc et souliers à boucle dorée.

Il exécutait les ordres avec lenteur et dévouement et avait régné avec autorité sur la nombreuse domesticité jusqu'en 1933, date de sa mort... Dans les années vingt, il dirigeait un second maître d'hôtel, cinq valets de pied, quatre valets de chambre. Deux aides prêtaient main-forte au chef cuisinier. Félicie Fillette présidait alors aux destinées de la lingerie. Dans les communs étaient logés un jardinier, un cocher et deux mécaniciens. La loge était tenue par Joseph Richer.

Bien que le décor s'y prêtât, M. le comte recevait assez peu. Cette fastueuse salle à manger accueillait jusqu'à trente convives trois ou quatre fois par an, généralement au printemps. Fin mai et début juin, avait lieu un déjeuner "Louvre". Il réunissait conservateurs et membres du Conseil des musées nationaux. Au déjeuner "Marsan" étaient conviés tous les administrateurs du conseil de l'Union Centrale des Arts Décoratifs. Ces messieurs, sévères et courtois, débattaient de sujets artistiques mais aussi de l'actualité avec une passion parfois surprenante. Un plan de table, différent chaque année et aboutissement de nombreuses hésitations, faisait se côtoyer MM. Bricard et Puiforcat ou encore MM. Bourguignon et Brière, l'un conservateur à la Malmaison, l'autre à Versailles. M. Carlos de Besteigui déjeunait en face de M. Paul Valéry, lui-même à la droite du maître de maison. MM. David Weill, François Carnot et Carle Dreyfus avaient le privilège d'être conviés aux deux déjeuners.

A cette saison, M. le comte recevait également plusieurs gourmets du Club des Cents. Le chef soignait particulièrement la composition du menu destiné à emporter les suffrages de ces délicats gastronomes. Devant leur succès, Louis se souvint que l'on avait servi plusieurs fois ces melons glacés en entrée, ces filets de soles Murat suivis de poulets pochés à l'estragon, ces pièces de bœuf à la gelée agrémentées de salade romaine et de petits pois à la française, enfin des paillettes au parmesan, des fromages sélectionnés avec soin et un granité à la cerise en entremets, un véritable triomphe ! Les plus grands crus choisis par le comte lui-même délectaient les convives : montrachet-comte-lafon 1929, château-margaux 1878, echezeas 1911, enfin un champagne Mesnil Nature 1926. Une fois, pour couronner ce festin, un cognac de 1858, dernière bouteille de cette noble cuvée, avait été débouchée ! Les papilles comblées, les convives portaient aux nues les talents du maître de maison.

Bien sûr, M. Louis Forest, le fondateur du club, accompagné de son épouse, répondait toujours présent. Gabriel Astruc, Ernest May, M. et Mme André Pereire comptaient parmi les habitués de ces agapes.

Cependant ces moments d'animation étaient rares. Le plus souvent, Pierre Godefin faisait dresser le couvert du comte dans le cabinet des porcelaines. Il est vrai que cette petite pièce se prêtait à ces repas solitaires. Un rafraîchissoir, une table ronde en acajou, un fauteuil en constituaient l'ameublement. Sur les porcelaines qui garnissaient les vitrines, une infinie variété d'oiseaux – du toucan le plus exotique au coq le plus patriote de nos régions – s'épanouissait en une silencieuse volière. Le déjeuner commençait fréquemment par des petits canapés garnis d'une fine tranche de boutargue dont M. le comte était très friand. Il en faisait venir régulièrement de Marseille par bonne quantité. Ce caviar séché et fumé, au goût très fort se dégustait en Turquie, sa terre natale… C'était bien là le seul indice qui pouvait trahir ses origines. Le comte de Camondo avait aimé passionnément la France et son passé. Louis Charnet s'en fit la réflexion en contemplant ces salons dans lesquels chaque œuvre d'art témoignait du talent d'un ébéniste, d'un bronzier, d'un peintre du XVIIIᵉ siècle. Le vieux serviteur se souvenait de sa surprise à chaque nouvel achat. Il s'était senti ignorant devant les commentaires érudits qu'il suscitait, incrédule quant à leur valeur, étonné devant tant d'hésitations pour définir un emplacement parfait. Une fois l'objet admis définitivement, il se souvenait du respect mêlé de résignation avec lequel Pierre Godefin écoutait les moult recommandations du comte à propos de l'entretien du nouvel arrivant… Moïse de Camondo sur ce point était extrêmement pointilleux. Il désirait que l'hôtel fût admirablement tenu et d'une propreté méticuleuse, ce à quoi tous s'appliquaient. Pour faciliter la tâche, une installation complète et très moderne de nettoyage par le vide fonctionnait à merveille. Mais sa violence ne permettait pas de l'utiliser pour les tapisseries, les soieries et les nombreux tapis auxquels M. le comte tenait tant et qu'il fallait délicatement dépoussiérer. Chaque valet nouvellement recruté était soigneusement formé à cette tâche exigeante et minutieuse du ménage. Pour le mettre en condition, Pierre Godefin lui narrait toujours la même anecdote qui illustrait parfaitement, lui semblait-il,

l'anxiété de son maître quant à la fragilité de ses beaux objets :
"Au printemps 1914, l'hôtel fraîchement terminé, plusieurs
réceptions avaient été données. Le grand salon, pourtant moins
meublé qu'aujourd'hui, était le centre de l'animation. Les
invités, admiratifs, s'y pressaient pour venir féliciter M. le comte.
Celui-ci, tendu et inquiet, s'était constamment tenu à proximité
de ce petit bureau orné de plaques de porcelaine, redoutant
une bousculade, guettant le geste maladroit qui n'aurait pas
manqué de réduire ce chef-d'œuvre en miettes…"

Des pas firent crisser le gravier de la cour et arrachèrent
Louis à ses souvenirs. Le nouveau maître des lieux, le conservateur M. Messelet, arrivait, accompagné de M. Carle Dreyfus,
afin de régler les derniers détails de la transformation défini-
tive de l'hôtel en musée. Il fallait écarter les vases les plus fragiles, repousser quelques fauteuils, rouler certains tapis… Rien
ne serait plus comme avant…

Dans le grand hall d'entrée, inondé de cette lumière d'hiver
claire et froide, un photographe commençait d'installer ses
lourds objectifs afin de fixer l'aménagement des salons avant
toute modification.

Traversant le vestibule et la galerie, Louis ne s'attarda pas. Il
devait poursuivre son inspection dans les pièces de service. Là
encore, Mme Reinach avait demandé d'effacer toute trace de
vie domestique.

Hier, un dernier déjeuner avait réuni le personnel autour
de la grande table de l'office. La conversation était restée
morose. Pourtant, dans ses dernières recommandations,
Moïse de Camondo, soucieux de leur avenir, avait exprimé le
désir de voir conservés comme gardiens ceux qui le souhaitaient. Il avait désigné notamment Joseph Richer, le concierge,
car il connaissait parfaitement la manière d'entretenir l'immeuble. Certains avaient accepté, sans doute soulagés et heureux de rester dans ces lieux familiers, mais d'autres n'étaient
pas concernés. C'était le cas de Jules Guzzi, le mécanicien.
Depuis 1917, il partageait avec Camille Clermont – parti quelques
mois avant la mort du comte – la tâche de l'entretien et de la
conduite des automobiles. Pris par le vertige de la mécanique
depuis sa jeunesse, Moïse avait possédé jusqu'à cinq voitures
en même temps ! Limousines, landaulet ou coupé Renault,
torpédo Panhard, landaulet Citroën, cabriolet Talbot ou
torpédo Voisin et, ultime folie, un cabriolet Bugatti. Toutes

avaient fait l'objet des soins les plus attentifs et compétents de Jules, dont le comte appréciait la conduite adroite et prudente.

Le chef cuisinier lui aussi partait. Ses qualités lui permettraient, sans nul doute, de trouver une nouvelle place dans une bonne maison. Aurait-il d'ailleurs supporté le spectacle de désolation qu'offrait la splendide cuisine de l'hôtel ? Murs et plafonds carrelés de faïence blanche, équipement récent, elle avait répondu à tous les critères du confort moderne. Louis fut bouleversé de constater les buffets enlevés, les étagères démontées, les casseroles, faitouts, marmites et poissonnières disparues... Dévissées également les porte-cuillers pour les innombrables louches et écumoires, la vitrine de chêne verni pour les livres de menu... Seule la rôtisserie qui occupait un mur entier était restée : ses dimensions imposantes avaient sans doute découragé toute tentative d'enlèvement. De même, monolithique et imposant, mais déchu à tout jamais de ses fonctions, le fourneau trônait encore au milieu de la pièce. Il en avait été l'âme, nécessitant une attention permanente. Il fallait des heures pour le mettre en marche, des tonnes de charbon pour entretenir son feu, du doigté pour maîtriser sa température afin de cuire, mijoter ou réchauffer. Il n'était plus alimenté depuis hier et s'éteignait doucement... Louis posa ses mains sur les plaques encore tièdes, puis, silencieusement, quitta les lieux.

IX

BÉATRICE

Le 21 décembre 1936, le musée Nissim-de-Camondo est inauguré. Le président de la République Albert Lebrun vient le visiter peu après. Sous la voûte menant à la cour d'honneur, une plaque est apposée. Elle rappelle la mémoire de Nissim, et lui dédie ce lieu.

Les visiteurs sont éblouis par la rareté, la beauté du mobilier, ils repartent conquis par le charme de cet endroit, touchés par l'empreinte bienveillante de ceux qui y vécurent.

Cette donation, évaluée à plus de cent millions, dépasse de beaucoup la quotité disponible de la succession. Béatrice, la fille de Moïse, le sait. Elle ne s'oppose pas à l'exécution du testament. Au contraire, elle tient à respecter les volontés de son père. Elle est fière que l'hôtel et ses collections soient donnés à la France. La générosité est une qualité qui se transmet chez les Camondo.

Béatrice… La petite fille gracieuse et coquette dont Boldini[1] a fixé les traits, est maintenant une femme d'allure distinguée, au visage grave, presque austère. Elle ressemble à son père par son caractère réservé. Il faut dépasser ses abords parfois abrupts et intimidants pour découvrir une nature profonde et fidèle en amitié. De son mariage avec Léon Reinach sont nés deux enfants. Sa fille, Fanny, est ravissante, elle a seize ans. Bertrand, espiègle et taquin, en a treize.

Béatrice mène une vie simple, peu mondaine, partagée entre la villa *Patara* du Pyla, son appartement de Neuilly et Aumont. Son existence est dominée par une passion : l'équitation. Depuis sa plus tendre enfance, elle monte à cheval à la perfection. Des photos l'ont fixée en amazone, droite et élégante,

265

Avril 1923 – Béatrice Reinach (1894-1945).
(Musée Nissim-de-Camondo.)

alors qu'elle suit une chasse à courre. Elle participe aux concours hippiques de haut niveau, franchissant les obstacles les plus difficiles avec succès. Cette passion exigeante absorbe son temps, accapare son esprit.

1936 est une année tumultueuse. Hitler a fait entrer ses troupes en Rhénanie, la guerre civile flambe en Espagne, le Front populaire est arrivé au pouvoir en France. Léon Blum fonde le premier gouvernement socialiste. "Votre arrivée, monsieur le président, lui lance Xavier Vallat, futur commissaire aux questions juives, est incontestablement une date historique. Pour la première fois, ce vieux pays gallo-romain sera gouverné par un juif[2]."

Cette phrase, Béatrice en a-t-elle connaissance ? Elle entend d'autres avertissements plus significatifs encore même s'ils sont plus lointains. Depuis un an déjà, les lois de Nuremberg, en Allemagne, excluent les juifs de la vie nationale, leur interdisent tout mariage avec un aryen, les privent des postes de responsabilité. Les échos des attentats, des persécutions que cela déchaîne lui parviennent. Elle sait que beaucoup arrivent en France, pensant échapper à la hargne nazie.

L'étau va se resserrer si vite. La guerre, la débâcle, l'occupation. Plus rien ne s'oppose au nazisme qui colle à la botte hit-
lérienne.

Le gouvernement de Vichy devance les désirs de l'occupant :
"Est regardé comme juif, pour l'application de la présente loi,
toute personne issue de trois grands-parents de race juive ou
de deux grands-parents de la même race, si son conjoint est
lui-même juif."

Tout est dit. Des dérogations existent, illusoires. Doit-on
s'étonner de la réaction de Béatrice ? Elle se croit protégée :
son frère est mort pour la patrie, il est chevalier de la Légion
d'honneur à titre posthume. Son oncle Isaac et son père ont paré
la France d'une immense chape de générosité. Elle est française,
avant tout. Son aveuglement va permettre au dernier acte de la
tragédie Camondo de se jouer.

Béatrice ne se sent plus juive. Au début de l'année 1942, elle s'est
convertie au catholicisme et se fait baptiser chez les bénédictines
de Vanves. Son absence totale de clairvoyance exclut que ce fût par
calcul. Ses proches ont témoigné de sa nouvelle conviction religieuse. Ce geste achève de dépouiller les Camondo de leur identité. Dans cette tragique histoire, la Shoah figure comme la
concrétisation d'un anéantissement déjà achevé.

Son entourage est inquiet. Léon Reinach, dont elle est
séparée, est passé en zone libre, il est à Pau[3]. Il a compris le
danger et veut fuir vers l'Espagne. Les rafles se multiplient, il
est interdit aux juifs de changer de résidence, de quitter leur
domicile pendant la nuit[4]. Coupée de la réalité, obstinée, elle
demeure toujours dans son duplex du boulevard Maurice-
Barrès, à Neuilly. Elle continue de monter à cheval au bois de
Boulogne, parfois même escortée d'un officier allemand…
Imprudence mortelle.

Juin 1942. La huitième ordonnance nazie impose le port de
l'étoile jaune. Béatrice la porte ostensiblement. Elle est arrêtée
chez elle, avec ses enfants, l'été suivant[5]. Sa cousine, Irène
Anspach, assiste à la scène, impuissante, horrifiée. Elle part en
serrant contre elle quelques albums de photos et la gourmette
que Béatrice lui a glissée pendant ses adieux, convaincue que
de l'officier allemand est partie la dénonciation.

Drancy, "le dernier cercle avant l'enfer[6]". Une bâtisse de quatre
étages en forme de U, une grande cour au centre, des miradors
aux angles, des barbelés comme ceinture. Les bâtiments ne sont

pas achevés, le béton est brut de décoffrage. Ce camp fonctionne depuis août 1941. Il est gardé, dirigé, administré par les autorités françaises, mais il est sous l'autorité directe des Allemands. L'été 1942, lorsque Béatrice, Fanny et Bertrand arrivent, Drancy regorge de monde. Les rafles moissonnent des milliers de victimes – des étrangers en écrasante majorité –, des hommes, des femmes, des vieillards, des enfants séparés de leurs parents. On les entasse, ils repartent après un tri rapide. Les juifs français ne sont pas déportés. "Le rythme de ces arrivées suit le rythme des déportations. Du 16 juillet au 1er octobre, on déporta trois mille personnes par semaine, et chaque semaine on amena trois mille personnes à Drancy. L'horaire était bien établi ; longtemps les jours de déportation furent les dimanches, les mardis et les jeudis, les jours d'arrivée les lundis, les mercredis et samedis[7]."

Confusion, affolement, sanglots étouffés, cris d'enfants apeurés, suppliants, horreur des suicides. Léon Reinach est arrêté lui aussi. La famille se retrouve au complet. A Drancy. Dans chaque chambrée, des châlits, une literie sale, soixante-quinze personnes se serrent au lieu des cinquante prévues. Des punaises, des poux, pas d'hygiène, pas de savon. La nourriture est incertaine, toujours insuffisante. L'infirmerie est débordée. L'économat est incapable de gérer ce camp peuplé comme une ville.

Les contacts avec l'extérieur sont possibles, il suffit d'y mettre le prix. Pour Béatrice et sa famille, ces contacts clandestins existent. De l'argent est donné. Sûrement. Elle correspond avec Irène Anspach. Un homme sert d'intermédiaire.

D'abord persuadés d'avoir été arrêtés par erreur, ils commencent à douter. Les jours passant, l'espoir insensé d'être libéré s'estompe, s'évanouit. Lui succède la volonté de rester, de rester le plus longtemps possible. Il faut maintenant échapper à la déportation vers "Pitchipoï". "C'est dans une infirmerie que, vers le mois de septembre 1942, les gosses inventèrent le mot de Pitchipoï (…) Dans le langage des enfants, ce mot désignait l'endroit inconnu, mystérieux et redoutable de la déportation : on partait à «Pitchipoï», on cherchait à éviter «Pitchipoï», on faisait des réserves de vivres pour «Pitchipoï[8]». Dans le camp, personne n'a d'idée précise quant au sort des déportés. Tous pressentent un calvaire, pas un massacre. Si certains ont entendu parler d'un plan d'extermination, ils refusent d'y croire.

Bertrand (1923-1943) et Fanny (1920-1943) Reinach.
(Musée Nissim-de-Camondo.)

Pour espérer échapper à la menace de la déportation, il faut se rendre utile, travailler. Faire partie de l'administration juive du camp offre cette chance. En juillet 1943, la direction du camp change. Le capitaine SS Brunner en prend possession. Il chasse les fonctionnaires et la gendarmerie française hors du camp et sollicite systématiquement la collaboration des internés à l'administration. Béatrice est officiellement chargée du service des nourrissons. Classée parmi les cadres, en C1, elle loge au bloc III, plus confortable. Moment de répit éphémère, d'espoir vacillant. Cette fonction la préserve de la déportation, sa nationalité française, en revanche, ne protège plus. D'ailleurs, depuis l'arrivée de Brunner, le moral dans le camp est un peu meilleur, les départs sont moins fréquents, moins sauvages. Les Allemands disent vouloir regrouper les familles, rassembler les juifs pour leur rééducation nazie, utiliser leurs forces et leurs compétences professionnelles. Le cynisme et l'hypocrisie sont à leur comble.

Le 20 novembre 1943, Béatrice voit partir son mari et ses deux enfants. Convoi 62[9]. Les démarches entreprises auprès des autorités allemandes invoquant la mauvaise santé de Léon ont été inutiles.

Le 7 mars 1944, c'est son tour. Convoi 69. Dès le 4 mars, elle est parquée avec 1 501 personnes dans la partie du camp réservée aux déportables. Il y a 178 enfants parmi eux. Tous partent avec des réserves de vivres pour trois jours, quelques bagages. Les wagons à bestiaux les avalent par groupes de soixante. Ils arrivent à Auschwitz le 10 mars au petit matin. Quelques SS, des ombres aux vêtements rayés sont sur le quai. Deux routes. Un tri hâtif, à peine deux cents sont sélectionnés pour la mort lente. Pour les autres, la mort rapide[10]. Béatrice, Léon, Fanny et Bertrand ne sont jamais revenus.

La famille Camondo est désormais éteinte.

Eclat singulier d'une tragédie contemporaine, seul le musée Nissim-de-Camondo, relais de la mémoire, continue de lancer les feux d'une passion salvatrice, d'une œuvre qui résiste au temps.

ARBRE GÉNÉALOGIQUE

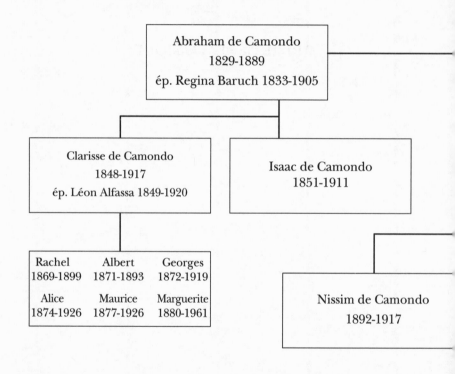

Isaac Camondo
?-1832
(sans postérité)

Abraham de Camondo
1829-1889
ép. Regina Baruch 1833-1905

Clarisse de Camondo
1848-1917
ép. Léon Alfassa 1849-1920

Isaac de Camondo
1851-1911

Rachel	Albert	Georges
1869-1899	1871-1893	1872-1919
Alice	Maurice	Marguerite
1874-1926	1877-1926	1880-1961

Nissim de Camondo
1892-1917

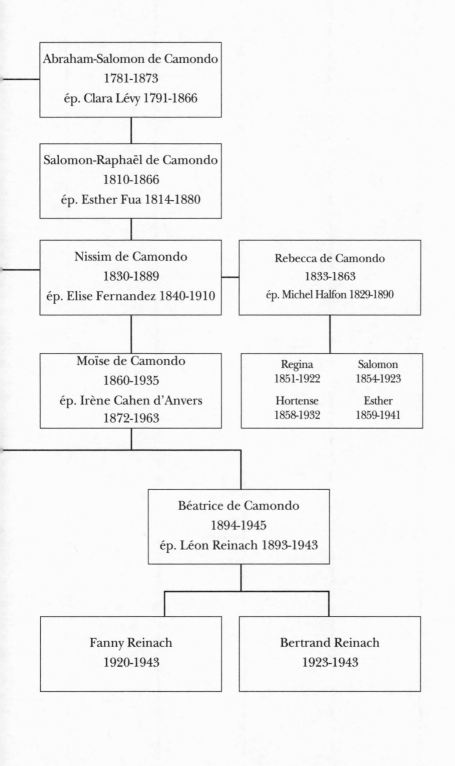

Abraham-Salomon de Camondo
1781-1873
ép. Clara Lévy 1791-1866

Salomon-Raphaël de Camondo
1810-1866
ép. Esther Fua 1814-1880

Nissim de Camondo
1830-1889
ép. Elise Fernandez 1840-1910

Rebecca de Camondo
1833-1863
ép. Michel Halfon 1829-1890

Moïse de Camondo
1860-1935
ép. Irène Cahen d'Anvers
1872-1963

Regina
1851-1922

Salomon
1854-1923

Hortense
1858-1932

Esther
1859-1941

Béatrice de Camondo
1894-1945
ép. Léon Reinach 1893-1943

Fanny Reinach
1920-1943

Bertrand Reinach
1923-1943

NOTES

Les abréviations utilisées dans les notes sont les suivantes : AMNC *: Archives du musée Nissim-de-Camondo ;* AAIU *: Archives de l'Alliance israélite universelle ;* AN *: Archives nationales ;* AML *: Archives du musée du Louvre ;* GBA *: La Gazette des Beaux-Arts.*

CHAPITRE I

1. O. Jamgocyan, *Les Finances de l'Empire ottoman et les financiers de Constantinople, 1732-1853,* t. II, p. 501-505.
2. L'équivalent de 800 livres britanniques de l'époque.
3. Ministre des Affaires étrangères.
4. Dénomination de l'appareil d'Etat ottoman.
5. Robert Ainslie, ambassadeur de Grande-Bretagne, écrit à ce sujet : *"Camondo, since many years notorious for his intrigues and now infamous by his connexions, and some late manœuvres with Tchélébi effendi, was not an object for whom I could consistently risk to lose my credit, or the confidence of the Porte. However in consideration on the patent which he feld from on of my predecessors I avalaid myself of an opportunity to consult my friend, the vizir's lieuteanant of the possibility of accomodating this affair. The answer brought me by Mr Pisani : «Camondo is too criminal to expect forgiveness, if the great sultan's father arose from his tomb to sollicit it in his favor he aught to be refused.» The 6th the order was also issued for transfering Camondo to the castle of Famagusto in Cyprus. But he, it seems having had previous notice, retired to the country two days before this catastrophe and without giving me the least intimation, either berfore or since, took refuge at the German ministery's, who claim him as an Imperial subject, because his ancestors emigrated from a province of Poland afterwards ceded to the House of Austria by the treaty of Partition",* cité par O. Jamgocyan, *Les Finances de... op. cit.,* t. II, p. 501.
6. Ville de Roumanie.
7. *La coscrizione degli ebrei di Trieste nel 1788,* cf. corr. Loïs Dubin à Sophie le Tarnec.
8. C. R. Governo/632/A. J. T Trieste le 12 avril 1798, cité par O. Jamgocyan, *Les Finances de... op. cit.,* p. 622, n. 72.
9. Parmi ces débiteurs O. Jamgocyan cite dans sa thèse : "Le négociant de la Porte aux janissaires, avec trois obligations, représentant 49 325 piastres ;

Halil Aga, ex-grand douanier de Constantinople, pour trois obligations faisant 11 926 piastres ; Nicolas bey, ex-prince de Valachie, pour 12 350 piastres", *op. cit.*, vol II, p. 506.

10. AMNC, Salomon-Jacob.

11. M. Franco, *Essai sur l'histoire des israélites de l'Empire ottoman*, p. 246 et P. Erlanger, entretien du 5 octobre 1982 avec J. F. Yavchitz, archives privées.

12. I. Berlin, *Trois Essais sur la condition juive*, p. 29.

13. G. de Nerval, *Voyage en Orient*, vol II, p. 159.

14. La retraite des Turcs fut le signal d'une coalition contre eux. Les Autrichiens, les Polonais et plus tard les Russes s'allièrent au sein d'un front opposé à l'Empire ottoman. Seize ans plus tard, en 1699, le sultan abandonna presque toute la Hongrie à l'Autriche, la ville d'Azov à la Russie, une partie de l'Ukraine à la Pologne et le Péloponnèse aux Vénitiens. Pour la première fois depuis qu'ils avaient pénétré en Europe les Ottomans renonçaient à des territoires conquis.

15. Feroz Ahmad analyse la transformation des rapports de force entre les juifs et les communautés chrétiennes de l'Empire ottoman : *"The centuries of decline for the Jews were centuries of Greek and Armenian revival when the two Christian millets began to replace the Jews in many economic and administrative functions. Ottoman Christian communities benefited and developed as European merchant capital penetrated the Ottoman economy, ant thrived in the shadow of the Capitulations. By the second half of the eighteenth century, the interests of these communities began to diverge from those of the Turks (and the Jews). Their prosperity and power now depended on the continuing weakness of the Ottoman state whose very revival posed the most dreadly threat"*, in B. Braude, B. Lewis (edit.), *Christians and Jews in the Ottoman Empire. 1908-1914*, vol. I, Holmes and Meyers Publishers, New York, 1980, p. 426.

16. O. Jamgocyan, *Les Finances... op. cit.*, t. I, p. 18.

17. Européens résidants de l'Empire ottoman.

18. O. Jamgocyan, *Les Finances... op. cit.*, t. I., p. 273.

19. Salomon-Raphaël Camondo épouse Esther Fua.

20. Théophile Gautier se sert de la description de la misère, en 1853, dans le quartier de Balat pour vomir son dégoût des juifs : "la plique, les scrofules, la gale, la lèpre et toutes les impuretés bibliques, dont il ne s'est pas guéri depuis Moïse, le dévorent sans qu'il s'y oppose, tant l'idée du lucre le travaille exclusivement ; il ne fait même pas attention à la peste s'il peut faire un petit commerce sur les habits des morts. – Dans ce hideux quartier roulent pêle-mêle Aaron et Isaac, Abraham et Jacob ; ces malheureux, dont quelques-uns sont millionnaires, se nourrissent de têtes de poisson qu'on retranche comme venimeuses et qui développent chez eux certaines maladies particulières. Cet immonde aliment a pour eux l'avantage de ne coûter presque rien", in *Constantinople et autres textes sur la Turquie*, p. 210.

21. Taxe levée par individu.

22. Sur la législation vestimentaire et la transparence de l'espace urbain dans la ville ottomane cf. N. Şeni, "Ville ottomane et représentation du corps féminin", *Les Temps modernes*, juillet-août 1984.

23. Petit port.

24. Traducteur.

25. Le recensement de 1882 donne pour la population de Galata les chiffres suivants : ensemble de la population : 237 293 (soit près du quart de la population

d'Istanbul qui est composée de 875 000 personnes) ; population grecque de Galata : 17 589 ; arménienne : 29 559 ; juive : 22 865.

In Dar-üs Saadet ve Bilad-i Selase Nüfus Sayimi, evrak = 89 946, cité par S. Rosenthal, "Foreigners and Municipal Reform in Istanbul", *International Journal of Middle East Studies*, II (1980), p. 243.

26. *Revue encyclopédique juive*, 1969, n° 11.

27. AMNC, Abraham-Salomon.

28. *Archives israélites*, le 21 décembre 1866.

29. A. du Velay, *Essai sur l'histoire financière de la Turquie*, p. 84.

30. M. A. Ubicini, *La Turquie actuelle*, cité par. A du Velay, *Essai sur... op. cit.*, p. 92.

31. D. de Fontmagne, *Un séjour à l'ambassade de France à Constantinople*, p. 139.

32. D. de Fontmagne, *Un séjour... op. cit.*, p. 42.

33. AN, fonds Thouvenel, lettre Thouvenel à Benedetti, Thérapia, le 2 juin 1858, cité par. N. Şeni. *Marie et Marie, une saison à Constantinople. 1856-1858.*

34. A. de Hübner, *Neuf Ans de souvenirs d'un ambassadeur d'Autriche à Paris sous le Second Empire. 1851-1859*, p. 419.

35. Son père Keçecizade Izzet Molla était un célèbre poète.

36. D. de Fontmagne, *Un séjour... op. cit.*, p. 44.

37. R. Davison, *Reforms in the Ottoman Empire. 1856-1876*, p. 90.

38. Abraham-Salomon s'éteint à Paris, en 1873. Comme il l'avait désiré, sa dépouille est transportée à Constantinople. Son enterrement a lieu le 14 avril 1873 : "On peut dire que Constantinople revêtit ce jour-là un manteau de deuil. Les cloches de toutes les églises de la capitale sonnaient le glas funèbre. La Bourse, tous les établissements financiers, tous les magasins de Galata, de Stambul et les faubourg de la Corne d'Or, tout était fermé. Décrire la foule qui suivit le corbillard serait chose impossible. Deux bataillons, un de fantassins, un autre de soldats de la marine, des musiques impériales, les corps diplomatiques et consulaires de Constantinople, tout le personnel des établissements financiers, des députations de tout le clergé chrétien, orthodoxe et catholique, les chœurs des églises, les élèves des écoles, la plupart des ministres ottomans, les fonctionnaires musulmans de toutes les administrations du gouvernement, tous les israélites de la capitale, toute la ville enfin assista à ces funérailles. Depuis l'arrivée des juifs en Turquie, durant ces six siècles de séjour sur la terre ottomane, jamais pareils honneurs ne furent rendus à un israélite. Cet événement fera sans doute l'admiration des générations futures, si jamais il parvient à leur connaissance", M. Franco, *Essai sur l'histoire des israélites de l'Empire ottoman, op. cit.*, p. 248.

39. AN, fonds Thouvenel, 192 Mi. Edouard Thouvenel à Benedetti, Thérapia (Istanbul), le 7 septembre 1859.

40. A. du Velay, *Essai sur... op. cit.*, p. 125.

41. AMNC, banque.

42. G. Young, *Corps de droit ottoman*, t. II, p. 9.

43. A. Autheman, *La Banque impériale ottomane*, p. 6.

44. *Ibid.*, p. 6.

45. Secrétaire, homme de confiance dans les affaires financières des Rothschild.

46. AN, 192 Mi. Alphonse de Rothschild à E. Thouvenel, Paris, le 4 juillet 1856.

47. A la fin de sa mission à Constantinople, de retour à Paris Thouvenel sera ministre des Affaires étrangères de 1860 à 1863. Sur les rivalités entre les deux ambassadeurs cf. N. Şeni, *Marie et Marie... op. cit.*

48. J. Autin, *Les Frères Pereire*, p. 158.

49. "Le premier comité partiellement désigné par les statuts, puis complété par cooptation, fut ainsi composé :

– à Londres, l'Hon. T. C. Bruce, sir William Clay, Lord Hobart et MM. P. du Pré Grenfell, L. M. Rate, W. R. Drake, J. Alexander, J. Anderson, G. T. Clark, J. W. Larking, J. Stewart ;

– à Paris, MM. Emile et Isaac Pereire, Ch. Mallet, H. Hottinguer, C. Salvador, A. Fould, comte Pillet-Will, A. J. Stern, duc de Galiera, A. André, J. Buffarini, F. Greininger.

– La présidence était exercée à Londres par sir William Clay, à Paris par M. Charles Mallet.

– Ainsi qu'il avait été convenu avec la Porte, le marquis de Plouec fut nommé directeur général (...) Le conseil de Constantinople fut complété par J. Stewart administrateur délégué par le comité, A. Alléon et C. S. Hanson, banquiers locaux", in. A. Autheman, *La Banque... op. cit.*, p. 30-31.

50. In *Bankers' Magazine*, XXIV, 1864, p. 580, 652, cité par Landes, *Banquiers et pachas*, p. 71.

51. Les fondateurs de la Société générale de l'Empire ottoman étaient : la Banque impériale ottomane, MM. Aristide Baltazzi, Christachi Zographos, Boghos Missirlioglou, A. A. Ralli, I. Camondo et Cie, Zafiropoulo et Zarifi, Oppenheim, Alberti et Cie, S. Sulzbach, Fruling et Groschen, Stern Brothers, Bischoffsheim et Goldschmidt.

52. 1 livre sterling = 25 francs = 1,1 livre turque (110 piastres).

53. La Société se donne pour tâche "de souscrire ou contracter avec le gouvernement des emprunts temporaires intérieurs et autres que les emprunts extérieurs et tous emprunts avec les corporations provinciales et municipales".

54. L'inventaire de la fortune immobilière totale Camondo située en Turquie recense, en 1889, cinquante-cinq propriétés dont dix *han*, neuf immeubles de rapport, cinq maisons particulières situés à Galata ou à Péra. Les autres propriétés comprennent des terrains, un théâtre et des magasins à Galata et à Usküdar, une usine, une briqueterie, des oliviers (à Narli) et une ferme (à Corlu). In *Déclaration du comte Moïse à l'inventaire A. de Camondo concernant les immeubles*, AMNC, Constantinople, 1889. Sur la fortune immobilière Camondo voir également : N. Şeni, "The Camondos and Their Imprint on 19th Century Istanbul", in *International Journal of Middle East Studies* 26 (1994), p. 663-675.

55. L'historien A. Galanté insiste sur le caractère exceptionnel du décret (iradé) qui autorise non pas Abraham-Salomon, mais Abraham-Béhor à être propriétaire d'immobilier en citant un passage : "sans que cela serve de précédent (littéralement : d'exemple) à d'autres, Abraham, fils de Raphaël-Salomon, petit-fils aîné d'Abraham, comte de Camondo (a été autorisé à...)". Ce décret auquel se réfère Galanté est un acte tardif, postérieur à l'anoblissement d'Abraham-Salomon en 1867. Or, le patrimoine immobilier des Camondo est déjà constitué de longue date. Soit il existe un autre décret émis bien plus tôt, soit ces propriétés furent enregistrées par des prête-noms proches de la famille (épouses, gendres, amis) qui étaient ressortissants ottomans.

56. Maxime Du Camp, *Souvenirs et paysages d'Orient*, cité par J.-C. Berchet, *Le Voyage en Orient*, p. 475.

57. Sur les transformations urbaines et municipales d'Istanbul au XIXe siècle cf. S. Rosenthal, *The Politics of Dependency* et Z. Çelik, *The Remaking of Istanbul*.

58. La liste des *han* Camondo à Istanbul comprend : le *Saatçi han,* rue Perşembe pazar ; le *Lacivert han,* rue Zülfaris ; le *Ibret han,* rue Sevud ; le *Latif han,* rue Sevud ; le *Dilber han,* place Karaköy ; le *Camondo han,* rue Yorgancilar ; le *Yakut han,* rue Mertebani ; le *Kuyumcular han,* rue Yorgancilar ; le *Lüleci han* à Sirkeci ; le *Gül han,* rue Billur. In AN, fonds Camondo, registre administration immeubles, 1874, 1881, cité par N. Şeni, "The Camondos and Their Imprint on 19th Century Istanbul", *International Journal of Middle East Studies,* 26 (1994), p. 668.

59. *Idem.*

60. AMNC, testament d'Abraham-Béhor.

61. I. Karmi, *The Jewish Community of Istanbul in the Nineteenth Century.*

62. L. Bergeron, *Les Rothschild et les autres…,* p. 152.

63. *Ibid.,* 153.

64. P. Loti, *Cette éternelle nostalgie, journal intime 1878-1911,* 1997, p. 286.

65. T. Gautier, *Constantinople… op. cit.,* p. 99-100.

66. BA (Basbakanlik Arsivi = les archives des bureaux du premier ministre, à Istanbul), iradé n° 14 036 : 14-B-1271/1854, cité par I. Karmi, *The Jewish… op. cit.,* p. 14.

67. ANMC, Constantinople, inventaire établi par Victor Mizrahi, le 7 octobre 1889.

CHAPITRE II

1. E. Roditi, *Camondo's Way,* p. 212. L'école et la synagogue seront détruits par les nazis.

2. *Ibid.*

3. M. Graetz, *Les Juifs en France au XIXe siècle. De la Révolution française à l'Alliance israélite universelle,* p. 139.

4. *Ibid.,* 68.

5. Ce budget passe de 50 820 francs en 1843 à 133 274 francs en 1853. Cf. M. Graetz, *Les Juifs… op. cit.,* p. 140.

6. M. Graetz, *Les Juifs… op. cit.*

7. Sur la phase préparatoire du *Islahat fermani* cf. N. Şeni, *Marie et Marie… op. cit.*

8. *L'Univers israélite,* avril 1856, p. 371.

9. *Ibid.*

10. AMNC, correspondance, 1875.

11. *L'Univers israélite,* avril 1856, p. 343.

12. La lettre de Cohn s'exprime également sur le nouvel établissement qui pourra accueillir quatre cents élèves et *"que la communauté de Constantinople devra à la générosité de M. Camondo. Cet agrandissement permettra de pouvoir accueillir près de 400 élèves qui tous ne demandent pas mieux que de recevoir une instruction religieuse et morale, qui leur permette plus tard de gagner leur pain d'une manière honorable et de contribuer à la renaissance de l'Empire ottoman. Une école de jeunes filles est sur le point d'être jointe à l'établissement pour les garçons et dès que des questions qui reposent sur une certaine jalousie des professeurs seront résolues par l'intervention supérieure du comité, tous les bruits qui ont été répandus dans ces derniers jours disparaîtront. La querelle n'a d'ailleurs été que locale",* L'Univers israélite, 1858-1859, p. 240-241.

13. *L'Univers israélite*, juillet 1862, p. 500-501.

14. *Ibid.*

15. Lamentations en souvenir de la destruction du temple de Jérusalem.

16. *Archives israélites*, 1er septembre 1863, p. 744.

17. *Archives israélites*, 1863, t. 24, p. 225.

18. AN, fonds Camondo, 1, AQ.

19. Au sujet des Levantins et des descendants de la *Magnifica Communita* de Péra, cf. N. Şeni, "Devenir levantin. Stratégies drogmanales, stratégies bancaires", in *Istanbul et les langues orientales.*

20. Sur une photo prise à la cour d'Autriche on reconnaît sa belle-fille Esther. Elle pose, assise devant un paravent en laque, vêtue à l'européenne, elle cache cependant ses cheveux – comme il est de coutume chez les juifs pratiquants – avec un foulard de soie bordé d'une frange et noué en turban. (AMNC, photos.)

21. M. Franco, *Essai sur l'histoire des israélites de l'Empire ottoman, op. cit.*, p. 170.

22. M. D. Sturdza, *Grandes Familles de Grèce, d'Albanie et de Constantinople*, p. 599.

23. *"Perché Vittorio Emanuele II, cominicito col noibilitare alcune famiglie piemontesi per meriti filantropici e patriottici, aveva continuato, anche per meriti scientifici, con altre venute del Levante, tra gli Ebrei di origine o di acquisita cittadinanza italiana, che constituivano, a detto di un ministro fascista, il fiore delle comunità italiane all'Estero : i Camondo, i Franchetti, i Castelnuovo, i Lombroso, i Sonsino... Nomi che descendenti, in granparte lontani ormai dell'ebreismo, continuarono ad illustrare"*, in G. Bedarida, *Gli ebrei e il Risorgimento italiano*, p. 12.

24. Décret du 28 avril 1867.

25. Décret du 15 septembre 1870.

26. AAIU, France III, A, 8-18. Discours et compte rendu d'inauguration de l'AIU par Nissim Camondo (sans date).

27. Parmi les personnalités marquantes qui ont présidé à la création de l'Alliance israélite universelle Jules Carvallo est ingénieur des Ponts et Chaussées, Eugène Manuel est professeur de littérature classique, Narcisse Leven est juriste, et Isidore Cahen est professeur de philosophie et journaliste.

28. M. Graetz, *Les Juifs... op. cit.*, p. 337-338.

29. *Ibid.* p. 3.

30. AAIU, *idem* note 26.

31. AAIU, *idem* note 26.

32. AAIU, Turquie, I, B, 3. Procès-verbal de l'assemblée générale du comité central pour la Turquie du 29 avril 1869.

33. Directeur de l'école de Hasköy.

34. AAIU, France, III, A, 17. Lettre d'Abraham-Béhor Camondo au comité central de Paris, le 17 août 1882.

35. *Idem*, lettre du 25 août 1882.

36. AMNC, correspondance Abraham-Béhor à messieurs de la Banque I. de Camondo, le 1er août 1874.

37. AMNC, correspondance Abraham-Béhor (Paris) à Veneziani (Constantinople), le 1er septembre 1874.

38. La branche marseillaise des Zafiropoulo participe à la construction de l'Académie des sciences d'Athènes. Associés aux Zarifi de Constantinople, les Zafiropoulo lèguent, en 1893, près de trois millions de francs à des institutions éducatives d'Athènes, de Constantinople et de Marseille. In

V. Théodorou, *Les Œuvres de bienfaisance en Grèce de 1870 à 1920*, mémoire non publié, EHESS, 1987, cité par L. Bergeron, *Les Rothschild et... op. cit.*, p. 122-125.

CHAPITRE III

1. AMNC, correspondance Abraham-Béhor (Paris) à Nissim (Constantinople), le 29 octobre 1868.
2. *"Dario est ici, il m'a parlé d'un projet qu'il a de fonder une maison à Londres dont lui prenait la direction et la maison de Marseille resterait sous la direction de son frère Salomon Allatini. Il veut constituer cette maison au capital de £. 80/m minimum. Les frères Allatini mettraient le tiers de la somme. Le second tiers serait mis par M. Darblay qui en a fait la promesse. Dario me propose de participer pour la somme que nous voulons sans aucun engagement. (...) Mon idée serait de nous intéresser pour 20/m £. Je pense qu'il nous convient d'avoir une maison à Londres sur laquelle nous pourrions compter dans le cas que nous ayons absolument besoin. (Ceci devrait se faire si pour une cause ou une autre nous viendrions à nous brouiller avec les Stern)."*
AMNC, correspondance Abraham, 1868.
3. La Banque impériale ottomane est nommée ici, tour à tour, Banque ottomane ou l'Ottomane, telles qu'étaient ses appellations usuelles à l'époque.
4. "Les hommes qui étaient placés à la tête de cette dernière société formaient comme un groupe rival de celui qui avait contribué à la fondation de la Banque impériale (ottomane) où figuraient MM. Pereire. La grande crise qui atteignit le Crédit mobilier en 1868 offrait une occasion favorable à la Société générale d'asseoir plus solidement sa position et de fortifier son influence dans la capitale de la Turquie, en y établissant une maison de crédit qui participerait directement à toutes les grandes opérations du Trésor ottoman. C'est dans ces conditions que naissait le Crédit général ottoman", A. du Velay, *Essai sur... op cit.*, p. 283.
5. AMNC, correspondance Abraham-Béhor (Paris) à Nissim (Constantinople), le 23 octobre 1868.
6. AMNC, correspondance Abraham (Paris) à Nissim (Constantinople), le 13 novembre 1868.
7. *"Je viens de voir Alberti pour lui donner une idée qui m'est venue en t'écrivant. Je lui ai dit qu'il y avait trois solutions possibles pour amener une entente entre les établissements. Primo : fondre la Banque* (la Banque impériale ottomane), *la Société et la nouvelle société* (qui) *passent dans un seul établissement, modifier ses statuts, invitant les fondateurs intéressés qui devraient céder une partie de leurs avantages pour donner aux nouveaux fondateurs. Avec les mêmes éléments* (créer) *un établissement ou une nouvelle Banque d'Etat avec le concours des membres de la Société générale d'ici et ceux qui la représentent à Constantinople. 2°) Donner une position (...) aux représentants de la Société générale d'ici, leur donner un avantage sur les parts des fondateurs existants et unis de cette manière toutes les parties* (seraient invitées) *à faire cause commune. 3°) Faire entrer la Banque* (impériale ottomane) *et la Société générale dans le nouvel établissement et créer cette Société pour le compte de tous ceux qui sont en cause, la faire administrer par 12 membres dont les 6 par les deux premiers établissements, les 6 par les nouveaux fondateurs"*, AMNC, Abraham (Paris) à Nissim (Constantinople) le 17 novembre 1868.
8. AMNC, correspondance Abraham (Paris) à Nissim (Constantinople), le 30 octobre 1868.

9. AMNC, correspondance Abraham-Béhor (Paris) à messieurs de I. Camondo et Cie (Constantinople), le 29 décembre 1868.

10. AMNC, correspondance Abraham (Paris) à Nissim (Constantinople), le 20 novembre 1868.

11. AMNC, correspondance Abraham-Béhor (Paris) à Nissim (Constantinople), le 6 novembre 1868.

12. AMNC, correspondance Abraham-Béhor (Paris) à Nissim (Constantinople), le 24 octobre 1868.

13. Grand-papa est également très proche de Fuad pacha, autre ministre réformateur qui fit tandem avec Aali pacha à la tête de l'Etat pendant plusieurs années. Mais Fuad pacha agonise en cette fin d'année soixante-huit et Abraham fournit régulièrement un bulletin de santé à l'intention de son frère : *"Les nouvelles de la santé de Fuad ne sont pas meilleures. J'ai vu une lettre de Rüstem bey qui donne les consultations des médecins italiens qui trouvent la maladie bien grave. On décidera à Florence de l'endroit où les médecins conseillent de passer l'hiver. Il est probable qu'il est à Nice"*, AMNC, correspondance Abraham à Nissim, le 6 novembre 1868.

14. AMNC, correspondance Abraham-Béhor (Paris) à Nissim (Alexandrie), le 31 décembre 1868.

15. AMNC, correspondance Abraham-Béhor (Paris) à Nissim (Constantinople), le 17 novembre 1868.

16. AMNC, correspondance Abraham-Béhor (Paris) à Nissim (Constantinople), le 1er décembre 1868.

17. *Idem.*

18. AMNC, correspondance Abraham-Béhor (Paris) à Nissim (Constantinople), le 20 novembre 1868.

19. AMNC, correspondance Abraham-Béhor (Paris) à Nissim (Constantinople), le 10 septembre 1869.

20. AMNC, correspondance Abraham-Béhor (Paris) à Nissim (Alexandrie), le 31 décembre 1868.

21. Il s'agit d'Ismaïl pacha (1830-1895) vice-roi de 1863 à 1867 puis khédive d'Egypte de 1867 à 1879.

22. AMNC, correspondance Abraham (Paris) à Nissim (Alexandrie), le 24 décembre 1868.

23. AMNC, correspondance Abraham (Paris) à Nissim (Constantinople), le 18 décembre 1868.

24. L'expression est de D. Landes, *Banquiers et... op. cit.*, p. 278.

25. *Ibid.*, p. 279.

26. Voici dans sa lettre du 19 février, adressée à son frère, la version que donne Nissim des termes de la négociation : *"Demain on doit se réunir à l'ambassade Sadik, Alberti et la Banque ottomane pour tâcher de se mettre d'accord s'il est possible sur les modifications de la concession de la Banque sur un point pour (lequel) je prévois que l'accord sera difficile à établir. Sadik demande la réduction de la commission et la subvention à la moitié et par contre annuler les 500/m£... (illisible) en 6 % les remplaçant par un crédit de 300/m LT par mois soit 1 800 000 LT au taux d'intérêt de 10 % et 1 1/2 % contre lequel le gouvernement leur donnerait les affectations encaissables à partir du sixième mois, s'engagerait à liquider le compte à la fin de l'année... pour recommencer ensuite. Cet engagement serait pour la durée de cinq ans. Sadik veut traiter les deux choses ensemble mais je ne vois pas la Banque dans cette disposition (...) D'un*

autre côté Sadik leur dira ce compte courant j'en ai absolument besoin, si vous ne me le faites pas je serai obligé de m'adresser ailleurs. Dans ce cas j'entrevois conflit entre eux. Ceci pour ton information, je te préviendrai de ce qui sera fait. "

27. *"Sadik me presse tous les jours pour que je lui donne avant son départ un projet provisoire au moins pour la question chemin de fer"*, AMNC, correspondance Nissim à Abraham, le 19 mars 1869.

28. "Les commissions étaient maintenues à 20 000 livres pour la partie fixe, mais réduites à 1/2 % pour celle applicable aux règlements relatifs à la dette", in Autheman, *La Banque... op. cit.*, p. 39.

29. "Enfin, l'avance de 500 000 livres est remplacée par une facilité de découvert *revolving* (c'est-à-dire utilisable à nouveau après chaque remboursement) utilisable pour tirages à raison de 300 000 livres turques par mois, le total des encours ne devant pas dépasser 1 800 000 livres turques. L'intérêt, fort élevé, est calculé à 9 1/4 % au-dessus du taux moyen d'escompte des Banques de France et d'Angleterre", Autheman, *La Banque... op. cit.*, p. 39.

30. A part la Banque impériale ottomane, participent à ce crédit en compte courant, la Société générale de l'Empire ottoman et un groupe de financiers piloté par les Oppenheim. In AMNC, correspondance Nissim à Abraham, le 17 février 1869.

31. AMNC, correspondance Nissim (Paris) à Abraham (Constantinople ? ou Vienne ?), le 9 mars 1869.

32. AMNC, correspondance Nissim (Paris) à Abraham, le 5 février 1869.

33. AMNC, correspondance Nissim (Paris) à Abraham, le 12 mars 1869.

34. AMNC, correspondance Nissim à Abraham (Constantinople), le 16 avril 1869.

35. AMNC, correspondance Nissim (Paris) à Abraham, le 6 février 1869.

36. AMNC, correspondance Abraham à Nissim, juillet 1869.

37. AMNC, correspondance Nissim (Paris) à Abraham, le 17 février 1869.

38. *Idem.*

39. Traduction littérale d'une expression turque.

40. AMNC, correspondance Abraham (Paris) à Nissim (Alexandrie), le 28 décembre 1868.

41. *L'Echo de Paris*, 16 décembre 1889.

42. AMNC, correspondance Abraham (Paris) à Nissim (Constantinople), le 13 novembre 1868.

43. Chargés de pouvoir de la Banque I. Camondo à Istanbul.

44. AMNC, correspondance Abraham (Paris) à Nissim (Constantinople), le 25 juin 1869.

45. *Ibid.*, le 10 août 1869.

46. *Ibid.*, le 10 septembre 1869.

47. *Ibid.*, le 2 octobre 1869.

48. *Ibid.*, le 14 septembre 1869.

49. *Ibid.*, le 22 septembre 1869.

50. *Ibid.*, avril 1869.

51. AMNC, correspondance Abraham, le 2 août 1869.

52. *Ibid.*, le 18 août 1869.

53. *Ibid.*, le 18 septembre 1869.

54. *Ibid.*, le 2 octobre 1869.

55. *"(...) pour les garnitures des cheminées. Seraient-elles assez belles et assez grandes pour les utiliser ici ?*

Je te prie de voir aussi les meubles de ma chambre à coucher. Si tu les trouves assez bien pour faire les frais de l'expédition fais-moi le plaisir de donner les ordres nécessaires pour que l'emballage se fasse avec soin (...) Si tu fais expédier mes meubles il faut excepter le lavabo qui ne me plaît pas, à moins que Regina ne soit de l'avis contraire. Je te prie de dissuader grand-papa s'il voulait apporter avec lui Zaracha comme maître d'hôtel. Il ne peut pas me servir ici, tu le comprends assez bien n'est-ce pas ? Tu peux lui dire que j'ai engagé déjà quelqu'un", AMNC, correspondance Abraham (Paris) à Nissim (Constantinople), le 29 juin 1869.

56. Livres pieux.

57. AMNC, correspondance Abraham, le 11 août 1869.

58. *Ibid.*, le 13 septembre 1869.

59. AMNC, correspondance Abraham (Paris) à Nissim (Constantinople), le 6 août 1869.

60. *Ibid.*, le 29 septembre 1869.

61. *Ibid.*, le 23 juin 1869.

62. AMNC, correspondance Abraham à Nissim, le 10 septembre 1869.

63. *Idem.*

64. *Idem.*

65. AMNC, correspondance Abraham (Paris) à Nissim (Constantinople), le 17 septembre 1869.

66. AMNC, correspondance Abraham (Paris) à Nissim (Constantinople), le 29 septembre 1869.

67. AMNC, correspondance Abraham (Paris) à Nissim (Constantinople), le 13 septembre 1869.

68. AMNC, correspondance Abraham à Nissim, le 11 septembre 1869.

69. AMNC, correspondance Abraham à Nissim, le 29 octobre 1869.

70. AMNC, correspondance Abraham à Nissim, le 1er octobre 1869.

71. A. du Velay, *Essai sur... op. cit.*, p. 287.

72. *Ibid.*, p. 287.

73. *Ibid.*, p. 289.

74. AMNC, correspondance Abraham (Paris) à Ullman (Constantinople), le 5 novembre 1869.

75. AMNC, correspondance Abraham (Paris) à Fernandez (Constantinople), le 5 novembre 1869.

76. AMNC, correspondance Abraham (Paris) à Zafiropoulo (Constantinople), le 5 novembre 1869.

CHAPITRE IV

1. *Le Figaro*, 9 novembre 1877.

2. *Le Gaulois*, 9 novembre 1877.

3. AMNC, correspondance Abraham, le 29 août 1881.

4. Suivant actes de ventes du 28 juin 1870 entre M. Pereire et A. de Camondo ; et du 27 juin 1870 entre M. et Mme Violet et N. de Camondo ; complétés par un acte de vente du 4 mars 1872 entre M. Pereire et A. et N. de Camondo et un acte d'échange du 26 août 1872 entre N. de Camondo et A. de Camondo. Etude de Mᶜ S. du Boys.

5. AMNC, correspondance Abraham Paris, le 16 août 1871.

6. Il s'agit, en l'occurrence, d'un groupe de banquiers privés : MM. Fould, Seillière, Hottinguer, Mallet, André et Marcuard, Pillet-Will.

7. Cf. J. Bouvier, *Les Rothschild*, p. 201 et *sq.*

8. Z. Çelik, *The Remaking of Istanbul, op. cit.*

9. La concession pour établir et exploiter des "chemins de fer à chevaux. (tramways)" est octroyée par le gouvernement ottoman à Constantin Carapanos pour quarante ans. Les fondateurs de cette société sont : La Banque impériale ottomane, la Société générale de l'Empire ottoman, la Banque I. Camondo et Cie, MM. Christachi Zographos, Georges Zarifi et Constantin Carapanos. In *Les Statuts de la Société des tramways de Constantinople*, 1870, p. 3.

10. AMNC, correspondance Abraham, le 4 juin 1874.

11. *Ibid.*, le 3 décembre 1873.

12. *Ibid.*, le 26 septembre 1874.

13. *Ibid.*, le 8 août 1874.

14. *Ibid.*, 1874.

15. Façades et toitures de cet hôtel ont été classées en 1979. Malheureusement, la serre, le lanternon et la totalité du décor intérieur avaient été détruits quelques années auparavant.

16. Y. Christ, *Les Hôtels parisiens, Champs-Elysées, faubourg Saint-Honoré, plaine Monceau*, p. 254.

17. AMNC, succession Abraham, inventaire.

18. A. de Musset, *La Confession d'un enfant du siècle*, p. 48-49.

19. AMNC, succession Abraham, inventaire.

20. Vente 1er, 2, 3 février 1893, n° 202-225.

21. J.-K. Huysmans, *Œuvres complètes. Certains*, t. X, p 7.

22. E. de Goncourt, *Journal*, 28 décembre 1887.

23. AMNC, succession Abraham, inventaire et catalogues de vente. *Mademoiselle Sallé* : vente 1er, 2, 3 février 1893, n° 10. *Bacchanale, id.*, n° 250 (se trouve maintenant à la Frick Collection de New York, cf. exposition Clodion, Paris, musée du Louvre, 1992, repr. p. 33, fig. 10). *Jeune Fille à la fontaine, id.*, n° 250, *Chasses du roi François, id.*, n° 292-299.

24. AMNC, correspondance Abraham, le 11 mars 1878.

25. S. Monneret, *L'Impressionnisme et son époque. Dictionnaire international*, t. II, p. 285.

26. AMNC, succession Abraham-Béhor de Camondo, inventaire.

27. Des panneaux provenant de ce boudoir ont été conservés et se trouvent au musée Nissim-de-Camondo.

28. Cent soixante-quatorze pièces, vente 6 et 7 février 1893, n° 59 à 92, Emile Zola achète le lot n° 91 (sept objets en ivoire).

29. Collection privée. *Portrait de Mlles de C.*, huile sur toile, haut. 1,14 m ; larg. 1,46 m. Vente Sotheby's Monaco, 17 et 18 juin 1988 et vente Christie's, New York, 24 mai 1989, n° 39.

30. AMNC, correspondance Abraham, le 27 mars 1883.

31. Il s'agit ici d'Antonin Proust.

32. J. Claretie, *La Vie à Paris, 1883*, p. 181.

33. GBA, novembre 1878, p. 842.

34. H. Coston, *Dictionnaire des dynasties bourgeoises et du monde des affaires*, p. 27.

35. *L'Indépendance belge*, 19 décembre 1889 et *L'Art et la mode*, 1881, t. II, p. 26.

36. *Le Figaro*, 24 octobre 1879.

37. A. Meyer, *Ce que mes yeux ont vu*, p. 305.

38. E. Benjamin et H. Buguet, *Les Coulisses de la Bourse et du théâtre*, p. 62.

39. A. Chirac, *Les Rois de la république*, p. 215-216.

40. A. Chirac, *ibid.*, p. 213 et 215.

41. E. de Goncourt, *Journal*, 3 juin 1882.

42. *Idem.*

43. E. Possémé, *Épingles de cravates. Bijoux. Musée des Arts décoratifs*, p. 7. Cette collection qui comprend cinquante-cinq épingles de cravates sera donnée par Moïse de Camondo au musée des Arts décoratifs en 1933, en souvenir de son père.

44. A. Meyer, *Ce que mes yeux ont vu, op. cit.*, p. 241.

45. H. Arendt, *La Tradition cachée*, p. 91.

46. Paris, musée Nissim-de-Camondo, huile sur toile, haut. 1,11 m ; larg. 0,85 m.

47. Paris, musée Nissim-de-Camondo, huile sur toile, inv. 785.

48. E. Drumont, *La France juive*, t. II, p. 150.

49. A. Chirac, *op. cit.*, p. 214.

50. *L'Art et la mode*, 1884, p. 288 et 344.

51. E. Drumont, *La France juive, op. cit.*, t. II, p. 151.

52. AMNC, correspondance Nissim, le 12 octobre 1886.

53. B. Gavoty, *Reynaldo Hahn*, p. 164.

54. E. Mension-Rigau, *Aristocrates et grands bourgeois*, p. 440.

55. *Le Figaro*, le 22 novembre 1882.

56. M. R. Marrus, *Les Juifs de France à l'époque de l'affaire Dreyfus*, p. 161.

57. E. Drumont, *op. cit.*, t. I, p. 562.

58. Pierre Birnbaum, "Drumont part en guerre contre «la France juive»", *Le Monde*, 19 janvier 1987.

CHAPITRE V

1. AMNC, affaire Alfassa.

2. *Le Gaulois*, 10 septembre 1884.

3. AMNC, affaire Alfassa, lettre P. Raveneau à L. Alfassa, le 15 avril 1885.

4. AMNC, affaire Alfassa, lettre P. Raveneau à L. Alfassa, le 16 avril 1885.

5. *Le Figaro*, 16 avril 1885.

6. *Le Matin*, 16 avril 1885.

7. AMNC, affaire Alfassa.

8. AMNC, affaire Alfassa, le 30 janvier 1886.

9. *Le Matin*, 16 avril 1885.

CHAPITRE VI

1. AMNC, correspondance Abraham de Camondo (Paris) à Victor Mizrahi (Constantinople), le 12 septembre 1889.

2. AN, fonds Thouvenel. Mi. 192, lettre de A. Cuvillier-Fleury à E. Thouvenel, cité par Nora Şeni, *Marie et Marie... op. cit.*, p. 19.

3. AMNC, correspondance Abraham de Camondo (Paris) à Victor Mizrahi (Constantinople), le 20 septembre 1889.

4. Ces entrepôts, l'*anbar*, étaient installés dans des *han*. Moïse de Camondo faisait, en 1888, un compte rendu sévère des conditions de stockage qui y régnaient : *"J'ai été hier à l'*anbar*, à Süleyman pacha han, et à Vizir han. Ce qui est fait est fait, mais l'idée de déposer nos draps en plein marécage (car je ne puis mieux dénommer la cour de ce dernier han) est baroque. J'espère que notre drap n'est pas abîmé. S'il en est ainsi c'est bien de la veine"*, AMNC, correspondance Constantinople, le 9 juin 1888.

5. Fête qui clôt le mois du ramadan, pendant laquelle les griefs sont oubliés et s'échangent les cadeaux.

6. Commandant de l'armée turque.

7. AMNC, correspondance Abraham de Camondo (Paris) à Victor Mizrahi (Constantinople), le 12 novembre 1889.

8. AMNC, correspondance, le 28 septembre 1889.

9. AMNC, correspondance Agiman (Constantinople) à Abraham de Camondo, le 6 septembre 1887.

10. *Idem.*

11. AMNC, correspondance, Constantinople, 1890.

12. AMNC, correspondance, Constantinople, 1890.

13. AMNC, correspondance Abraham de Camondo aux directeurs de la Banque I. Camondo à Constantinople, le 23 février 1874.

14. AMNC, correspondance Isaac de Camondo à "messieurs" de Constantinople, Paris le 22 juillet 1891.

15. AMNC, correspondance Moïse de Camondo à Victor Mizrahi (Constantinople), le 16 décembre 1889.

16. *Archives israélites*, le 31 janvier 1889.

17. AMNC, succession Abraham.

18. Agop pacha loue le *yali* du comte Isaac pour l'été 1890 et propose de l'acheter en offrant 100 000 livres turques l'année suivante.

19. AMNC, correspondance Victor Mizrahi à Isaac de Camondo (Constantinople), le 20 janvier 1892.

20. AMNC, correspondance Isaac de Camondo (Paris) à Victor Mizrahi, Isaac Molho et Léon Piperno, directeurs de la Banque I. Camondo, (Constantinople), le 21 mars 1892.

21. AMNC, correspondance Victor Mizrahi et Léon Piperno (Constantinople) à Isaac de Camondo (Paris), le 25 mars 1892.

22. AMNC, correspondance Léon Piperno à Léonce Tedeschi, Constantinople, le 25 juillet 1891.

23. AMNC, correspondance Victor Mizrahi (Constantinople) à Moïse de Camondo (Paris), le 15 août 1892.

24. AMNC, correspondance Isaac de Camondo (Paris) à messieurs (Constantinople), le 5 mai 1892.

25. *Ibid.*, le 20 avril 1892.

26. AMNC, correspondance Isaac de Camondo (Paris) à Victor Mizrahi, (Constantinople), le 14 novembre 1892.

27. AMNC, correspondance Isaac de Camondo (Paris) à Victor Mizrahi (Constantinople), juin, 1892.

28. AMNC, correspondance Isaac de Camondo (Paris) à Léon Piperno (Constantinople), le 21 juillet 1892.

29. AMNC, correspondance Isaac de Camondo (Paris) à messieurs (Constantinople), le 22 juillet 1892.

30. AMNC, correspondance Isaac de Camondo (Paris) à messieurs (Constantinople) "confidentielle", le 6 décembre 1892.

31. Mizzi est un des avocats des Camondo à Istanbul.

32. AMNC, correspondance Isaac de Camondo (Paris) à Léon Piperno (Constantinople), le 23 février 1894.

33. P. Vassili, *La Société de Vienne*, p. 443.

34. La mère de Marie Vetsera est une Baltazzi.

35. AMNC, correspondance Isaac.

36. AMNC, correspondance Isaac Molho à Léonce Tedeschi, Constantinople, le 18 juin 1891.

37. AMNC, correspondance confidentielle, le 18 juillet 1895.

38. *Idem.*

39. AMNC, correspondance Léon Piperno (Constantinople) à Isaac de Camondo (Paris), le 18 février 1889.

40. AMNC, correspondance Constantinople, le 14 mai 1897.

41. AMNC, correspondance Constantinople, le 29 mars 1904.

42. H. Arendt, *La Tradition cachée*, page de couverture. Arendt ajoute : "Ce n'est qu'aujourd'hui seulement que l'on saisit clairement que la «liberté dépourvue de sens», «l'audacieuse invulnérabilité de l'individu» n'étaient que le prélude à la souffrance insensée de tout un peuple."

43. AMNC, correspondance Constantinople, le 8 juillet 1894.

44. AMNC, correspondance Isaac de Camondo (Paris) à "mes chers amis" (Constantinople), le 20 juin 1894.

45. AMNC, correspondance Isaac de Camondo (Paris) à Léonce Tedeschi (Constantinople), le 10 septembre 1894.

46. AMNC, correspondance Isaac de Camondo (Paris) à Léonce Tedeschi (Constantinople), septembre 1894.

47. Au sujet de Molho, le comte Moïse prend la plume pour insister : *"Il faut absolument qu'il entre chez Eugénidès, je lui ai trouvé là une situation équivalente à celle qu'il avait chez moi et il n'a pas le droit de la refuser ou bien tant pis pour lui, j'aurai fait mon devoir. Tâchez d'en finir avec cette question et s'il le faut promettez-lui une petite somme à titre de gratification d'adieu"*, AMNC, correspondance Constantinople, le 9 octobre 1894.

48. AMNC, correspondance Chavanne (Paris) à Léonce Tedeschi (Constantinople), le 11 septembre 1894.

49. *Ibid.*, Paris, le 13 septembre 1894.

50. AMNC, correspondance Agiman à Léonce Tedeschi (Constantinople), 1894.

51. AMNC, correspondance Isaac de Camondo (Paris) à Léonce Tedeschi (Constantinople), le 18 septembre 1894.

52. AMNC, correspondance Chavanne (Paris) à Léonce Tedeschi (Constantinople), le 17 octobre 1894.

53. AMNC, correspondance Chavanne (Paris) à Léonce Tedeschi (Constantinople), le 2 novembre 1894.

CHAPITRE VII

1. S. Zweig, *Le Monde d'hier. Souvenirs d'un Européen*, p. 29.

2. A la mort de leurs parents, Isaac et Moïse se séparent de ces objets. Ils en donnent certains au temple Buffault (cf. AMNC comtesse Nissim de Camondo,

succession, 6 juillet 1910) et les autres au musée national du Moyen Age, thermes de Cluny (cf. V. Klagsbald, *Catalogue raisonné de la collection juive du musée de Cluny*).

3. AMNC, correspondance Isaac.

4. *Degas*, exposition Grand Palais, février-mai 1988, p. 455-456.

5. P. B. Gheusi, *Cinquante Ans de Paris*, t. II, p. 124.

6. Membre du service d'honneur du comte de Chambord à Frodsdorf. Il avait épousé Laure de Sade, célèbre pour son esprit mordant. Elle inspire en partie Proust pour son portrait de la duchesse de Guermantes.

7. Banquier et collectionneur.

8. E. de Gramont, *Mémoires. Au temps des équipages*, p. 42.

9. G. Astruc, *Le Pavillon des fantômes*, p. 145.

10. B. de Castellane, *Mémoires*, p. 273.

11. S. Monneret, *L'Impressionnisme et son époque. Dictionnaire international, op. cit.*, t. II, p. 202.

12. *Ibid.*, t. I, p. V.

13. B. Gavoty, *Reynaldo Hahn, op. cit.*, p. 73.

14. *Idem.*

15. P. B. Gheusi, *op. cit.*, t. II, p. 222-223.

16. AML, département des objets d'art. Cf. petit carnet dans lequel Isaac notait ses achats d'œuvres d'art.

17. E. et J. de Goncourt, *Journal*, 17 juin 1875.

18. *Ibid.*, 31 mars 1875.

19. S. Monneret, *L'Impressionnisme et son époque. Dictionnaire international*, t. I, p. 198.

20. *Le Figaro*, 1er juin 1881.

21. Paris, musée du Louvre, *Catalogue de la collection du comte Isaac de Camondo*, numéros 30-31, 36 à 38, 48 à 57, 64, 73, 75 à 78, 80 à 82, 93, 96.

22. Paris, musée du Louvre OA 6 525.

23. Entretien P. Erlanger avec J. F. Yavchitz, 5 octobre 1982, archives privées.

24. A cette occasion Abdül Hamid lui remet, ainsi qu'à son père, la décoration du Medjidié (1882).

25. *L'Art musical*, 4 janvier 1894.

26. *Ibid.*, 26 juillet 1894.

27. De la cantatrice Lucy Berthet, Isaac aura deux enfants, Jean (1902-1980) et Paul (1903-1978). Il ne les reconnaîtra pas officiellement. Tous deux sont morts sans postérité.

28. V. Joncières, "Notes sans portées", in *Revue internationale de la musique*, 1er mars 1898.

29. A. Lavignac, *Le Voyage artistique à Bayreuth*, 1897.

30. *Musica*, 1904, p. 366.

31. *Idem.*

32. P. B. Gheusi, *op. cit.*, t. I, p. 75.

33. T. Baket, N. Slonimsky, *Dictionnaire biographique des musiciens*, "Léo Delibes".

34. *Le Théâtre*, n° 296, avril 1911.

35. AMNC, correspondance Isaac, le 1er décembre 1902.

36. AMNC, correspondance Isaac, le 1er novembre 1902

37. *Le Figaro*, 1875, cf. S. Monneret, *L'Impressionnisme et son époque. Dictionnaire international*, t. II, p. 97.

38. *Le Gaulois*, 25 février 1904.

39. AMNC, correspondance Isaac, le s. d.

40. AMNC, correspondance Isaac, le 3 avril 1904.

41. AMNC, correspondance Isaac, *Le Clown*, le 9 octobre 1906.

42. *Ibid.*, le 15 décembre 1905, adressée à Tedeschi.

43. *Ibid.*, le 11 février 1906.

44. En 1905, Isaac crée la Société des Amis et Artistes de l'Opéra dans le but d'aider les artistes âgés ou en difficulté. Il en assume la présidence jusqu'à sa mort.

45. AMNC, correspondance Isaac, *Le Clown*, le 2 novembre 1905.

46. *Musica*, mai 1906, article signé G. Pioch.

47. *La Revue illustrée*, mai 1908.

48. *Musica*, janvier 1908, article signé Isaac de Camondo.

49. AMNC, correspondance Isaac, *Le Clown*, s. d.

50. *Ibid.*, le 1er mai 1906.

51. *Ibid.*, le 11 octobre 1909.

52. *Ibid.*, le 25 avril 1906.

53. *Ibid.*, le 27 avril 1906.

54. *Le Mercure musical*, n° 10, 15 mai 1906.

55. Juin 1906.

56. *Le Mercure musical*, n° 10, 15 mai 1906.

57. *Le Théâtre*, juin 1906.

58. AMNC, correspondance Isaac, *Le Clown*, le 10 mai 1906. Contrairement à ses craintes, *Le Clown* sera repris à l'Opéra-Comique en 1908 et 1909. Il sera rejoué légèrement modifié à l'Opéra de Marseille et au Casino de Vichy en 1910. Puis, G. Astruc cède les droits de représentation exclusifs pour tous les pays de langue allemande, *Le Clown* est alors applaudi à Anvers en 1910 et à Cologne en 1911. Il n'a pas été joué depuis lors.

59. G. Astruc, *Le Pavillon des fantômes, op. cit.*, p. 139.

60. Acte notarié du 30 janvier 1901. Isaac conservera également quatre parts dans la Société Messager et Broussan qui succcède à la Société Gailhard en 1908.

61. J. Gourret, *Histoire de l'Opéra de Paris*, p. 77.

62. A. Carré, *Souvenirs de théâtre*, 1950.

63. *Le Temps*, samedi 8 février 1909.

64. AMNC, correspondance Isaac, les 5 et 7 octobre 1909.

65. G. de Diesbach, *Proust*, p. 151.

66. Cf. A. de Cossé-Brissac, *La Comtesse Greffulhe*.

67. AMNC, correspondance Isaac, le 27 mai 1906.

68. *Ibid.*, le 24 mai 1908.

69. *Ibid.*, le 26 octobre 1908.

70. *Ibid.*, le 1er septembre 1907.

71. G. Astruc, *Le Pavillon des fantômes, op. cit.*, p. 20.

72. *Le Théâtre des Champs-Elysées. 1913*, Les dossiers du musée d'Orsay, p. 105.

73. A. de Cossé-Brissac, *La Comtesse Greffulhe, op. cit.*, p. 206, mai 1907.

74. G. Astruc, *Le Pavillon des fantômes, op. cit.*, p. 221.

75. G. Astruc, *ibid.*, p. 211

76. G. Astruc, *ibid.*, p. 214.

77. Acte notarié du 2 mai 1904. Mᶜ Armand Aron, notaire à Paris, 28, av. de l'Opéra. "Société en commandite simple G. Astruc et Cie, Tedeschi représente Isaac.

78. AMNC, correspondance Isaac, mai 1904.

79. *Ibid.*, le 12 septembre 1904.

80. Journaliste, critique musical au *Figaro*.

81. AMNC, correspondance Isaac, le 11 octobre 1904.

82. *Ibid.*, le 6 septembre 1907.

83. *Ibid.*, le 14 juin 1906.

84. *Le Théâtre des Champs-Elysées. 1913*, Les dossiers du musée d'Orsay, p. 104.

85. *Ibid.*, p. 24.

86. G. Astruc, *Le Pavillon des fantômes*, *op. cit.*, p. 215.

87. H. Lottman, *La Dynastie Rothschild*, p. 203 et *sq.*

88. AMNC, correspondance Isaac, le 17 juillet 1908.

89. G. Astruc, *Le Pavillon des fantômes*, *op. cit.*, p. 230.

90. G. Astruc, *ibid.*, p. 235.

91. AMNC, correspondance Moïse, le 6 janvier 1914.

92. G. Astruc, *Le Pavillon des fantômes*, *op. cit.*, p. 139.

93. G. Migeon, assemblée générale de la Société des Amis du Louvre, 13 janvier 1907, p. 7.

94. G. Astruc, *Le Pavillon des fantômes*, *op. cit.*, p. 139.

95. Paris, musée d'Orsay, RF 4 039.

96. Paris, musée d'Orsay, RF 4 043, RF 1 985, RF 1 900.

97. E. Blot, *Histoire d'une collection de tableaux modernes. Cinquante ans de peinture*, p. 15.

98. Paris, musée d'Orsay, RF 1 992.

99. Paris, musée d'Orsay, RF 2 007.

100. Paris, musée d'Orsay, RF 2 021.

101. S. Monneret, *L'Impressionnisme et son époque. Dictionnaire international*, *op. cit.*, t. I, p. 392.

102. Vente de quarante-cinq aquarelles par J. B. Jongkind, 17 décembre 1902. Isaac achète les numéros 247, 251, 253, 254, 257, 258, 259, 265, 266, 268, 273, 274.

103. AMNC, Isaac, factures objets d'art, 1895.

104. AMNC, correspondance Isaac, le 3 mai 1908.

105. *Le Bulletin de la vie artistique.* 1er avril 1920.

106. AMNC, correspondance Isaac, le 11 juin 1910. Isaac léguera ce tableau à Jean et Paul Bertrand.

107. A. Vollard, *Souvenirs d'un marchand de tableaux*, p. 120.

108. AMNC, correspondance Isaac, s. d. (probablement écrite en février 1901).

109. AMNC, correspondance Isaac, le 10 juin 1908.

110. *Ibid.*, le 16 novembre 1909.

111. Conservateur au musée du Louvre.

112. AMNC, correspondance Isaac, lettre d'Emile Molinier, conservateur au musée du Louvre, juin 1902.

113. *Les Donateurs du Louvre*, p. 98.

114. G. Astruc, *Le Pavillon... op. cit.*, p. 77.

115. E. Weber, *Fin de siècle*, p. 163.

116. A. Meyer, *Ce que mes yeux ont vu, op. cit.*, p. 254.

117. H. Arendt. *La Tradition cachée, op. cit.*, p. 124.

118. AMNC, correspondance Isaac, le 19 juillet 1907.

119. G. Astruc, *Le Pavillon... op. cit.*, p. 216.

120. AMNC, correspondance Tedeschi, le 22 juin 1907.

121. L'expression est d'Isaac. Cf. AMNC, Isaac correspondance, *Le Clown*, le 11 juin 1906, adressée à Réjane.

122. AMNC, correspondance Moïse, le 16 août 1907.
123. AMNC, correspondance Isaac, le 22 juillet 1897.
124. Ces deux toiles sont dans des collections privées. L'une est signée et dédicacée, vente Ader Picard Tajan, Drouot Montaigne, Paris, 24 mars 1990. L'autre est signée et datée 1910, reproduite dans *De Jonckheerre, maîtres impressionnistes*, XIIᵉ Biennale des antiquaires, Paris, 20 septembre-27 octobre 1984.
125. AMNC, Isaac, testament olographe du 18 décembre 1908.
126. AMNC, correspondance Isaac, le 25 mars 1911.
127. AMNC, correspondance Isaac, le 15 février 1911. Le gouvernement, conscient de cette "anomalie", va finalement lui octroyer le titre de membre de la Commission des musées nationaux.
128. P. Jamot, GBA, 1914, p. 388.
129. G. Babin, *L'Illustration*, juin 1914.
130. P. Picasso, 1907.
131. P. Jamot, GBA, 1914, p. 388.
132. AMNC, correspondance Moïse, avril 1911.
133. G. Apollinaire, *Chroniques d'art, 1902-1918*, 19 juillet 1914, p. 516.
134. S. Bonmariage, *Mémoires fermés*, p. 270 à 272.
135. Paris, musée d'Orsay, RF 1 999, 2 000, 2 001, 2 002.
136. Paris, musée d'Orsay, RF 1 790.
137. Paris, musée du Louvre, *Catalogue de la collection du comte Isaac de Camondo*, n° 208.
138. F. Fénéon, *Bulletin de la vie artistique*, p. 249.

CHAPITRE VIII

1. E. et J. de Goncourt, *Journal*, 28 février 1880.
2. *Ibid.*, 12 septembre 1887.
3. Fondation Bührle, Zurich, huile sur toile, haut. 0,64 m ; larg. 0,54 m, signée et datée Renoir 1880.
4. Contrat de mariage de M. le comte Moïse de Camondo et de Mlle Irène Cahen (d'Anvers), 8 octobre 1891, maître Labitte, notaire à Paris, 85, bd. Malesherbes.
5. Judéo-espagnol.
6. C'est en 1923 qu'ils obtinrent l'autorisation d'accrocher à leur patronyme le fameux d'Anvers qu'ils portaient élégamment et sans droit depuis plus d'un demi-siècle après s'être fait appeler "de Cahen". Cf H. Coston, *Dictionnaire des dynasties bourgeoises et du monde des affaires, op. cit.*
7. D. Labarre de Raillicourt, *Titres pontificaux en France du XVIᵉ au XXᵉ siècle*.
8. A. Chirac, *Les Rois de la république, op. cit.*, p. 246.
9. *Idem.*
10. *Le Gaulois*, 16 octobre 1891.
11. *Idem.*
12. E. de Gramont, *Mémoires. Au temps des équipages*, p. 101.
13. AMNC, correspondance Tedeschi, le 28 août 1892.
14. B. de Castellane, *Mémoires,* p. 156.
15. AMNC, Moïse, le 4 mars 1903.
16. AMNC, correspondance Moïse, le 26 novembre 1912.

17. *Ibid.*, le 24 avril 1901.
18. *Ibid.*, le 16 juin 1902.
19. *Ibid.*, le 13 janvier1904.
20. *Ibid.*, le 6 juin 1906.
21. *Ibid.*, le 11 mars 1911.
22. *Ibid.*, le 12 avril 1912.
23. *Ibid.*, le 26 août 1911.
24. *Ibid.*, le 6 juillet 1908.
25. *Ibid.*, le 4 mars 1904.
26. F. Agostini, *La Longue Histoire d'Aumont en Halatte*, p. 109.
27. AMNC, correspondance Moïse, le 28 septembre 1931.
28. *Ibid.*, le 24 mai 1904.
29. F. Agostini. *La Longue Histoire d'Aumont en Halatte, op. cit.*, p. 109.
30. AMNC, mémoire des travaux éxécutés pour M. le comte M. de Camondo par E. Decour et Fils, tapissiers, octobre 1904.
31. AMNC, correspondance Moïse, le 27 juin 1918.
32. AMNC, note du 4 décembre 1908.
33. AMNC, correspondance Moïse, le 3 octobre 1906.
34. AMNC, correspondance Moïse, le 30 avril 1926.
35. AMNC, chasse Aumont, bail 20 mars 1912. Le château de Malassise est sur la commune d'Apremont.
36. On dénomme ainsi les membres de l'équipage.
37. AMNC, chasse Aumont.
38. AMNC, correspondance Moïse, le 10 novembre 1924.
39. E. de Gramont, *Mémoires. Au temps des équipages, op. cit.*, p. 219.
40. P. Prévost Marcilhacy, *Les Rothschild, bâtisseurs et mécènes*, p. 258.
41. E. de Gramont, *Mémoires… op. cit.*, p. 217.
42. Construit par l'architecte Brongniart entre 1774 et 1777 pour la princesse de Monaco.
43. Paris, musée Nissim-de-Camondo, inv. n° 126.
44. *Ibid.*, inv. n° 191.
45. *Ibid.*, inv. n° 440.
46. *Ibid.*, inv. n° 100.
47. G. Seligmann, *Merchants of Art, 1880-1960*, p. 15.
48. En 1912.
49. Paris, musée Nissim-de-Camondo, inv. n° 135.
50. AMNC, correspondance Moïse, le 3 juin 1916.
51. Paris, musée Nissim-de-Camondo, inv. n° 189. L'un fut acheté en mai 1898, l'autre en juillet 1928.
52. AMNC, correspondance Moïse, juillet 1932.
53. Paris, musée Nissim-de-Camondo, inv. n° 202.
54. *Ibid.*, inv. n° 347.
55. *Ibid.*, inv. n° 176.
56. *Ibid.*, inv. n° 292-293.
57. *Ibid.*, inv. n° 186.
58. *Ibid.*, inv. n° 191.
59. Pauline Prévost Marcilhacy, *Les Rothschild… op. cit.*, p. 258.
60. AMNC, correspondance Tedeschi, le 16 septembre 1910.
61. AMNC, correspondance Moïse, le 28 octobre 1913.

62. AMNC, correspondance Moïse, le 19 juillet 1911.

63. AMNC, correspondance Moïse à Mme René Sergent, le 13 mai 1932.

64. AMNC, Nissim II, guerre. Ainsi que toutes les lettres qui suivent.

65. AMNC, Nissim II, guerre, le 1er octobre 1914.

66. AMNC, correspondance Moïse, le 19 octobre 1914.

67. AMNC, correspondance Moïse, le 9 novembre 1914.

68. Le Piche est un des surnoms que Nissim donne à son père.

69. AMNC, Nissim II, guerre, le 16 novembre 1914.

70. Restaurant.

71. AMNC, Nissim II, guerre, le 8 novembre 1914.

72. *Ibid.*, le 19 novembre 1914.

73. *Ibid.*, le 28 novembre 1914.

74. *Ibid.*, le 26 septembre 1915.

75. *Ibid.*, le 29 septembre 1915.

76. *Ibid.*, le 27 octobre 1915.

77. *Ibid.*, le 17 novembre 1915. ·

78. *Ibid.*, le 18 novembre 1915.

79. Id. note 14.

80. AMNC, Nissim II, guerre, le 23 janvier 1916.

81. *Ibid.*, le 20 janvier 1916.

82. *Ibid.*, le 24 janvier1916.

83. *Ibid.*, le 25 janvier1916.

84. *Ibid.*, le 27 janvier1916.

85. *Ibid.*, le 30 janvier1916.

86. *Ibid.*, le 2 février 1916.

87. *Ibid.*, le 16 avril 1916.

88. *Ibid.*, le 13 mars 1916.

89. *Ibid.*, le 30 juin 1916.

90. *Ibid.*, le 7 juillet 1916.

91. *Ibid.*, le 29 août 1916.

92. *Ibid.*, le 27 octobre 1916.

93. *Ibid.*, le 16 septembre 1916.

94. *Ibid.*

95. AMNC, correspondance Moïse, le 19 septembre 1917.

96. *Ibid.*, Moïse, s. d.

97. *Ibid.*, s. d.

98. AMNC, Nissim II, guerre, le 1er novembre 1917.

99. AMNC, Nissim II, guerre, note à Tedeschi, le 22 septembre 1917.

100. AMNC, correspondance Moïse.

101. AMNC, Nissim II, guerre. Cf les témoignages de Victor Mizrahi, rapport du 19 novembre 1918 et lettre de Jeanne Bastien, le 26 janvier 1919.

102. AMNC, correspondance Moïse.

103. *Ibid.*, le 4 janvier 1918.

104. *Ibid.*, le 31 octobre 1918.

105. *Ibid.*, le 21 juin 1918.

106. *Ibid.*, le 20 août 1918.

107. *Ibid.*, le 18 octobre 1918.

108. *Ibid.*, le 19 novembre 1918.

109. *Ibid.*, le 4 avril 1919.

110. *Ibid.*, le 16 mars 1921.

111. *Ibid.*, le 23 juin 1926.

112. AMNC.

113. Paris, musée Nissim-de-Camondo, inv. n° 165.

114. Testament déposé chez maître Naret le 11 janvier 1924.

115. Codicilles en 1926, 1929, 1932.

116. AMNC, testament Moïse, instructions et conseils pour MM. les conservateurs du musée Nissim-de-Camondo, le 20 janvier1924.

117. AMNC, correspondance Moïse, le 10 janvier1934.

118. AMNC, correspondance Moïse, le 22 décembre 1933.

119. AMNC, correspondance Moïse.

CHAPITRE IX

1. G. Boldin, (1842-1931), coll. Zervudachi Vevey, *Mademoiselle Béatrice de Camondo*, pastel sur papier signé et daté 1900 en bas à droite.

2. E. Gille, *Le Mirador*, p. 241.

3. Leur divorce est prononcé le 26 octobre 1942.

4. 7 février 1942.

5. Les numéros d'entrée à Drancy de Béatrice, Bertrand et Fanny sont respectivement : 413, 414, 415.

6. A. Rayski, *Le Choix des juifs sous Vichy, entre soumission et résistance.*

7. G. Wellers, *L'Etoile jaune à l'heure de Vichy*, p. 116.

8. G. Wellers, *ibid.*, p. 129.

9. Ce convoi comptait 1 200 personnes. 914 furent gazées à leur arrivée. Il y avait 29 survivants à la libération. Cf. Mᶜ S. Klarsfeld, *Le Mémorial de la déportation des juifs de France.*

10. Cf. G. Kohen, *Retour d'Auschwitz : souvenirs du déporté 174 949*, p. 58. Guy Kohen faisait partie du même convoi que Béatrice. En 1945, il y a vingt survivants dont cinq femmes.

BIBLIOGRAPHIE

LISTE DES OUVRAGES CONSULTÉS

A. Adnan-Adivar, *Osmanli Türklerinde Ilim*, Istanbul, 1943.

F. Agostini, *La Longue Histoire d'Aumont en Halatte*, Les amis d'Aumont, s. d.

A. Akyildiz, *Tanzimat dönemi Osmanli merkez teşkilatinda reform, 1836-1856*, Eren yayinevi, Istanbul, 1993.

A. Alexandre, "La collection de M. le comte Isaac de Camondo", *Les Arts*, n° 83, novembre 1908, p. 1-32.

M. Allem, *La Vie quotidienne sous le Second Empire*, Hachette, Paris, 1948.

G. Apollinaire, *Chroniques d'art. 1902-1918*, Idées/Gallimard, Paris, 1981.

H. Arendt, *La Tradition cachée*, 10/18, Paris, 1987.

R. Arnaud, *La Guerre 1914-1918. Tragédie bouffe*, France-Empire, Paris, 1964.

G. Astruc, *Le Pavillon des fantômes*, Belfond, Paris, 1987.

J. Autin, *Les Frères Pereire*, Perrin, Paris, 1984.

A. Autheman, *La Banque impériale ottomane*, Comité pour l'histoire économique et financière de la France, Paris, 1996.

G. Babin, "La collection Camondo", *L'Illustration*, 10 juin 1914, p. 473 ;

G. Babin, "Un petit musée dans un grand", *L'Illustration*, 18 juillet 1914, p. 55.

T. Baket et N. Slonimsky, *Dictionnaire biographique des musiciens*, Bouquins, R. Lafont, Paris, 1995.

Bauchal et Lance, *Nouveau Dictionnaire des architectes français*, Daly fils & Cie, André, Paris, 1887.

G. Bedarida, *Gli ebrei e il Risorgimento italiano*, Roma, 1961.

G. Bedarida, *Ebrei d'Italia*, Società editrice tirrena, Livorno, 1950.

G. Bedarida, *Les Juifs en France, en Italie, en Espagne*, Paris, 1867.

E. Benbassa et A. Rodrigue, *Juifs des Balkans*, La Découverte, Paris, 1993.

E. Benjamin et H. Buguet, *Les Coulisses de la Bourse et du théâtre*, P. Ollendorf, Paris, 1882.

J.-C. Berchet, *Le Voyage en Orient*, Laffont, Paris, 1985.

L. Bergeron, *Les Rothschild et les autres, la gloire des banquiers*, Perrin, Paris, 1990.

I. Berlin, *Trois Essais sur la condition juive*, Calmann-Lévy, Paris, 1973.

J. Bertrand, *La Bourse anecdotique et pittoresque*, Franco, Paris, 1933.

R. Bétourné, *René Sergent, architecte*, Horizons de France, Paris, 1931.

A. Biliotti, *La Banque impériale ottomane*, Paris, 1909.

A. Billy, *L'Epoque 1900*, Tallandier, Paris, 1951.

E. Blot, *Histoire d'une collection de tableaux modernes. Cinquante ans de peinture*, Editions d'art, Paris, 1934.

B. Blumenkrantz, *Bibliographie des juifs en France*, Privat, Toulouse, 1974.

S. Bonmariage, *Mémoires fermés*, André Bonne, Paris, 1951.

Bonneval, marquis de, *La Vie de château*, France-Empire, Paris, 1978.

J. Boudet, *Le Monde des affaires en France de 1830 à nos jours*, Dictionnaire et encyclopédie, Paris, 1952.

J. Bouvier, *Les Rothschild*, Complexe, Bruxelles, 1983.

J. Bouvier, R. Girault, J. Thobie, *L'Impérialisme à la française*, La Découverte, Paris, 1986.

B. Braude et B. Lewis, *Christians and Jews in the Ottoma Empire. 1908-1914*, Holmes and Meyers Publishers, New York, 1980.

J.-D. Bredin, *L'Affaire*, Julliard, Paris, 1983.

Y. Brunhammer, *Le Beau dans l'utile, un musée pour les Arts décoratifs*, Découvertes Gallimard, Paris, 1992.

R. Burnand, *La Vie quotidienne en France, 1870-1900*, Hachette, Paris, 1900.

R. Cameron, *La France et le développement économique de l'Europe au XIXᵉ*, Seuil, Paris, 1971.

E. Camesasca et C. L. Ragghianti, *L'opera completa di Boldini*, Rizzoli, Milano, 1970.

J. H. B. R. Capefigue, *Histoire des grandes opérations financières. Compagnies industrielles et commerciales. Canaux. Ponts. Chemins de fer. Crédits foncier et mobilier depuis le Moyen Age jusqu'à nos jours*, Librairie d'Amyot, Paris, 1861.

A. Carré, *Souvenirs de théâtre*, Plon, Paris, 1950.

B. de Castellane, *Mémoires*, Perrin, Paris, 1986.

H. de Castille, *Réchid-pacha*, Paris, 1857.

Z. Çelik, *The Remaking of Istanbul*, University o Washington Press, Seattle, 1986.

F. Chapon, *Jacques Doucet*, Lattès, Paris, 1984.

J. Chastenet, *La République des républicains*, Paris, 1954.

A. Chirac, *Les Rois de la république, histoire des juiveries*, t. I., P. Arnoud, Paris, 1883.

A. Chouraqui, *L'Alliance Israelite Universelle et la renaissance juive contemporaine, 1860-1960. Cent ans d'histoire*, PUF. Paris, 1965.

Y. Christ, *Les Hôtels parisiens, Champs-Elysées, faubourg Saint-Honoré et plaine Monceau*, H. Veyrier, Paris, 1982.

Christienne, général, *L'Aviation française. 1890-1919. Un certain âge d'or*, Atlas, Paris, 1988.

J. Claretie, *La Vie à Paris. 1883,* V. Havard, Paris, 1884.

D. Cohen, *La Promotion des juifs en France à l'époque du Second Empire, 1852-1870,* H. Champion, Université de Provence, 1980.

A. Colling, *La Prodigieuse Histoire de la Bourse,* SEF, Paris, 1949.

J.-P. Crespelle, *La Vie quotidienne des impressionnistes,* Hachette, Paris, 1981.

A. de Cossé-Brissac, *La Comtesse Greffulhe,* Perrin, Paris, 1991.

H. Coston, *Dictionnaire des dynasties bourgeoises et du monde des affaires,* Alain Moreau, Paris , 1975.

V. Dahan, *La Vie quotidienne dans le camp de Drancy. 1941-1944,* mémoire de maîtrise sous la direction de M. André Gueslin, Université de Paris-VII, 1993-1994.

C. Daly, *Architecture privée au XIXᵉ. Nouvelles maisons de Paris et de ses environs,* Ducher, Paris, 1872.

A. Dansette, *Naissance de la France moderne. Le Second Empire,* Hachette, Paris, 1976.

G. de Diesbach, *Proust,* Perrin, Paris, 1991.

A. Distel, *Les Collectionneurs des impressionnistes. Amateurs et marchands,* Trio, La Bibliothèque des arts, Suisse, 1989.

B. Dorival et C. F. Yamada, *Japon et Occident – Deux siècles d'échanges artistiques,* La Bibliothèque des arts, Paris, 1977.

C. Dreyfus, "La collection Camondo. Le mobilier et les objets d'art du XVIIIᵉ siècle", *La Gazette des Beaux-Arts,* juin 1914, p. 469-482.

E. Drumont, *La France juive, essai d'histoire contemporaine,* C. Marpon et E. Flammarion, Paris, 1886.

N. Dufourcq, *Petite histoire de la musique,* Larousse, Paris, 1988.

P. Dumont, "La Condition juive en Turquie à la fin du XIXᵉ siècle", *Les Nouveaux Cahiers,* n° 57.

Durand de Fontmagne, *Un séjour à l'ambassade de France à Constantinople,* Paris, 1908.

P. Erlanger, *La France sans étoile. Souvenirs de l'avant-guerre et du temps de l'occupation,* Plon, Paris, 1974.

F. Fénéon, *Œuvres plus que complètes,* J. U. Halperin, Paris-Genève, 1970.

C. Findley, *Bureaucratic Reform in the Ottoman Empire, The Sublime Porte 1789-1922,* Princeton University Press, 1979.

A. de Fouquières, *Mon Paris et ses Parisiens, le quartier Monceau,* t. II, Pierre Horay, Paris, 1954.

A. de Fouquières, *Cinquante Ans de panache*, Pierre Horay, Paris, 1951.

M. Franco, *Essai sur l'histoire des israélites de l'Empire ottoman*, A. Durlacher, Paris, 1897.

A. Galanté, *Histoire des juifs d'Istanbul*, t. II, Istanbul, 1942.

A. Galanté, *Encore un nouveau recueil de documents inédits concernant l'histoire des juifs de Turquie*, Cituri Biraderler Basimevi, Istanbul, 1955.

A. Galanté, *Sixième Recueil de documents concernant l'histoire des juifs de Turquie*, Cituri Biraderler Basimevi, Istanbul, 1956.

T. Gautier, *Constantinople et autres textes sur la Turquie*, La Boîte à documents, Paris, 1990.

B. Gavoty, *Reynaldo Hahn, le musicien de la Belle Epoque*, Buchet/ Chastel, Paris, 1976.

P. B. Gheusi, *Cinquante Ans de Paris. Mémoires d'un témoin, 1889-1939*, Plon, Paris, 1939.

P. B. Gheusi, *Cinquante Ans de Paris. Leurs femmes, 1889-1938*, Plon, Paris, 1940.

P. B. Gheusi, *Cinquante Ans de Paris. La Danse sur le volcan, 1890-1940*, Plon, Paris, 1941.

B. Gille, *La Banque en France au XIXe siècle*, Droz. A. Alexandre, France, 1970.

E. Gille, *Le Mirador*, Presses de la Rennaissance, Paris, 1992.

L. Girard, *Nouvelle Histoire de Paris*, Hachette, Paris, 1981.

P. Girard, *Les Juifs de France de 1789 à 1860*, Calmann-Lévy, Paris, 1976.

P. de Gmeline, *Les As de la Grande Guerre*, Presses de la Cité, Paris, 1995.

E. et J. de Goncourt, *Journal, mémoires de la vie littéraire 1851-1896*, Bouquins, Robert Laffont, Paris, 1989.

J. Gourret, *Histoire de l'Opéra-Comique*, Les Publications universitaires, Paris, 1978.

J. Gourret, *Histoire de l'Opéra de Paris*, Les Publications universitaires, Paris, 1977.

M. Graetz, *Les Juifs en France au XIXe siècle. De la Révolution française à l'Alliance israélite universelle*, Le Seuil, Paris, 1989.

E. de Gramont, *Mémoires. Au temps des équipages*, Grasset, Paris, 1928.

G. B. di Grollalanza, *Dizionario storico blasonico delle famiglie nobili e notabili italiane estinte e fiorenti*, Arnaldo Forni, 1886.

Guiral et Thuillier, *La Vie quotidienne des domestiques en France*, Hachette, Paris, 1978.

L. Hautecœur, *Histoire de l'architecture classique en France, la fin de l'architecture classique. 1848-1900*, t. VII, A. et J. Picard & Cie, Paris, 1957.

Lady Hornby, *Constantinople during The Crimean War*, Londres, 1863.

F. Hubmann, *Das jüdische famillieren Album*, Molden, Wien-Munchen-Zurich, 1974.

A. de Hübner, *Neuf Ans de souvenirs d'un ambassadeur d'Autriche à Paris sous le Second Empire. 1851-1859*, Paris, 1904.

J.-K. Huysmans, *Œuvres complètes*, Slarkine, Genève, 1972.

O. Jamgocyan, *Les Finances de l'Empire ottoman et les financiers de Constantinople, 1732-1853*, thèse de doctorat, université Paris-I (Panthéon-Sorbonne), 1988.

P. Jamot, "La collection Camondo au musée du Louvre. Les peintures et les dessins" :

(1er article), *La Gazette des Beaux-Arts*, mai 1914, p. 387-404.

(2e article), *La Gazette des Beaux-Arts*, juin 1914, p. 441-460.

D. Jarrassé, *L'Age d'or des synagogues*, Herscher, Paris, 1991.

M. Kahane et N. Wild, *Wagner et la France*, Editions Hercher, Paris, 1983.

I. Karmi, *The Jewish Community of Istanbul in the Nineteenth Century*, Isis, Istanbul, 1996.

S. Kaufmann, *Au-delà de l'enfer*, Librairie Séguier, Paris, 1987.

R. Kasaba, *The Ottoman Empire and The World Economy*, New York, 1992.

H. Kazgan, *Osmanli'da Avrupa Finans Kapitali*, Yapi ve Kredi Yayinlari, Istanbul, 1995.

R. Kaynar, *Mustafa Reşit Paşa ve Tanzimat*, Ankara, 1954.

V. Klagsbald, *Catalogue raisonné de la collection juive du musée de Cluny*, RMN, Paris, 1981.

S. Klarsfeld, *Le Mémorial de la déportation des juifs de France*, CDJCP, Paris, 1978, édité et publié par B. et S. Klarsfeld.

R. Kœchlin, *Souvenirs d'un vieil amateur d'art de l'Extrême-Orient*, E. Bertrand, Imprimerie française et orientale, Châlon-sur-Saône, 1930.

R. Kœchlin, *Gaston Migeon et le Louvre*, notice lue à l'assemblée générale de la Société des Amis du Louvre, 3 mars 1931.

G. Kohen, *Retour d'Auschwitz : souvenirs du déporté 174 949*, G. Kohen, Paris, 1945.

D. Labarre de Raillicourt, *Titres pontificaux en France du XVIe au XXe siècle*, Paris, 1962.

P. E. Landau, *L'Opinion juive et l'affaire Dreyfus*, Albin Michel, Paris, 1995.

D. Landes, *Banquiers et pachas*, Albin Michel, Paris, 1993.

D. Landes, "Vieille Banque et banque nouvelle", in *Revue d'histoire moderne et contemporaine*, 1956.

S. Lane-Pool, *The Life of Stratford Canning*, Londres, 1888, Longmans and Co.

A. Lavignac, *Le Voyage artistique à Bayreuth*, C. Delgrave, Paris, 1897.

B. Lewis, "The Impact of The French Revolution on Turkey", *Journal of World History*, I : I (juillet 1953).

A. Levy, "The Ottoman Ulema and The Military Reforms of Sultan Mahmud II", in *The Ulema in Modern History, Asian and African Studies*, VII.

I. Loëb, *La Situation des israélites en Turquie, Serbie et Roumanie*, Paris, 1877.

P. Loti, *Cette éternelle nostalgie, journal intime, 1878-1911*, La Table ronde, Paris, 1997.

H. Lottman, *La Dynastie Rothschild*, Points, Le Seuil, Paris, 1996.

R. Mantran, *Histoire de la Turquie*, Que sais-je ?, PUF, Paris, 1983.

M. R. Marrus, *Les Juifs de France à l'époque de l'affaire Dreyfus*, Calmann-Lévy, Paris, 1972.

A. Martin-Fugier, *La Vie élégante ou la formation du Tout-Paris. 1815-1848*, Points, Fayard, Paris, 1993.

E. Mension-Rigau, *Aristocrates et grands bourgeois*, Hachette/Pluriel, Paris, 1996.

A. Meyer, *Ce que mes yeux ont vu*, Plon Nourrit, Paris, 1911.

A. Meyer, *Ce que je peux dire, La Dame aux violettes, Salons d'hier et d'aujourd'hui, La Comtesse de Loynes, Vers la mort...*, Plon Nourrit, Paris, 1912.

G. Migeon, *Le Comte Isaac de Camondo*, notice lue à l'assemblée générale de la Société des Amis du Louvre, le 13 janvier 1913.

G. Migeon, "La collection Camondo. Les œuvres d'art d'Extrême-Orient", *La Gazette des Beaux-Arts*, juin 1914, p. 483-490.

F. Millingen, *La Turquie sous le règne d'Abdul Aziz, 1862-1867*, Paris, 1868.

S. Monneret, *L'Impressionnisme et son époque. Dictionnaire international*, Bouquins, Robert Laffont, Paris, 1987.

A. Muhlstein, *James de Rothschild*, Gallimard, Paris, 1991.

A. de Musset, *La Confession d'un enfant du siècle*, Folio, Gallimard, Paris, 1996.

G. de Nerval, *Voyage en Orient*, Flammarion, Paris, 1988.

I. Ortayli, *Imparatorlugun en uzun Yüzyili*, Hil yayinlari, Istanbul, 1983.

Ş. Pamuk, *The Ottoman Empire and European Capitalism, 1820-1913*, Cambridge, 1987.

A. Pech, *Manuel des sociétés anonymes fonctionnant en Turquie*, Gérard Frères, Galata, Constantinople, 1908.

E. Petit, *La Vie quotidienne dans l'aviation en France au début du XXᵉ siècle*, Hachette, Paris, 1977.

L. Polioakov, *Histoire de l'antisémitisme*, t. III, Calmann-Lévy, Paris, 1976.

E. Possémé, *Epingles de cravate. Bijoux. Musée des Arts décoratifs*, RMN, Paris, 1992.

P. Prévost Marcilhacy, *Les Rothschild, bâtisseurs et mécènes*, Flammarion, Paris, 1995.

M. Rajsfus, *Drancy, un camp de concentration très ordinaire. 1941-1944*, Le Cherche-Midi éditeur, Paris, 1991.

A. Rayski, *Le Choix des juifs sous Vichy, entre soumission et résistance*, La Découverte, Paris, 1992.

J. Rewald, *Histoire de l'impressionnisme*, Larousse, Paris, 1976.

J. Rewald, *Les Aquarelles de Cézanne. Catalogue raisonné*, Flammarion, Paris, 1984.

L. Rohozinski, *Cinquante Ans de musique française de 1874 à 1925*, 2 volumes, Les Editions musicales de la librairie de France, Paris, 1925.

S. Rosenthal, "Foreigners and Municipal Réform in Istanbul", *International Journal of Middle East Studies*, II, Cambridge University Press, USA, 1980.

S. Rosenthal, *The Politics of Dependency*, Greenwood Press, 1980.

A. I. Rubens, *History of Jewish Costume*, Peter Owen, London, 1981.

N. Sakaogbu, *Osmanli Egitim tarihi*, İletşim yayinlari, Istanbul, 1991.

G. Seligmann, *Merchants of Art. 1880-1960. Eighty Years of Professional Collecting*, Appleton Century Craft, New York, 1961.

Sem, *Albums VII et IX*, Bibliothèque nationale, Cabinet des estampes.

N. Şeni, *Marie et Marie, une saison à Constantinople. 1856-1858*, Métropolis, Genève, 1996.

N. Şeni, "The Camondos and Their Imprint on the 19th Century Istanbul", *International Journal of Middle East Studies*, Cambridge 26, 1994.

N. Şeni, "Diffusion des modèles français de philanthropie au XIXᵉ siècle : la famille Camondo" University Press USA, *Pardès*, 22, Cerf, novembre 1996.

N. Şeni, "Ville ottomane et représentation du corps féminin", *Les Temps modernes*, juillet-août 1984.

N. Şeni, "Devenir levantin. Stratégies drogmanales, stratégies bancaires", *Istanbul et les langues orientales*, F. Hitzel, L'Harmattan, Paris, 1997.

M. D. Sturdza, *Grandes Familles de Grèce, d'Albanie et de Constantinople*, Paris, 1983.

N. G. Svoronos, *Le Commerce de Salonique au XVIIIᵉ siècle*, Paris, 1956.

H. Temperley, *England and The Near East. The Crimea*, Londres, 1936.

V. Théodorou, *Les Œuvres de bienfaisance en Grèce de 1870 à 1920*, Paris, EHESS, 1987, mémoire non publié.

J. Thobie, *Intérêts et impérialisme français dans l'Empire ottoman, 1895-1914*, publ. Sorbonne, Paris, 1977.

P. Thorntorn, *L'Epoque et son style*, Flammarion, Paris, 1986.

T. Timur, *Osmanli Çalişmalari*, Imge yayinlari, Istanbul, 1996.

A. Ubicini, *La Turquie actuelle*, Paris, 1855.

P. Vassili, *La Société de Vienne*, Paris, 1885.

A. du Velay, *Essai sur l'histoire financière de la Turquie*, Arthur Rousseau éditeur, Paris, 1903.

P. Vitry, *Henri Lebasque*, Henri Floury, galerie Georges-Petit, Paris, 1928.

P. Vitry, "La collection Camondo. Les sulptures et les objets d'art du Moyen Age et de la Renaissance", *La Gazette des Beaux-Arts*, juin 1914, p. 461-468.
A. Vollard, *Souvenirs d'un marchand de tableaux* (1937), Albin Michel, Paris, 1984.

E. Weber, *Fin de siècle. La France à la fin du XIXe siècle*, Fayard, Paris, 1986.
G. Wellers, *L'Etoile jaune à l'heure de Vichy*, Fayard, Paris, 1973.
G. Wellers, *Un juif sous Vichy*, Tirésias, Paris, 1991.
S. Wichmann, *Japonisme*, Chêne-Hachette, Paris, 1982.
G. Widoger, *Art et civilisation du peuple juif*, Office du livre, Paris, 1973.

G. Young, *Corps de droit ottoman*, Oxford, 1906.

S. Zweig, *Le Monde d'hier. Souvenirs d'un Européen*, Belfond, Paris, 1993.

OUVRAGES COLLECTIFS

F. Hitzel, *Istanbul et les Langues Orientales*, Paris 1997, l'Harmattan.
Catalogue de la collection Isaac de Camondo, musée national du Louvre, 2e édition, ouvrage collectif sous la direction de Gaston Migeon, rédigé par P. Vitry, C. Dreyfus, P. Leprieur, L. Demonts, Paris, 1922.
Le Théâtre des Champs-Elysées, RMN, Les dossiers du musée d'Orsay, n°15, Paris, 1987.

CONCERNANT LE MUSÉE NISSIM-DE-CAMONDO

N. Gasc et G. Mabille, *Le Musée Nissim-de-Camondo*, Musées et Monuments de France, Paris, 1991.

J. Messelet, *Musée Nissim-de-Camondo*, Union Centrale des Arts Décoratifs, Paris, 1936 (nombreuses rééditions).

M. Steve, *Une imitation en architecture : le pastiche*, Ecole d'architecture de Marseille, 1985 (non publié).

CATALOGUES D'EXPOSITION

Paris : 1952, *Emile Zola*, Bibliothèque nationale.
Paris : 1963, *Boldini*, musée des Arts décoratifs.
Paris : 1974, *Cézanne*, musée de l'Orangerie.
Paris : 1976-1977, *Le Parisien chez lui au XIXe siècle*, Archives nationales.
Paris : 1979, *L'Art en France sous le Second Empire*, Grand Palais.
Paris : 1981, *Les Heures du parc Monceau*, musée Cernuschi.
Paris : 1980, *Monet*, Grand Palais.
Paris : 1983, *Manet*, Grand Palais.

Paris : 1988, *Degas*, Grand Palais.
Paris : 1988, *Japonisme*, Grand Palais.
Paris : 1989, *Les Donateurs du Louvre*, musée du Louvre.
New York : 1982-1983, *Tale of Two Cities*, The Jewish Museum.

CATALOGUES DE VENTE

Paris, *La Collection Double*, 30-31 mai, 1er juin 1881.
Paris, galerie Georges-Petit, *Collection de tableaux anciens et modernes, aquarelles et dessins, objets d'art et d'ameublement...*, 1er, 2 et 3 février 1893.
Paris, Hôtel Drouot, *Objets d'art et d'ameublement, collection de netsuke*, 6-7 février 1893.
Paris, Hôtel Drouot, *Objets d'art et d'ameublement, tapisseries... dépendant de la succession de M. X...*, 17 février 1893.
Paris, Hôtel Drouot, *Objets d'art et d'ameublement, porcelaine et faïences...*, 20 juin 1893.
Paris, Hôtel Drouot, *Catalogue des joyaux, colliers de perles, diamants et pierres de couleur, ancienne porcelaine de Chine, pendules... dépendant de la succession de Mme la comtesse de C****, 17-20 avril 1905.
Paris, Hôtel Drouot, *Objets de curiosité et d'ameublement des XVIe et XVIIIe siècles, anciennes tapisseries*, 5 juin 1905.
Paris, Hôtel Drouot, *Bijoux, colliers de perles provenant de la succession de la comtesse de C***, orfèvrerie appartenant à M. de C****, 14-15 novembre 1910.
Paris, Hôtel Drouot, *Tableaux anciens et modernes appartenant à M. de C****, 18 novembre 1910.
Paris, Hôtel Drouot, *Objets d'art et d'ameublement, tapisseries appartenant à M. de C****, 22-23 novembre 1910.
Paris, Drouot Montaigne, *Tableaux des XIXe et XXe siècles, sculptures*, 24 mars 1990.
Monaco, Sotheby's, *Tableaux, dessins et bronzes du XIXe siècle*, le 6 décembre 1991.
Monaco, Sotheby's, *Tableaux anciens et du XIXe siècle*, 17-18 juin 1988.
New York, Christie's, *19th Century European Painting...*, 24 mai 1989.

ARCHIVES CONSULTÉES

Archives du musée Nissim-de-Camondo (UCAD).
Archives de l'Alliance israélite universelle.
Archives du Consistoire israélite de Paris.
Archives du Centre de documentation juive contemporaine.
Archives départementales de la Seine. D1P4.
Archives nationales (fonds Camondo, fonds Thouvenel).

INDEX DES NOMS DE PERSONNES

Buffon, Georges Louis Leclerc, comte de : 220
Burty, Philippe : 110, 112, 162

Meyer, Arthur : 114, 115, 158, 168, 169, 184, 190, 191, 252
Michelon, François : 215
Migeon, Gaston : 189, 195, 256
Milan Obrénovitch : 160, 203
Mires (famille) : 44
Mizrahi, Victor : 125, 126, 127, 128, 129, 130, 131, 132, 133, 134, 135, 136, 137, 138, 139, 140, 141, 147, 151, 152, 153, 246
Mizzi, M. : 144
Molho, Giuseppe : 83, 140
Molho, Isaac : 58, 130, 131, 132, 146, 151, 152
Molho, Joseph : 130, 132
Molinier, Emile : 189
Monet, Claude : 177, 186, 187, 196
Montefiore, Moses : 50, 51, 59
Montesquiou, Robert de : 176
Moreau, Gustave : 177
Morpurgo, Louise : voir Cahen d'Anvers, Louise
Mousset, Mlle : 87
Munk, Salomon : 50
Murat (famille) : 90
Murat, Joachim : 96
Musset, Alfred de : 108
Mustafa III : 13

Nahmias, Albert : 158
Namer : 150
Naoum (famille) : 144
Naoum, Mme : 144
Napoléon III : 22, 220
Narde, M. de la : 112
Naret, maître : 255
Nathanson, Thadée : 192
Nattier, Jean-Marc : 218
Naum, Haïm : 66
Nerval, Gérard de : 12
Niderviller : 218
Nittis, M. de : 112

Odiot, M. : 109
Oeben, Jean-François : 218, 200
Oppenheim (famille) : 70, 79
Oppenheim, Henry : 80
Oppenheim, Hermann : 75, 80, 88
Orlov, prince : 260
Oudry, Jean-Baptiste : 218
Outamaro : 186

CRÉDITS PHOTOGRAPHIQUES

TABLE

OUVRAGE RÉALISÉ
PAR L'ATELIER GRAPHIQUE ACTES SUD
REPRODUIT ET ACHEVÉ D'IMPRIMER
EN OCTOBRE 1997
PAR L'IMPRIMERIE FLOCH
A MAYENNE
SUR PAPIER DES
PAPETERIES DE JEAND'HEURS
POUR LE COMPTE DES ÉDITIONS
ACTES SUD
LE MÉJAN
PLACE NINA-BERBEROVA
13200 ARLES